法观念现代化与女性权益保护
——以《反家庭暴力法》为中心

Modernization of Legal Concepts and Female Rights Protection
——Centered on Anti-domestic violence Law

王新宇◎主编

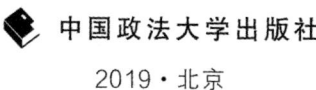
中国政法大学出版社

2019·北京

图书在版编目（ＣＩＰ）数据

　　法观念现代化与女性权益保护：以《反家庭暴力法》为中心/王新宇主编.—北京：中国政法大学出版社，2019.12
　　ISBN 978-7-5620-9378-7

　　Ⅰ.①法… Ⅱ.①王… Ⅲ.①妇女儿童权益保护－研究－中国 Ⅳ.①D922.74

　　中国版本图书馆 CIP 数据核字(2019)第 282462 号

出　版　者　　中国政法大学出版社

地　　　址　　北京市海淀区西土城路 25 号

邮寄地址　　北京 100088 信箱 8034 分箱　　邮编 100088

网　　　址　　http://www.cuplpress.com（网络实名：中国政法大学出版社）

电　　　话　　010-58908285(总编室) 58908433 (编辑部) 58908334(邮购部)

承　　　印　　固安华明印业有限公司

开　　　本　　880mm×1230mm　1/32

印　　　张　　8.5

字　　　数　　184 千字

版　　　次　　2019 年 12 月第 1 版

印　　　次　　2019 年 12 月第 1 次印刷

定　　　价　　34.00 元

序

2019 年 12 月 5 日，书稿终于交到了出版社。然而，惴惴之心，仍在。

这本书的选题是基于主编承担的司法部科研项目确定的。从课题承担的时长来看，几近五年。2014 年 12 月课题获得立项，2016 年 3 月 1 日《中华人民共和国反家庭暴力法》（以下简称《反家庭暴力法》）颁布实施，已完成的课题内容也随之要做相应修改。但是，修改过程也成为再次审视家暴问题的过程。

在某种意义上，这本书的写作思路是对沉淀在家事法领域的传统进行的反思与解构，并试图在解构的基础上，寻求突破传统的法律路径。对于一个有着几千年历史、有着两千多年法制文明的国家而言，能随着社会发展而延续下来的传统，应该存在其延续的社会基础和文化环境，但存在的未必就是合理的。两千多年以后的中国，各项基本制度、社会结构、家庭结构都发生了根本性的变化，政治制度已经从帝制走向了共和，社会结构已经从小农经济走向了市场经济，家庭结构已经从家长式的大家族演变为以夫妻为核心的小家庭。但是家庭内的性别秩序却未曾有根本性的触动，这种传统性别秩序先是儒家伦理下的"君为臣纲、父为子纲、夫为妻纲"，而后出礼入刑，违背"三纲"会直接带来法律上的惩戒与刑罚。现代体制下，"君为臣纲"已经被革命，但"父为子纲、夫为妻纲"虽不能再如旧时一样出礼而入刑，父权、夫权的执掌带给家庭成员的身体、精神、心理损害有时却能被作为"家务事""家庭琐事"而被阻断在现代法律体系之外。尽管中国特色社会主义法律体系的构建已完成，但从文本、实施到实现，每一个环节在相关传统法观念左右下都可能发生异化。

本书对家事法领域传统法观念的追踪溯源，实际上是想阐明有哪些传统法观念已经失去了其存在的制度基础和社会基础，现代社会的法律人包括生活在当下的每一个人，为什么要完成法观念的进化，为什么需要接受新的法律规治理念并要奉法而行。虽然《反家庭暴力法》的立法过程曲折而漫长，但能够颁布实施就是很好的制度革新，作者认为新法颁布也应该成为一次法观念革新的契机。在分析《反家庭暴力法》制度创新的同时，本书作者也希望能够透视实践中所发现的有关女性权益的焦点问题，论证如何为其提供更为有效的法律保护与救济，也尝试为现有法体系提供拓宽理论空间和制度空间的可能。

家庭暴力行为只有"零次"和"多次"之别，"家暴零容忍"是反对家庭暴力行为的一条红线。本书的写作，一方面是对保护饱受家庭暴力之苦的女性作一些法律内的分析与探索；另一方面，却是忧虑于家庭暴力案仍在不断曝出以及围绕案件而生的各种嘈杂之音。在家庭暴力问题的认知上，传统与现代的界限依然模糊难辨。所以，作者的惴惴不安，一方面是担心写作过程因自身智识、经验所限而带来的疏漏；另一方面也是忧虑《反家庭暴力法》的普及率、有效利用率有多高？有多少试图寻求法律救济的受害人依然会被传统法观念阻隔在法律之外？这些困惑可能更需要时间来作答。

除主编外，参加本书编写的还有：黄海涛［北京市第三中级人民法院民二庭副庭长，第二章第三节三（三）、第三章］、方小康（北京互联网法院，第四章）、余雁泽（浙江省人民检察院，第五章第一、二节）、肖荷（留英硕士，第五章第三节）。全书由主编统稿、校对，英文注释全部由肖荷完成校对，张传参与了部分章节初步写作。

本书出版，一如既往地获得了中国政法大学出版社尹树东社长的鼎力支持，也一如既往地获得了恩师朱勇教授的各种资助与支持；本书出版经费部分来自中国政法大学法理学学科建设经费支持，一并致谢！

2019 年 12 月 8 日于顿悟止观

目 录
Contents

导　论 ……………………………………………………… 1

第一章　家庭中的传统法观念与女性处境 ……………… 9
　第一节　传统耻诉观、离婚制对女性的影响 ………… 10
　第二节　传统的家庭性别观念与性别秩序 …………… 19
　第三节　近代家庭法观念与女从地位的延续 ………… 30

第二章　从传统到现代：《反家庭暴力法》的出台 ……… 39
　第一节　告诫制度 ……………………………………… 40
　第二节　强制报告制度 ………………………………… 49
　第三节　紧急庇护制度 ………………………………… 64
　第四节　人身安全保护令制度 ………………………… 72

第三章　实施中的《反家庭暴力法》与女性保护 ……… 95
　第一节　《反家庭暴力法》实施前家庭暴力案的
　　　　　数据分析 ……………………………………… 96

第二节　《反家庭暴力法》实施后的数据分析 ……… 108

第三节　家庭暴力认定标准的实践与反思 ………… 127

第四节　家庭暴力的法律后果 …………………… 143

第四章　适用瓶颈："以暴制暴" 案中的女性司法救济
…………………………………………………… 150

第一节　"以暴制暴"行为的定性及其理论争议 …… 151

第二节　"以暴制暴"行为的司法救济 …………… 156

第三节　"以暴制暴"案中女性司法救济的制度完善 … 171

第五章　域外借鉴：司法救济的理论发展与制度空间 …… 197

第一节　受虐妇女综合症及其应用 …………… 197

第二节　创伤后应激障碍与刑事抗辩 …………… 217

第三节　斯德哥尔摩综合症与无受害人起诉 ………… 233

导　论

　　在我国法治进程中，家事法领域一直需要面对的就是如何处理传统与现代的问题。中国古代的社会治理是礼法并存的法律多元主义，"情、理、法"三者不但代表了以"情"为首的一种规范次序，"出礼入刑"也代表了三者的同构性，或者说国家法与民间法具有同向性；而近代修律对欧陆法的继受，形成了新法律多元主义的"法、理、情"秩序，近代修律时"法治派"与"礼教派"的对峙则标明了"法"与"礼"在某些重大制度上开始分道扬镳。国家层面的"法"与"礼"同向性的消失，并不意味着礼治的退出，继而代之的是分层而治。近代法在国家法层面得以确立和实施形成法律秩序，而"礼"以民间法的形式广布于社会之中形成传统秩序，这种传统在家事领域尤为显著，尤其是涉及女性权利的法律，传统性的表现尤为明显。从现代法律框架来看，即便是国家法律明文规定的权利，在转化过程中依然要直面厚重的传统习惯，例如：从《中华人民共和国婚姻法》（以下简称《婚姻法》）第22条规定的"子女可以随父姓，可以随母姓"的子女姓氏问题、各地地方法规中对最低婚龄、订婚彩礼的限制等，基本上都反映了"法律秩序"与"传统秩序"分层而治的状态。传统法律中的"礼"或者"伦理"以传统或者民间法的形式突显其与国家法的差异。无论从法律文本、法律职业人的角度，还是社会行动者的角度来考察，家庭法都是一个差异性最为突出的领域。冲突性的核心问题也主要集中在家庭领域，尤其是家庭暴力问题，无论是《反家庭暴力法》的制定、颁布还是实施，都面临同样的差异性问题，都需要进行法律秩序和传统秩序的剥离。

就家庭暴力案大部分受害人角度而言，家庭暴力问题更多地反映出来的是性别关系问题，或者说是女性权利问题。在某种意义上，家庭暴力实际上是受暴妇女的代名词。鉴于作者的研究视野以及研究课题的关注区域在此，本书论证的问题框架也主要围绕三个（组）典型的家庭暴力案引发的问题而展开：

第一个案例是 2009 年董珊珊案。这是最早引发作者研究兴趣的一起家庭暴力案件，案件中被家庭暴力致死的董珊珊年仅26 岁，董珊珊与丈夫王光宇刚刚结婚短短几个月，"她及家人曾先后 8 次向警方报告王的暴力行为，曾提起过离婚诉讼，也曾经离开亲人独自在外租房躲藏，但所有这些努力都未能挽救她的生命。"[1]

2010 年 7 月 15 日《法制日报》（法治周末版）以"家暴案女主角之死（董珊珊）"为标题对这起案件进行了采访报道，判

---

〔1〕 该案判决网上不能查询。信息来源见："董珊珊（受家暴致死的北京女性）_百度百科"，载 https://baike.baidu.com/item/%E8%91%A3%E7%8F%8A%E7%8F%8A/22391211? fr = aladdin，最后访问时间：2018 年 7 月 24 日。

决中最大的争议点是适用虐待罪还是故意伤害罪，受访学者几乎一边倒地认为该案应该适用故意伤害罪。[1]董珊珊自 2008 年下半年结婚，到 2009 年 10 月被家庭暴力后经救治无效死亡，约计 10 个月。[2]在 10 个月的婚姻存续期间内，董家先后报警 8 次，如果说追问家庭暴力产生的原因是一个社会学问题，8 次报警之后受害人依然无法获得法律上有效救济的原因到底在哪里？除了该案法律适用存在的争议之外，该案存在一个有关公共权力的问题：《反家庭暴力法》颁布实施之前的问题是公共权力可否介入家庭？实施之后面临的问题则是公共权力如何有效介入家庭？这是本书所要阐明的第一个问题。

　　第二组案例是 2016 年的女记者受家庭暴力死亡案，发生在《反家庭暴力法》实施之后。该案施暴人金柱是一名公务员，被家庭暴力人红梅是内蒙古电视台的一名记者，二人系自由恋爱结婚。结婚第一年，红梅就受到了 5 次家庭暴力。2001 年，怀胎 3 个月的红梅因为家庭暴力而流产。红梅的家人将离婚诉状交到了法院，金柱经法院多次传唤不到庭，而红梅也没有再坚持离婚，尔后育有一子。2013 年 10 月，金柱醉酒后挥拳打向熟睡中的红梅，经医院诊断，红梅枕骨粉碎性骨折。这次家庭暴力是红梅遭受的最后一次、也是致命的一次家庭暴力。[3]

---

〔1〕　参见莫静清、陈磊："一起家暴案女主角之死"，载 http://www. legaldaily. com. cn/legal_case/content/2010 - 07/15/content_2196968. htm？node = 21137，最后访问时间：2018 年 7 月 15 日。

〔2〕　参见"《今日说法》：十个月的黑色婚姻"，载 http://tv. people. cn/GB/166419/13794575. html，最后访问时间：2018 年 7 月 24 日。

〔3〕　参见崔鹏、范昊天："一名女记者的死亡，她到底经历了怎样的家暴？"，载《人民日报》2017 年 3 月 28 日。

和红梅案有鲜明对比的是李阳案。"疯狂英语"创始人李阳的美籍妻子 Kim 不堪家暴起诉与其离婚。这场历经一年半、4 次开庭审理的离婚纠纷官司，终被北京市朝阳区人民法院宣判准许离婚。同时，在 Kim 的坚持下，法院依据新修订的《中华人民共和国民事诉讼法》（以下简称《民事诉讼法》）关于行为保全的规定，裁定禁止李阳殴打、威胁 Kim，该裁定有效期 3 个月。如果李阳违反该禁令内容，将面临拘留、罚款等制裁，如果构成犯罪，还将被追究刑事责任。这是新《民事诉讼法》实施后，北京市人民法院发出的首个"人身保护令"。[1] Kim 充分运用了法律手段来保护自己。相比之下，经历了 16 年的婚姻史和家庭暴力史，"女记者"为什么不选择离婚？这是很多人的第一反应。被家庭暴力的当事人对婚姻的态度，一直是家庭暴力案中令人关注的焦点。当事人为什么选择忍受家庭暴力、艰难度日，而不是选择离婚？是基于传统婚姻家庭观的个人选择？还是存在更深层次的社会因素？这是本书要探明的第二个问题。

第三个案例是 2010 年李彦杀夫案。这起案件被评为 2015 年影响中国司法的十大案件，位列第二。

2010 年 11 月 3 日晚，四川省安岳县李彦与其夫谭勇因琐事发生纠纷，李彦持火药枪枪管击打谭勇后脑部，致其颅脑损伤死亡，后又进行了分尸等处理，并分两次先后将尸块抛弃于厕所和河道内。2011 年 8 月 24 日，四川省资阳市中级人民法院对李彦故意杀人一案作出一审判决，以李彦犯故意杀人罪，判处

---

〔1〕 参见"李阳家暴门_360 百科"，载 https://baike.so.com/doc/1574839-1664669.html，最后访问时间：2018 年 7 月 28 日。

死刑,剥夺政治权利终身。李彦对判决的刑事部分不服,提出上诉。四川省高级人民法院于 2012 年 8 月 20 日作出驳回上诉、维持原判的刑事裁定,并报最高人民法院核准。最高人民法院以部分事实不清,证据尚不够确实、充分为由,发回四川省高级人民法院重审。[1]

仅就查证的杀人情节而言,李彦的手段是骇人听闻的,但是判决结果却引发了强烈的舆论讨论,李彦自己也对判决的刑事部分不服,提出上诉。四川省高院于 2012 年 8 月 20 日驳回上诉、维持原判,并报最高人民法院核准。2013 年底,最高人民法院作出不予核准并发回重审的决定,最主要的理由是:被害人谭勇对李彦长期施行家庭暴力。2015 年 4 月 24 日,李彦杀夫案重审宣判。李彦最终被判处死刑,缓期两年执行。再审程序中披露了之所以引发学界和民众关注而原审忽略了的案内家庭暴力细节:

安岳县妇联 8 月 3 日接待记录,称李彦投诉再婚后多次遭谭勇殴打。安岳县外南街派出所 8 月 10 日接警记录,称李彦反映当晚遭谭勇殴打,并说谭勇经常打她,有家庭暴力。判决书中还说,李彦向提供给警方的日记中,多处记载被谭勇打骂的情节。判决书中还记载李彦的母亲、女儿、邻居、朋友关于谭勇对李彦施暴的证言。[2]

---

[1] 参见王杨:"'因家暴杀夫分尸'判死缓仍然重",载《今日话题》2015 年 4 月 26 日,https://mp. weixin. qq. com/s/8AFFv7uRtI2uGFk1anBGSA,最后访问时间:2018 年 7 月 25 日。

[2] 参见田雪皎:"女子因家暴杀夫分尸,二审由死刑改判死缓",载《华西都市报》2015 年 4 月 24 日,https://mp. weixin. qq. com/s/1sATvHxXAye2xpntMu-TWPg,最后访问时间:2018 年 7 月 25 日。

与前面两个（组）案例不同的是，李彦采取了"以暴制暴"的方法，手段残忍。20世纪曾经有学者对女犯做过调查，1996年辽宁女子监狱关押的1000多名女犯，100多名因杀夫入狱；1999年陕西省女子监狱101名女杀人犯中，64名是因杀夫入狱。[1]而李彦案之所以被改判，也并非基于单一的家庭暴力情节，而是一种综合力量或者说是非法律因素的推动。在裁判文书网上以"以暴制暴"为关键词检索，2014年至2017年共有28例案例，其中27例被认定为故意犯罪（主要是故意杀人罪和故意伤害罪），只有1例被认定为过失犯罪。[2]在这类案件中，对于饱受家庭暴力而采取以暴制暴的当事人，如何定罪量刑才能罪刑相当而又彰显法律公平的社会导向？这是本书关注的第三个问题，第四章和第五章都是围绕这个问题展开的。

"家庭暴力"概念得以进入法律体系，在2016年《反家庭暴力法》出台之前，经历了极其漫长的过程。2001年我国《婚姻法》尚未修改之前，"家庭暴力"还属于一个非法律概念，修改之后把"家庭暴力"作为认定夫妻情感破裂的法定事由，适用于离婚诉讼。在法律体系之内，涉及家庭成员之间关系的法律事实只有暴力干涉婚姻自由、虐待和遗弃。"家庭暴力"，尤其是夫妻之间的"家庭暴力"，常常被视为家庭矛盾淡而化之。2015年3月两会期间，最高人民法院原副院长黄尔梅在接受采访时也谈道："确实我们也发现在处理家庭暴力犯罪案件中，大

---

〔1〕 参见"反家庭暴力遭遇瓶颈 人大代表呼吁完善立法"，载 http://news. hexun. com/2008 – 03 – 16/104497946. html，最后访问时间：2018年03月28日。

〔2〕 以"家庭暴力"与"正当防卫"为关键字，在裁判文书网上搜索到了2014至2017年4月的44份刑事裁判文书，其中受虐妇女杀害施暴者的案件有37起。

家的把握还有不是很准确，不太统一的地方……现在家庭暴力犯罪案件很大的一个问题，就是不能及时的进入国家公权力的视野内"[1]，家庭暴力案受案总数中只有2%是自诉案件，98%是公诉案件，黄尔梅说不自诉的原因一方面是当事人认为"家丑不可外扬"，另一方面公检法人员也受到"家庭暴力是家务事"的影响，"我们要打破一个固有观念……这就是一个非常传统、非常陈旧的却又根深蒂固的观念，恐怕要经过我们大家的共同努力"[2]。2015年最高人民法院、最高人民检察院、公安部、司法部联合发布《关于依法办理家庭暴力犯罪案件的意见》（以下简称《意见》）预示着《反家庭暴力法》的到来，但《反家庭暴力法》的立法过程却相当漫长。从整个立法过程来看，国家立法的态度是审慎的：地方立法先于国家立法，最早的地方性立法是1996年1月中共长沙市委办公厅、长沙市人民政府办公厅联合制定的《关于预防和制止家庭暴力的若干规定》；司法先于立法，2001年4月28日全国人大常委会《关于修改〈中华人民共和国婚姻法〉的决定》中将家庭暴力列为离婚的法定理由之一。之后虽然有多次不同位阶的修改意见，最高人民法院也出台了司法解释，但《中华人民共和国反家庭暴力法（草案）》直到2014年才由国务院法制办正式向社会公布，2015年12月27日《反家庭暴力法》正式通过并于2016年3月1日开

---

〔1〕　撒贝宁："最高法副院长解读反家暴新规：不鼓励以暴制暴"，载 http://news. sina. com. cn/c/2015 - 03 - 06/113031575875. shtml，最后访问时间：2015年03月06日。对当事人不起诉的案件如何进入国家公权力的视野，详见第五章。

〔2〕　撒贝宁："最高法副院长解读反家暴新规：不鼓励以暴制暴"，载 http://news. sina. com. cn/c/2015 - 03 - 06/113031575875. shtml，最后访问时间：2015年03月06日。

始实施。[1]但在《反家庭暴力法》实施过程中也产生了新问题，通过法律实施的前后对比分析，论证法律对女性权益的保护力度，以及新法的颁布是否回应并解决了典型性案件中反映的问题，也是本书试图进行体系性分析的内容之一。

---

[1]　立法详细过程参见邱昭继：《中国的反家庭暴力法与妇女解放》，载辛西娅·格兰特·鲍曼、於兴中主编：《女性主义法学——美国和亚洲跨太平洋对话》，中国民主法制出版社2018年版，第188～189页。

第一章　家庭中的传统法观念与女性处境

从我国法律的发展阶段和重大变革节点来看，家事领域的法观念可以大致分为三个历史阶段：古代、近代和现代。如果以近代法律变革为节点的话，清末以前为古代，清末至民国时期为近代，新中国成立之后属于现代。相对而言，清末时期是我国家事法变革的一个重要分水岭。但是，在公法领域，法观念的演进基本上可以随着法律制度的变革而推进；而在私法领域，特别是家事法领域，法观念的演进却远远落后于法律制度变迁，缓慢而胶着。

中国古代法观念有其特定的历史价值，也有着鲜明的中国色彩。瞿同祖先生在其《中国法律与中国社会》中谈到了自汉至清两千年间法律的演变，这部法律史名著被梁治平先生总结为："第一，中国古代社会是身份社会；第二，中国古代法律是伦理法律……两个方面合起来，就接近了中国古代法的真精神……法律根据种种不同的身份确定人们相应的权利或义务。如果这种情形极为普遍，构成社会的常态，这种社会就可称之为身份社会。"〔1〕梁治平先生之所以也认为古代中国是独具特色的身份社会，是因为尤重"名分"，这是身份社会的起点，也是家庭伦常的根本，但"身分关系多为严格的强行法规所规律"〔2〕。对女性而言，传统社会中的身份社会，也是名分社会，除了性别之间的尊卑关系之外，还有女性内部的尊卑关系，与身份、名分相适应的各种纲常伦理观念与法律互为里表，虽然客观上解决了女性生有可依、死有可归，但从整体上而言却是规训、约束大于保护。

第一节　传统耻诉观、离婚制对女性的影响

关于法的起源，素有各种学说。从"夏有乱政，而作禹刑""杀戮禁诛谓之法"〔3〕到孔子的"导之以政，齐之以刑，民免而无耻"〔4〕，法作为形而下的"器"而非"道"，影响了中国社会几千年，"法即是刑"也极大地左右着人们的诉讼观念。"息讼""厌讼""耻讼"成为一种社会共识而代际相传，在当下社会耻于成为被告、耻于诉讼依然是法律维权的一道心理障碍。如果诉讼发生于家庭成员之间，更会面临来自外界和内心的双重压力。有学者认为："法庭在中国只不过是家族的延续。法庭的作用犹如族长家长教训不肖子孙，因而审理民事诉讼不是法

---

〔1〕　梁治平：《法辨——中国法的过去、现在与未来》，贵州人民出版社 1992 年版，第 19～20 页。

〔2〕　李宜琛：《现行亲属法论》，商务印书馆 1944 年版，第 8 页。

〔3〕　《慎子·心术上》。

〔4〕　《论语·为政》。

庭的主要任务。"[1]"无讼""息讼"不仅是地方官的政绩、业绩,也是一种家族内的荣耀;明代王阳明为地方官时,就以"息讼"著名,他推行《十家牌法》的"乡约制度","十家之内有争讼等事,同甲即时劝解和解",劝解无效才需见官。"自今各家务要父慈子孝兄爱弟敬夫和妻随长惠幼顺……谦和以处乡里。心要平恕,毋得轻易忿争;事要含忍,毋得辄兴词讼。"[2]"无讼"不但是一方政绩优化的标识,也是一种可资赞许的民风。中国传统法律是一套发达的刑法体系,诉讼意味着进入国家的刑罚机制之内,耻于诉讼的心理,也是源自于被刑罚之后的过错感。对于身处古代宗法社会的女性而言,女子无人格是一种朝野共识,只能依附于男子而存在,即所谓"阴卑不得自专,就阳而成之"[3],这也就决定了"女子一生的最高标准,便是嫁人了"[4]。既然最高标准是嫁人,也就是女子要把自己完全寄托于男子,包括忍受所有的不平等,"男子可以多妻,女子却要守节。男子可以再娶,女子却不能再嫁。(宋以前尚不严格)男子可以休妻,女子却不能离夫。"[5]所以,传统社会下的女性无独立人格,依附于父权、夫权之中,也造成了婚姻关系是作为纲常伦理关系而存在,并不是法律所调整的范畴,除非某些行为违背了法律设定的伦理秩序,才会出礼而入法。所以婚姻解

---

〔1〕 范忠信:《中国法律传统的基本精神》,山东人民出版社 2001 年版,第243 页。

〔2〕 《王文成公全书》之《申谕十家牌法》《十家牌法告谕各府父老子弟》篇。转引自范忠信:《中国法律传统的基本精神》,山东人民出版社 2001 年版,第 241 页。

〔3〕 《白虎通·嫁娶篇》。

〔4〕 陈东原:《中国妇女生活史》,商务印书馆 2015 年版,第 6 页。

〔5〕 陈东原:《中国妇女生活史》,商务印书馆 2015 年版,第 8 页。

体的基本原则，是以违反纲常伦理为基础而设定，因其身份性而具有浓郁的夫权特点。

一、传统离婚制度：出妻

在传统法律中婚姻不是不可以解除，但是基本上属于强制性解除，这种强制性解除仅限于"七出"和"义绝"，"和离"是一种极少见的例外。因为一般诉讼的羞耻观在传统社会基本上是一种共识，离婚成为一种诉讼本身就极为少见。民国学者李宜琛先生考察了西欧离婚制度的演变，认为西方的离婚制度大致可以分为三个阶段，经历了从古罗马无条件限制的自由婚姻制到寺院法时期的绝对禁止离婚，而近代西方自由离婚制度始于苏俄，但苏俄又采用累进式离婚诉讼费用对离婚制度加以限制。我国传统婚姻制度，多以伦理道德为基础，礼法对于防范婚姻解体特别严格，偏重追求恒久的婚姻存续状态。"但我国往昔之婚姻，原非以一夫一妻间之结合为目的"，以"上以事宗庙，下以庆祭祀"，除非害及一家和平、玷辱家门名誉才会强制离婚。所以礼有七出之条，法有义绝之律。[1]在传统婚姻观念中，"七出"又被称为出妻，是只针对女性的被动式离婚，也是现代意义上的强制离婚。

这种强制离婚又可分为由官强制和由夫强制两种。[2]由夫强制的离婚事由，就是"七出"及"义绝"。"七出"之义，首见仪礼丧服"出妻之子为母"。《公羊传庄》二十七年何注，称

---

〔1〕 参见李宜琛：《现行亲属法论》，商务印书馆1944年版，第80~84页。
〔2〕 参见李宜琛：《现行亲属法论》，商务印书馆1944年版，第83~85页。

为七弃，其理由为："妇人有七弃三不去。无子弃，绝世也。淫秩弃，乱类也。不事舅姑弃，悖德也。口舌弃，离观也。盗窃弃，反义也。嫉妒弃，乱家也。恶疾弃，不可奉宗庙也。"《大戴礼·本命篇》则称为七去："妇有七去，不顺父母去，无子去，淫去，妒去，有恶疾去，多言去，窃盗去。"《唐律疏议》后来改称"七出"："七出者，无子一也，淫佚二也，不事舅姑三也，口舌四也，盗窃五也，妒忌六也，恶疾七也。"[1]虽然名称上有些许不同，但是本质上没有什么变化，都是一种对女性的单向性规训。

但"七出"也有例外，即："三不去"。"三不去"是指：曾为夫之父母服三年之丧者，不去；先贫贱而后富贵者，不去；离婚后妻无所归者，不去。其理由《公羊传》何注中载明的是："当更三年丧不去，不忘恩也。贱取贵不去，不背德也。有所受无所归不去，不穷穷也。"相较"七出"而言，"三不去"也算是给百般枷锁在身的女性留了一条生路。

从上述规定来看，如果"出妻"是针对女性而特设的一种严苛的行为规范，被离婚就成为一种对女性的惩罚。被"出"而返，对于重名分的传统女性而言无异于历经一场道德审判，不但自己会无颜面对父老，同样也会损减父亲家的声誉与颜面。被"出"的女性一方面是要依赖父亲家供养而遭嫌弃，另一方面要面对外在的舆论与后半生的惶恐与老无所依。所以，相比身份的变更，被出更像是一种触及精神与灵魂的道德审判。民国时期《民事习惯调查报告录》中记载："男女离婚者，其原因不

---

[1]　（唐）长孙无忌等撰：《唐律疏议》，中华书局1983年版，第267页。

论由何方构成，均须由男家酌给女家钱财，名曰'遮羞钱'。"[1]
而在某种程度上，"出妻"也是男子更新配偶的一种合理手段，
《恕谷后集》卷七里记载：直隶安平县岳氏患有羊角疯，被丈夫
可子以"七出"中的"恶疾"休弃。岳氏回娘家调治痊愈后，
但可子已经再娶，岳氏复婚无望，又不愿再嫁，投井而亡。[2]
相比休妻而言，"典妻""租妻"作为一种更畸形的婚姻形态，
屈辱而无法摆脱的苟存婚姻也典型地说明了女性以婚姻作为生
存手段的寄居状态。对没有谋生能力的女性而言，婚姻作为一
种生存方式，不但自身被物化，也被道德终身绑架。无论是不
进入婚姻状态，或者被动地从婚姻状态中脱离，都会面临一种
残酷的生存危机和舆论压力，"也可以看出社会虐视女性，使其
一朝被抛弃、无所归依的苦况"，"从这一点，可以看出女性
'一与之齐、终身不改'的心理"。陈东原先生对此感叹道：
"没有意志，逼手逼脚，不能独立，和莫知所从的今日女性之种
种弱点，岂完全是女子生来即具吗？数千年来的积习、的教训、
的心理、的态度养成的啊！"[3]

二、传统离婚制度之例外：义绝与出夫

"七出""三不去"作为礼教上的婚姻解除事由，在唐以前
是否采用，无据可查。自唐律加以规定之后，明、清律都采用

---

〔1〕 前南京国民政府司法行政部编，胡旭晟等点校：《民事习惯调查报告录》，
中国政法大学出版社 2000 年版，第 841 页。
〔2〕 参见（清）李塨撰，冯辰校：《恕谷后集》，中华书局 1985 年影印版，第
89～90 页。
〔3〕 陈东原：《中国妇女生活史》，商务印书馆 2015 年版，第 8 页。

唐律的规定。但唐律规定犯恶疾及奸者，虽有"三不去"，仍在必出之列；清律则仅以犯奸作为强制离婚的理由。如果当事人犯有特定的情节而不离婚的，则会受到处罚。这种特定情节就是"义绝"。"义绝"也是仿自唐律。《唐律疏议》义绝离之条载："诸犯义绝者离之，违者徒一年。"之所以规定"义绝"为离婚理由，《唐律疏议》载明："夫妻义合，义绝则离。违而不离，合得一年徒罪。离者既无名字，得罪止在一人。皆不肯离者坐，若两不愿离时，即以造意为首，随从为从。"[1]足以表明妻犯"义绝"者，夫更要据以为强制离婚之原因。即使夫犯"义绝"，妻也要当然离夫家而去。如两不愿离，官署则要强制其离婚。

除"义绝"外，妻绝对无离婚请求权，更不得违反丈夫之意愿，逃离夫家。按清代法制，妻有三从之义："妇人义当从夫。夫可出妻。妻不得自绝于夫。"（清律注）。《唐律疏议》义绝离之条载："妻妾擅去者徒二年。因而改嫁者，加一等。"明清律及《大清现行刑律》也皆规定："若无夫愿离之情，妻辄背夫在逃者，杖一百，从夫嫁卖。其妻因逃而自改嫁者，绞监侯。其因夫弃妻逃亡，三年之内，不告官而逃去者，杖八十，擅改嫁者杖一百。"如果丈夫逃亡三年不还，经官许可，妻才可以改嫁。

大清现行刑律中也有"若犯义绝而不离者，亦处八等罚"的规定。一般而言，在这种裁判离婚制度中，是以"出妻"为原则，以"出夫"为例外（也包含赘夫，因为赘夫的地位相当于妻）。"义绝"与"出夫"，是在法律近代化过程中被废除得

[1]　（唐）长孙无忌等撰：《唐律疏议》，中华书局1983年版，第268页。

比较彻底的一部分，从法律规定而言，"出妻"、"义绝"与"出夫"都被后来的裁判离婚所代替，但是离婚带给男女不同的社会后果却并没有改变。

三、传统的"和离不坐"与近代特定事由下的"经官断离"

传统法律对离婚的严格限制，并非为了保证一男一女的永久结合，《礼记·昏义》曰"昏礼者，将合二姓之好，上以事宗庙，下以继后世也"，婚姻存续多为上继承祖先祭祀、下延续子孙血脉。但我国自唐代以后，都允许和离，和离以当事人情愿为要件，不追究法律责任。唐律义绝离之条规定"若夫妻不相安谐而和离者不坐"；清律出妻之条也规定"若夫妻不相和谐而两愿离者不坐"。但在以男系为中心的古代社会，虽然是"和离"，多数是以夫方主动，以离妻为比较普遍，也多以"出妻"作为规范，清律中的"出妻"与唐律中的"出妻"也大致相同。民国时期，大理院判例将这种离婚方式改称为"协议离婚"，如民五年上字第 147 号判例载有"协议离婚为现行律所准许（民现行律婚姻门出妻条律）"，以近现代之后以"协议离婚"代替了"和离"。

除此之外，民国学者，如陈顾远、胡长清等，在其著述[1]中都将我国传统法律除"和离"以外的离婚称为裁判离婚。陈顾远先生认为"若夫请求有司而求其去，则在形式上颇类今世

---

〔1〕 参见陈顾远：《中国婚姻史》，岳麓书社 1998 年版；胡长清：《中国民法亲属论》，商务印书馆 1946 年版。

之裁判离婚"，但随后又被称作"呈诉离婚"。[1]虽然名称不同，但都是指经官断离。这种裁判离婚有两种情况，一必须是女犯"七出"且无"三不去"由夫出妻，二是男犯"逃亡"由妻出夫。"出夫"的法定条件必须是丈夫逃亡三年音信皆无之后才可以适用，可见传统法律中的离婚，主要是以"出妻"最为常见，对女性而言是夫权笼罩下的被动式逐出。[2]因为传统法律中的"七出"之条，是指夫离妻的法定事由，妻不得援用，实质上就是一种夫权离婚制度。民国四年上字第 1793 号判例载明"现行律凡妻于七出无应出之条及夫无义绝之状而擅出之者处罚，虽犯七出，有三不去而出之者，减二等，追还完娶等语，是出妻于律有一定之条件，不相合者即不容擅出（民现行律婚姻门出妻条律）"。这一判例也表明大理院还是以"七出""义绝"为基本原则。

客观而言，在传统的"出妻"式离婚制度之下，婚姻本身就是对女性权利的无视，"和离"无疑是一种强化女性商谈地位的法律举措，换句话说，也是一种变相的女性利益保护，只要不在"七出"和"义绝"之内，擅自离婚需要承担一定的法律责任。另一方面，女性获得商谈地位，也可以给自己以后的生活谋得部分物质基础。

四、离婚事由的近代变迁：男女双标准下的"不堪同居"

相比传统的"出妻""义绝""和离"而言，民国时期因为

---

〔1〕　参见陈顾远：《中国婚姻史》，岳麓书社 1998 年版，第 156～158 页。

〔2〕　参见王新宇：《民国时期婚姻法近代化研究》，中国法制出版社 2006 年版，第 144 页。

面临外在的法律近代化任务，在离婚制度上有了比较大的改进，从男性单方离婚权改变为有限度地增加女性离婚权，比如把家庭暴力列入离婚的法定事由：夫妇一方受另一方不堪同居之虐待。"所谓不堪同居虐待，并非因一时气忿偶将他造轻微致伤。但如果殴打行为系出于惯行，则所受伤害不必已达较重之程度，既足证明实有不堪同居虐待情形，即无不能判离之理。"[1]

但法律对殴打行为的认定采用双重标准，即夫殴打妻须致折伤以上才能断离，妻只要实施殴打行为即可判离。民国时期大理院全盘接受传统法律中对于殴打行为的评判标准，认为妻的行为属于行为犯，只要实施就构成离婚理由（民九年上字第537号"夫被妻殴，得请离异。无须致折伤之程度"）；而夫则是结果犯，也就是说只有殴打致折伤这种结果发生，妻才能诉请离婚（民六年上字第18号"殴打而不能认为虐待者，须致折伤废笃，始得离异"）。对于妻方而言，这种不堪同居的虐待，须来自丈夫本人，如果是夫方家属，也不能构成离婚理由，除非丈夫知情并参与的情况下才予准许（民四年上字第378号）。

即便是随着社会的发展，尤其是清末至民国时期法律近代化过程对离婚制度做了颠覆性的调整，从"七出三不去"到"和离、判离"，从单方男性特权到有限定的男女双标准，离婚制度的改变增加了女性改变不幸婚姻的法律途径，但法律上对离婚形式的规范性改变并没有对道德评价形成根本性影响。除了严苛的单方离婚权，还有一种附加给女性的伦理观，这是比

---

[1] 周东白编辑：《大理院判例解释（民国元年—民国十二年）》，世界书局1923年版，第48~51页。

伦理规范更为禁锢女性婚姻观的一种心理规训。《名贤集·七言集》中记载的"忠臣不事二君王，烈女不嫁二夫郎"，演变到民间便是女子"从一而终"，这一伦理约束曾长久盛行，夫死不改嫁会得到官方和民间的普遍认可和褒扬，比较典型的标志就是守节牌坊。然而，除却物理上的这种标识，对女性产生的心理影响是无形的，虽然离婚再嫁获得法律上的许可，但是离婚带来的羞耻感的社会基础并没有瓦解。在传统伦理与法律体系下，只有"七出三不去"的休妻，而无离婚，所以婚姻解体不但意味着对女性身份的否定，更是一种基于女性身份变化带来的负面性评价，再婚与初婚几乎不可同日而语，如果初婚对女性而言是一种"上行式"择偶，那么再婚就是一种"下行式"择偶甚或无法再次择偶，传统法律文化以及社会舆论对女性婚姻解体后的贬低与折损，是从家庭到社会、从道德到法律的全面否定，女性承受的是生存压力、心理压力和精神摧残，离婚也便像耻辱刑一样深深禁锢着女性的思维和行动。即便经过了后续若干年的社会发展，城乡之间、阶层之间，甚至因原生家庭对婚姻观念的影响，都具有极大的差异性，而传统文化对于女性的束缚却依然不衰。

第二节 传统的家庭性别观念与性别秩序

在传统社会中，婚姻是女性一出生就注定的生存之道，女人的一生通常只分为婚前与婚后，这种区分的界限或者标准就是以嫁娶婚的形式完成的从父家到夫家的一次转移，哪怕是发展到今天，嫁娶婚的风俗也依然保留，甚至在某种意义上来讲，仪式婚才是婚姻真正的开始。家于女性而言与男性不同，民间会根据婚姻变化将其分为"娘家"与"婆家"，但是无论是在哪一个家庭，女性的存在状态都是一种"外人"的身份，一种"他者"的生存，只不过在"娘家"是父权之下，在婆家是"夫权"之下。相比而言，在传统中国或者说在任何一个前现代国家，家庭就是女人的一切，但家庭的主宰者却不是女人。国家对于家庭的治理，是以家长为责任主体，父权或夫权式的传统代表，在传统社会治理中形成了国家与家庭的二元关系，而非现代意义上的国家与个人。

按照林端先生的分析，夫妇关系作为一种自然发生的社会关系是初级关系，立基于所谓的集体意识（涂尔干观点），五伦即是这种初级关系的组织原则，强调维护群体的秩序与和谐，而非个人正义与权利的发扬。这种血缘、地缘、亲缘为主的团体其实也是地方自治的基础，民间有争执，告官也是最后的手段。[1]"儒家伦理影响下的社会规范，基本上有很强的一致性，情、理、法皆不外其规矩节度，法律列于最末。史布莲克认为中国传统社会法律的维系社会功能远比道德、风俗、教化等小，相对于其他社会，其运作功能也来得微小。这种规范的一致性，也未使中国传统法律维系社会秩序功能有效运作，相反的，它往往反而是社会秩序的破坏者。"[2]如果说在适用顺序上，法律居于末位，那么此处的"适用顺序"还存在一个适用的前提，

---

〔1〕　参见林端：《儒家伦理与法律文化——社会学观点的探索》，中国政法大学出版社2002年版，第8～16页。

〔2〕　林端：《儒家伦理与法律文化——社会学观点的探索》，中国政法大学出版社2002年版，第17页。

也就是该类行为属于法律适用的范畴。

一、男女有别、男尊女卑与女性依赖性

"男外女内"作为最早的男女有别，也是传统家庭内的性别分工，后来通常用来指代夫妻之别。"男外女内"始自周代，《礼记·内则》上有记载："男不言内，女不言外。内言不出，外言不入。道路男子由右，女子由左。七年，男女不同席，不共食。夫妇为宫室，辩内外，男子居室外，女子居室内，深宫古门，阁寺守之，男不入女不出。"也就是说从7岁开始，男女之别就已经泾渭分明，后期发展为"男女不杂坐"，很多农村地区现在依然保留这种传统。

男女之别所带来的性别秩序的另一种表现则是女性未出嫁前的"男女易长"，女子未嫁之前在家庭之中的排序要受到兄长的影响，家庭内的儿子和女儿单独分别排序。如果一个家庭内生有四个孩子，老大是男孩儿，老二老三是女孩儿，老四是男孩儿，老四就是次子，而不是四子，尽管老四最小，但是排序要在两个姐姐前面。因为男外女内之后，家庭内对外的大小事务都要由男子打理，门外之事女子皆不得过问。

我国古代的性别差序，始于出生。《诗经·小雅》记载："乃生男子，载寝之床，载衣之裳，载弄之璋。乃生女子，载寝之地，载衣之裼，载弄之瓦。"生了男孩儿要安床置地佩美玉，生了女孩儿几乎可以忽略不计。虽然这种差别待遇不知何时而止，但是这种重男轻女的等级观念到了北齐已经发展成为溺女婴，据赵凤喈先生考证，在北齐《颜氏家训·治家篇》里记载有："世人多不举女，贼行骨肉，岂当如此，而望福于天乎？吾

有疏亲，家饶妓滕，诞育将及，便遣阉竖守之，体有不安，窥牖倚户，若生女者，辄持将去，母随号泣，莫敢救之，使人不忍闻也。"这种溺女之风在南北朝时期已经很盛行，甚至士大夫家都有发生，后来历代虽然禁止，但恶习已成。赵凤喈先生认为家庭内以性别定长幼，也是社会上男女不能平等的最大原因。[1]即便时至今日，偏远地区仍然存在溺女婴、弃女婴的陋习。[2]以 B 超为手段进行人为的性别甄选也依然屡禁不止，在科学技术的非正常使用下男女出生比例已经严重失衡。[3]从早期的"弄璋""弄瓦"之别，到今日的高科技性别甄选，重男轻女现象从来没有消失，从一出生就被标注的不平等对女性而

〔1〕 参见赵凤喈：《中国妇女在法律上之地位》，山西人民出版社 2014 年版，第 6 页。另：赵凤喈先生原文中的"牖"为左片右恩，但是笔者在现有输入系统中没有找到，只找到了与该字同义的"牖"来替代。

〔2〕 2018 年 11 月 28 日笔者以"抛弃女婴"为关键词进行百度检索，找到相关结果约 821 000 个，虽然没有一一核实，但是数字之巨大，还是令人触目惊心的。

〔3〕 针对比较畸形的性别筛选问题，有学者建议：全国人大法工委和国务院法制应办研究在《中华人民共和国刑法》中增加处理"非医学需要鉴定胎儿性别、非医学需要终止妊娠手术"（以下简称"两非"）涉案人员的相关条款，报全国人大通过实施，确保女婴的生存权和发展权。应建立一个国务院协调会议制度，加强出生人口性别比综合治理高层协调工作。要明确成员单位职责，定期召开会议，通报情况、协调部署，把综合治理工作不断引向深入。在查处"两非"工作中要建立问责制。卫生和人口计生部门在查处"两非"案件中要发挥各自执法主体作用，严肃处理违法违纪人员；纪检、监察部门要对参与"两非"活动的在职人员予以严肃处理；公检法部门要加大力度打击溺弃女婴等违法犯罪行为，确保女婴生命安全。2011 年 8 月 16 日，国家人口计生委、公安部等 6 部门在京启动集中整治"两非"专项行动。从 2011 年 8 月到 2012 年 3 月，在为期 8 个月的集中整治期间，6 部门将通过联合查处一批案件，依法处理涉案单位及有关责任人，完善 B 超使用、终止妊娠药物销售等相关管理制度。以上资料来源："出生人口性别比"，载 https://baike. baidu. com/item/% E5% 87% BA% E7% 94% 9F% E4% BA% BA% E5% 8F% A3% E6% 80% A7% E5% 88% AB% E6% AF% 94/10581513？fr = aladdin，最后访问时间：2018 年 11 月 29 日。

言如影相随。

从社会发展的角度来看，男女有别或者说重男轻女，实际上也是一种功利化的家庭观念。处于自然界中的人类，生存是第一法则，在不断地进化中，以生活资料的获取、占有和积累不但完成了阶级之间的分化，也完成了性别之间的分化。恩格斯在《家庭、私有制、国家起源》里把人类社会分为蒙昧时代、野蛮时代和文明时代，与此相对应的是人类社会的三次大分工，第一次社会大分工是畜牧部落从野蛮人中分离出来，畜牧业的出现使得交换、财富积累和私有成为可能，随之产生了家庭，专门从事畜牧养殖的男子成了家庭的统治者。女性在进化之中落后于男子，根源在于女性自身的生理特点。人类文明初期，是以人力为主要生产力，而胎儿、新生儿的低存活率、漫长的孕期和哺乳期以及人类缓慢的成长周期，决定了女性甚至整个家族把生育作为头等重任，生育也就成了女性的一种生存方式。只不过，在低端文明之下，生育虽然重要，却体现在延续男性血脉以继承财富上，没有对生育的女性给予足够的尊重和价值上的充分估量，进而将生育工具化。可以说，生育周期的漫长和低生产力导致人力成本高、以物质财富作为衡量价值的唯一标准，应该是早期形成重男轻女的三大渊源。随着性别之间差序格局的形成，重男轻女也被制度化。

以男女有别为标准而构建的男尊女卑，实际上也为婚后的男主女从奠定了思想根基，从一出生就开始的性别等级规训以及依性别而设定的双重标准，不但使重男轻女成为一个家庭内部的行事规则，更成为一种受人信奉的社会思想基础。以"三从"为行为规范，以"男外女内"为界分，女性在古代社会性别秩序中不仅仅失去了家庭内的主体性，还丧失了作为一个主体进入社会所应具备的自我意识能力和自我超越能力，女性被驯化而形成的从属性和依赖性，也成为一种家庭代与代之间的内循环而影响后世。

二、"三从"规范与女性从属性

在古代，不但性别之间存在秩序，女性内部同样也存在着一种秩序。女性的身份会随着婚姻状态的变化而变化，区别为在室女、已嫁女、孀居、被休。这种变化除了相应的权利义务或者责任有所变化之外，还另有道德意义上的评价标准，女子自出生就被决定的外嫁命运也在某种意义上成为已嫁女优于未嫁女的资本，成为女性内部中等级秩序的体现。未出嫁的女性称为在室女，这种称呼是女性所独有的，与已嫁妇相区分，在室女是父亲的家属，已嫁妇是丈夫的家属，主要是用来区分女性的归属。

据考证，"三从"之说出现于周代《礼经》，在当时的社会已经成为通行的礼俗，但是起源于何时无从考证。生于周晚期的孔子在其《孔子·家语》提到："女子顺男子之教，而长其理者也；是故无专制之义，而有三从之道。幼之道，幼从父兄；既嫁从夫，父死从子。"也证明了"三从"之说通行于周代。赵凤喈先生认为："中国古代法律未备，女子既受'三从'说之束缚……如此以言，则女子可谓自出生以至死亡，无日不立于服从之地位；其为家庭所虐待，为社会所蔑视，受种种不平等之待遇，皆'三从'说之历阶也。"即便到了唐代以后，仍然受到"三从"说的影响。赵凤喈先生举了一个例子："如夫背妇逃亡，向无处罚，且非达一定之年限（三年），不许其妻离异改嫁；若妻背夫逃亡，除加以处罚外，并令听夫嫁卖。"[1]这实际上已经将夫妇有别从礼教转为法律上的强制规定，以同一行为具有不同的法律后果的形式宣告了性别之间的主从之序。

"三从"之权如果分为父权和夫权，从父、从子就是父权规范的一种表现，从夫则是一种典型的夫权规范。"既嫁从夫"的夫权包括：从夫居、从夫姓和从夫葬。从夫居始于传统的"嫁娶婚"，迈进丈夫家的门之后随丈夫居住，与父亲家脱离了隶属关系。"嫁娶婚"之后女性要从夫姓，死后要跟着丈夫埋入丈夫家的祖坟地。从"三从"之说的伦理规训到法律克以刑事责任，甚至一些习俗惯例，女性在家庭中的地位被牢牢地禁锢在"男尊女卑""男主女从"的性别秩序之中，常而久之形成的"卑从"心理与观念，不但外行于事，而且内化于心，成为这一秩序的自觉维护者和倡导者。从社会结构来看，中国农村对于这种性别秩序的遵从要远远高于城市，有调查显示：男性在农村家庭中大多仍居于主导地位，而女性大多居于从属地位，仍然遵行"男主女从"的家庭模式。[2]

三、家长制与"妻"之地位

家长制实际上是存在家制之中的，所以在中国近代法律改革中，家制存废几乎代表着法律是传统性还是现代性的一个标

---

〔1〕　本节内容主要参见赵凤喈：《中国妇女在法律上之地位》，山西人民出版社2014年版，第1~11页。

〔2〕　参见陈苇："我国农村家庭暴力调查研究——以对农村妇女的家庭暴力为主要分析对象"，载《法商研究》2007年第6期。

识，包括民法应采用家属主义还是个人主义都是一场兴师动众的大辩论。[1]民国时期，胡长清曾在"家制论"里谈过对家制的认识，他认为"古代之所谓家，实为对于国家之重要组织。内之则主持祭祀，管理家产，教育子弟。外之则收受田亩，供给赋役。然在今日言之，祭祀为私家之关系，受田为过去之制度，财产当由于个人，教育当听诸国家，赋役尤当与国家相直接，皆不宜以家之权力介于其间。""盖家长介于国家与个人之间，实隐然自有其权力，而国家亦乐以权力予之，使其自治于家之内，而成效于国之外。"[2]因而，在传统中国，一直并存着两套体系，一套是观念体系，一套是制度体系；观念体系是以儒家伦理为基础的家国同构，制度体系则是家长制之下的家国分治，家长是一个大家族的责任人，也是权力人。民国时期亲属法经历了一草、二草、三草的反复，胡长清先生是反对在亲属法内设立家制的，赞成由原来传统的国家与家之二元关系，转向国家与个人之二元关系。但是，制度上的存废虽然经历曲折，但相对观念上的存废而言，已属易事。如果以女性主义视角来分析家制，家制无疑是性别秩序建构的大本营，几千年的家制制度，已经形成了稳固的观念体系，也直接导致了女性在社会、法律和家庭中的从属性。所以，"家长制通常被定义为一种男性统治的原则。这一原则建立了男人控制女人的两大统治体系：结构性体系和观念性体系。它包括'在有着物质基础的男人们之间的一整套社会关系，以及通过等级制在男人们中建

---

[1] 参见郁嶷："论新亲属法草案采取个人制之当否"，载《法律评论》1929年第306期；胡长清："家制论"，载《法律评论》1930年第367期。

[2] 胡长清："家制论"，载《法律评论》1930年第367期。

立起相互依赖和团结，使之能统治妇女'。"[1]"君为臣纲，父为子纲，夫为妻纲"[2]不单是家国同构的秩序基础，国家也同时以家制作为权力分界，赋予了家庭自治的合法性，家制以家庭为治理单位，将处理不触及律条的家庭内部事务的权力交由家长。传统中国以农业立国，"自给自足"的小农经济成为家庭内高度自治的经济基础。除了政治上的合法性和天然的经济基础，国法之内无论是允许亲属间相互包庇的"亲属容隐"还是顾念老弱的"存留养亲"，都是对家庭亲情的一种让渡，这种让渡不但没有僭越国法权威，反而在某种意义上形成和稳固了国家与家庭的二元分治体制。

家庭作为社会构成的基本单位，"国家之内的一切层次、一切类型的社会组织都不过是直接或间接的、原态的或变相的宗法组织，因此，宗法伦理就成为古代中国法观念的基石、核心。"[3]古代中国人的法观念主要就是"家法"观念，就是伦理法观念。在宗法制社会，"父慈子孝、君礼臣忠、夫义妇听"也就成为一种必然的组织秩序，在此基础上形成的"尊卑有序、男女有别"和"父为子纲、夫为妻纲"也是不可逾越的家庭秩序。但是家长，是男权体制下的男性家长，在传统社会中具有正统性，在现代社会中则具有因袭性，这一鲜明特色一直体现在中国"权威式"家庭模式之中，也在性别秩序中体现为男性

---

〔1〕　周颜玲、凯瑟琳·W.伯海德主编，王金玲等译：《全球视角：妇女、家庭与公共政策》，社会科学文献出版社2004年版，第19页。

〔2〕　（汉）班固撰集，（清）陈立撰，吴则虞点校：《白虎通疏证》，中华书局1994年版，第373页。

〔3〕　范忠信等：《情理法与中国人——中国传统法律文化探微》，中国人民大学出版社1992年版，第6~7页。

对女性或者说是丈夫对妻子的控制。传统社会中男性控制的正统性多以法律内的差序制度强化男主女从、男尊女卑，在法律体系以及家庭内部纠纷中弱化甚至无视女性存在。

1. 刑律内"妻"之地位

在程树德先生整理的《九朝律考》中，对家庭成员之间的犯罪作了分类，家庭内的杀人罪包括杀继母、杀子孙、杀奴婢，伤害罪里面包括殴父母、殴兄姊，无论是杀人罪还是伤害罪，都没有明文把"妻"或"妾"列为法律所保护的对象。但是，在相关犯罪规定中，却对"妻"的身份变化明确作了三种区分：

①婚内谋杀尊长。《唐律·贼盗律》规定"诸谋杀期亲尊长、外祖父母、夫、夫至祖父母、父母者，皆斩"；并在注解里进一步明确"妻"的身份，云"犯奸而奸人杀其夫，所奸妻妾虽不知情，与同罪"。

②居孀或改嫁谋杀尊长。《唐律·贼盗律》还规定了"诸妻妾谋杀故夫之祖父母、父母者，流二千里，已伤者绞，已杀者皆斩"[1]。规定了夫死已改嫁的也按照上述规定处以斩刑。

③被出或者合离之后谋杀故夫之祖父母、父母者，不按本条规定定罪。

除了三纲五常伦理秩序对女性的规训，刑律之内"妻"也多处在被规范的状态，被侵犯时"妻"应当是包含在"卑幼"之内的，至少《唐律》通篇也未见杀"妻"、殴"妻"相关规定。以前对"妻"犯杀人、殴打之罪区分严细，除非"妻"被

---

〔1〕 （唐）长孙无忌等撰：《唐律疏议》，中华书局1983年版，第328页。

杀身亡或其他原因身亡，比如清末民初轰动朝野的《杨三姐告状》，也是因为有命案被杨三姐之妹深究不放才沉冤得雪。

2. 家庭纠纷中"妻"之地位

传统社会下的家庭和谐，实际上是以"七出"对女性的禁止性规定为前提的，以女性的遵从作为单方面义务保证家庭关系的和谐，一旦这种和谐性被破坏，无论是夫妻之间还是婆媳之间，从"不事舅姑""多言""妒忌"来归责，被责罚的多是"妻"。黄宗智先生曾经整理过一起近代"妻"因婆媳争执而投井身亡的案例，这起案件也是发生于民国时期，在记述中只是无名无姓的"侯妻"：侯妻十七岁嫁到侯家，与丈夫关系尚可，与婆婆交恶，民国时期女性可以打点零工挣一些归自己支配的零用钱（乡村习惯媳妇自己挣的钱归自己所有），但是有一次零用钱被公公代收后没有还给"侯妻"，后经索要也未全额给"侯妻"。因为剩余的钱发生口角，"侯妻"忿而投井自杀。也是因为出了命案，警察上门调查（是否是娘家报案没有介绍），"侯"因怕刑事追责花了二千四百元，其中二百元给了"侯妻"的娘家，其余多数用来打点官方，"侯妻"之死也就此为止，没人给她一个公正的交代。黄宗智先生说："媳妇显然是这个等级结构中地位最低下的""事实上，无论在县法庭记录或满铁的资料中，我们都找不到传说故事中饱受虐待的媳妇站出来为自己说话的例子。在清代，她必须由她的娘家，一般是她的父亲来代表，不然就不会有发言的可能。在民国，虽然她原则上有权代表自己提出诉讼，但要这样做还有许多社会和习俗的障碍需要克服。""社会中的弱者，如嫁人的媳妇，事实上沉默地站在这个制度之外。"〔1〕这个自杀案件也触发了一次民事习惯调查，被问到的村民一个回答是婆媳关系不会不好，儿子也不会因为媳妇而怠慢母亲。另一位村民则认为婆媳之间根本不会存在争吵，因为家里的事情都是"丈夫决定""妻子不做主""只要父母还在，媳妇就不应该有自己的主意。所以不会有争吵。"而不存在争吵是该村男性村民的共识，没有纠纷，因此也不需要调解。〔2〕

第三节 近代家庭法观念与女从地位的延续

近代意义上的家庭法，实际上是南京国民政府时期颁布的《民法典·亲属编》。民国以前，中国没有近现代意义上的私法，也没有专门的家庭法。所以家庭领域的法观念，尤其是有关家庭关系的，仍然大部分源于儒家的伦理礼法。儒家伦理所确定的"男尊女卑""父为子纲，夫为妻纲""三从四德"依然绵延。自清末而起成型于民国时期的法律近代化，虽然形成了法律体系内部对传统礼法的抗衡，但在有关家庭关系尤其性别关系上，传统礼法犹胜。以移植外国法律为最大特点的法律近代化，使得西方法律在某种程度上成为"现代化"的代表和化身。这一"西方性"的定位，也使得已经成文于律法之中的相关规定止于纸面，细化于法律文本中的各种规定依然时而会因"西方性"遭遇叱问，甚至会升级为"西方性"与"中国性"之

---

〔1〕 "侯妻案"参见黄宗智：《清代的法律、社会与文化：民法的表达与实践》，上海书店出版社 2001 年版，第 68～71 页。

〔2〕 参见黄宗智：《清代的法律、社会与文化：民法的表达与实践》，上海书店出版社 2001 年版，第 71 页。

争。但中国法律的近代化，虽非社会自然演进的结果，但毕竟是在社会动荡、制度转型的背景之下进行的，外有收回法权之迫，内有司法适用之急，被视为最早的传统与现代交锋的南京国民政府时期立法，呈现的样态也极具代表性。

一、家与家长制

按照恩格斯在《家庭、私有制与国家的起源》中的论断，人类社会自从有了私有制，才有了家庭与国家。家庭的产生，实际上也标志着父权社会的开始。在父权社会中，性别关系就是一种非平等的关系，这种非平等关系，最早也是以性别之间物质占有的不平衡而展开的。"那些由男人掌握着决定妇女和儿童权利、地位和角色大权的家庭是家长制中居首位的家庭制度。"[1]"父亲家长制"是男人拥有控制妻儿的权力，并从妻儿处获得经济利益；而"丈夫家长制"则是丈夫控制妻子。所以从女性权益视野考察近代家庭法观念的变迁，就需要考察女性是否摆脱了这种控制，并取得了家庭经济权。从历史上来看，无论观念还是制度所构建的性别秩序，都是男女有别的。尽管经历了清末至国民政府时期的法律近代化，在家事法或者说婚姻立法所体现出来的传统性，在很大程度上说明了婚姻观念的现代化并不能依赖于立法现代化一蹴而就。

家长制的存在，不单单是国家让渡部分私人领域的管理权，还在于家是作为国家经济管理的基本赋税单位。传统意义上的

---

[1]　周颜玲、凯瑟琳·W.伯海德主编，王金玲等译：《全球视角：妇女、家庭与公共政策》，社会科学文献出版社2004年版，第20页。

家，实际上是指向家族，从实质意义上讲一祖或父所出为家，从形式意义上讲同一户籍为一家；自秦汉至清初，赋役的征收多以户或家为单位。家长的人选则是祖在祖为家长，父在父为家长；家长的权限是统摄家政、掌管家产。[1]但是，家长制的存在，也是一个性别等级化的过程，"家长制和家庭生产、工作的模式之间的互动所产生的不同结果是社会性别化了的。通过男人和妇女在工作和家庭活动中的差异，社会性别不平等在全社会得以建构。一方面，这些社会制度的相互作用提供了经济独立的前提条件，满足了家庭和妇女生活的基本需求；另一方面，这些社会制度加剧了既是劳动力市场中的低薪者、又是家中无薪劳动者妇女所受的剥削。"[2]在传统家庭或者家长制之下，女性一方面依赖于家制而存活，一方面又在家制下弱化自身生存能力甚至丧失独立存活的本能。

二、聘娶婚与女性单向义务

聘娶婚是比较传统的一种结婚程式，男方要付给女方聘礼、迎娶女方进入男方家庭。聘娶婚以六礼为完备形式，"六礼备，谓之聘；六礼不备，谓之奔。"六礼也始于西周，后世虽有变迁，但订立婚书、收受聘礼是共同的基本要件，也许是基于聘财有学者把这类聘娶婚归为变相的买卖婚。[3]《礼记·昏义》里的"纳征，纳聘财也"，就是说男方要付给女方财礼，付不起财

---

〔1〕 参见王云五、徐百齐主编：《民法亲属》，商务印书馆 1936 年版，第 119 页。

〔2〕 周颜玲、凯瑟琳·W. 伯海德主编，王金玲等译：《全球视角：妇女、家庭与公共政策》，社会科学文献出版社 2004 年版，第 23 页。

〔3〕 参见李忠芳：《两性法律的源与流》，群众出版社 2002 年版，第 47~48 页。

礼的也就与婚姻无缘。"中国传统婚姻的一个重要原则，是聘定重诺，嫁后从一。"[1]但财礼演变至今变成了彩礼，依然把女性与钱物牢牢地捆绑在一起，婚书不见了，但聘财却水涨船高。在聘财不断攀高的现实中，女性被物化的事实不但没在现代法律体系下消失，女性自身对此聘财也未有观念上的松动，很多的纠纷正是因此而起。很难讲，一旦婚内遭遇厄运，女性会不是被财礼捆绑在婚姻里想脱身而不已。

除去聘财，男娶女嫁、女入男家也是夫权在立法上的一种体现，既嫁从夫包括从夫居、从夫姓、从夫葬。在清末修律之初，按照法律馆的解释，夫妻如果不同居则婚姻目的不能达到，所以于亲属法一草第 34 条规定"夫须使妻同居，妻负与夫同居之义务。"只有丈夫因为正当事由外出或其力不能携妻同居或者具有法律所禁止的原因，如丈夫出仕、经商、游学，或在兵营戍所或入狱时，妻子的同居义务才予以免除。[2]女入男家，是从夫而居，聘娶婚以法律的形式把从夫居保留下来，与之相伴随的各种规定也得以隐性实施。苏力曾提出："从夫居对女性有种种不利，毫无疑问，她们孤身一人进入陌生村庄，为这一制度支付了更多代价"，但他认为"但就稳定农耕时代人们必需的村落社区制度而言，从夫居制比从妻居制，或比走婚制，都有整体的更大制度收益"。[3]

---

〔1〕 杜芳琴、王政主编：《中国历史中的妇女与性别》，天津人民出版社 2004 年版，第 398 页。

〔2〕 参见王新宇：《民国时期婚姻法近代化研究》，中国法制出版社 2006 年版，第 27 页。

〔3〕 苏力："齐家：男女有别"，载《政法论坛》2016 年第 4 期。

除了从夫居外还有从夫姓。婚姻立法所规定的冠姓，是以妻冠夫姓为一般原则，强调的是妻的冠姓义务，夫妻所生子女也必然以父姓为姓；妻因婚姻而入夫家，成为夫之亲属，因而所谓的夫妻互负同居义务，是以妻负同居义务为一般原则的，婚姻既然是以共同生活为目的，而妻的同居义务就成为必然。但是，妻子以一个陌生人的方式进入到一个陌生的家庭，"人们将新娘看成是对母子间和谐关系的一个威胁。丈夫对夫妻恩爱的表示被视为性格软弱的表现。媳妇一旦生了男孩，保证了夫家香火不断，她的地位便自然得到改善。"[1]

已婚女性死后从夫而葬，则是女性婚姻的最后归宿，也是以夫家为终身归宿的一种体现，从帝王之家到寻常百姓，都以夫家祖茔作为最后归宿。没有结婚或者离婚之后，死后葬身之所也会远离父家祖茔，或边缘或乱葬，孔庙之内的孔林便有"五孔不入"之说，其中就包括孔家女不入，对于女性而言，也是一种变相的道德捆绑。

聘娶婚现在依然是很多农村地区的一种婚姻形式，包括城市也保留了聘娶婚的仪式作为婚姻成立的最后形式。从夫而居在现代社会中变成了夫之提供婚后住房义务，婚后住所依然是婚姻的一种显性标识，很多围绕婚房而产生的纠纷也在不断挑战传统，比如饱受争议的《最高人民法院关于适用〈中华人民共和国婚姻法〉若干问题的解释（三）》；虽然新中国成立之后立法取消了从夫姓，但死后从夫而葬的习俗在农村依然盛行；

---

〔1〕　〔法〕安德烈·比尔基埃等主编，袁树仁等译：《家庭史》，生活·读书·新知三联书店2003年版，第723页。

对于离异后的农村女性，生前住所、死后葬身何处，依然是两个难题。

三、赘夫制与潜在的女性歧视

有人类学学者认为，"入赘婚应是母系氏族社会对偶婚从妻居婚俗衍化而成的婚姻形态，与母系氏族社会向父系氏族社会过渡相适应。"[1]秦汉时代，招赘婚十分流行。所为赘夫，也是特指男子因婚姻而入女家所得的称谓。我国传统法律一直采用男系亲属制度，婚姻一般都是女子因婚姻而入男家，成为男家的家属，而赘婿则相反；但都是以生育、继嗣为本质内容。赘婿制度，由来已久，据汉书记载"秦人，家贫子壮则出赘"。俗语所说的"坐堂招夫"就是指这类婚姻，这种婚姻方式也被民间习惯所认可。但是，"男子之所以选择入赘婚，主要是因为家穷，出不起聘礼，或家中兄弟众多，即使勉强娶妻进门，也无多余房舍安顿，也就是说，在很大程度上出于无奈。"[2]这种入赘婚对男性而言是一种屈辱，对正统人类学婚姻制度而言也是一种异变。从实质上而言，并不是女性地位得到多大肯定和提高。南京国民政府时期的婚姻立法沿用了这一旧时称谓及制度，如：第1000条规定"……赘夫以其本姓冠以妻姓"，在父母子女一章规定"赘夫之子女从母姓"，实际上是以"赘夫婚"作为一种变例婚，继续承认男系亲属为尊的婚姻观念和制度，虽然两个法条后文都补有"有约定者从其约定"，为此婚姻状态下

---

〔1〕　韩养民："入赘婚习俗"，载《西部大开发》2001 年第 3 期。
〔2〕　郭松义："从赘婿地位看入赘婚的家庭关系——以清代为例"，载《清史研究》2002 年第 4 期。

的男人留有救济途径，但也被立法者巧饰成"男女平等"的招牌和标志。但该称谓和制度的保留，实际上是在明示婚姻立法中所谓"婚姻"并非男女两性的平等结合，而是受法律保护的一种男主女从状态。据田野考察，20世纪80年代，走访的62对夫妇中有21对是通过入赘婚的形式完成的。但是入赘婚的地位却已大大改善，完全享有"子"的地位，并随着岳父年老慢慢取代岳父的地位。[1]所以，入赘婚的存在，只不过是夫权或者男权改变了一种书写方式，男主女从的性别关系也没有实质上的改变。

四、夫妻财产制与妻之财产权

女性能否独立的一个关键性因素是经济独立，而经济能否独立一方面取决于自身是否具有谋生能力，另一方面也取决于对家庭内的财产是否具有决定权。就传统意义上的法律和习俗而言，即便是女性出嫁时携带妆奁，婚后也会因妻无独立人格而将这部分特定财产移交丈夫全权管理，近代修律的三次草案虽然均以夫妻共同管理作为法定财产制，但也是一种宣言式的立法姿态，并无实际上的可能；近代以来，家庭内的女性财产权随着法律变革取得了一定进展，比较具有代表性的就是夫妻财产制写入法律。在民国以前，"在家长本位家族制度下，不独夫妻为一体（即妻无独立的存在）且夫妻的一体又沦为家族组织之中。且无私畜无私财，不私与不私假，何论夫妇？"[2]民国

---

〔1〕 参见武晓岚："变革时代的乡村社会入赘婚初探——以山西省鲁村为讨论中心"，温州大学2017年硕士学位论文。

〔2〕 王云五、徐百齐主编：《民法亲属》，商务印书馆1936年版，第56页。

时期新创制的夫妻财产制规定：以联合财产制为法定财产制，以共同财产制、所得财产制、分别财产制及统一财产制为约定财产制，结婚时可以在三种约定财产制中选择其一，结婚后也可以。[1]联合财产制是以夫及妻之财产及所得，除特有财产（法定及约定）外，合并为一体，该财产制的特点在于：以妻之财产与夫之财产合并，夫妻对于其合并之财产，共有其所有权，但以其管理使用收益之权属于夫；[2]特有财产是指：成婚时所有之财产，即妻出嫁时所携带来的一切妆奁财物、成婚后因赠与或劳动所得之财产，此种财产之管理、使用、收益权，按照我国习惯也应该归于丈夫所有，如果丈夫行使管理权时明显侵害妻之财产，妻子才可以请求自行管理。法律馆认为这种规定"于是而夫权及妻之利益两方均有兼顾矣。"如果妻子想保有自己的财产，按照民国时期《民法·亲属编》第41条的规定"夫妇于成婚前关于财产有特别契约者从其契约。"但是，契约"须呈报婚姻时登记之"；而据法律馆调查"现在吾国系关于成婚时订立夫妇财产契约者，殊不多见"。[3]

在传统婚姻制度中，妻子既不享有财产权也不享有继承权，甚至妆奁的管理权也归于丈夫。财产权作为一种家庭经济权，直接决定了女性家庭地位的有无。所以民国时期能把夫妻财产制以法律的形式确立下来，就形式而言具有极大的进步性，但

---

〔1〕　参见谢振民编著，张知本校订：《中华民国立法史》，中国政法大学出版社2000年版，第784页。

〔2〕　参见王新宇：《民国时期婚姻法近代化研究》，中国法制出版社2006年版，第82页。

〔3〕　参见《中华民国民法制定史料汇编》（上），台湾相关部门印行，第859～861页。

内容却具有较浓厚的夫权主义色彩。法定财产制、共同财产制均规定"财产由夫管理"，统一财产制中规定"夫妻得以契约订定将妻之财产，除特有财产外估定价额，移转其所有权于夫，而取得该估定价额之返还请求权"，分别财产制中也规定妻可以其财产之管理权付与夫。[1] 可见，无论何种财产制形式，都没有使妻子获得更多的实质性权利。在近代中国，夫因其承担的经济重任在家庭事务中居主导地位有其必然性，但必然的并不等于是合理的并要用法律加以确认。在婚姻立法上虽不能确保实际生活中夫妻双方都现实地发挥同样的作用，但在法律上应承认夫妻双方在家庭财产上的平等权利，至少不应在立法上确认夫妻一方在家庭财产上的更多权利。近代婚姻立法如此规定，不过是在以形式改进的方式延续着中国夫权传统和男尊女卑思想的内容。

诚然，我国近代婚姻立法无论采用何种立法例，采用哪种立法主义，都不可能完全脱离传统的社会基础，否则很容易就形成法律与社会的分离，保留传统内容，也是为生效以后的执行与实施架桥铺路。近代法律制度对于传统法的保留，不能以先进或者落后来评判。就社会发展程度而言，过于脱离社会发展状态，不会贯通文本与实践，尤其是依赖于私人自治的私法领域更是容易变成"书本上的法律"。这也就决定了在社会发展没有脱离以家为单位的治理模式时，家庭领域的法观念也不可能有所改变，家长制以法律外的形式得以存在，权威性家庭得以保留，"父权""夫权"也仍然存活于万千家庭和男性心中。

---

〔1〕 参见王新宇：《民国时期婚姻法近代化研究》，中国法制出版社2006年版，第83页。

第二章 从传统到现代:《反家庭暴力法》的出台

从某种意义上而言,家庭中的暴力问题,实际上是文化观念所导致的。但是文化观念之所以形成,背后是几千年的制度沉淀使然。第一章实际上就是在分析传统法律制度下形成了哪些法观念,并对当下的家庭关系造成了怎样的影响,既包括耻于离婚、离婚后的生活无计,也包括女性自身已经被传统法观念同化了的男尊女卑与男主女从的宿命与顺从。无论公共体制内公共权力的不介入还是坊间民意对家庭暴力的漠视与纵容,家庭内的暴力问题从来都不足以引起关注和重视。所谓习焉不察,传统法观念对人们思维方式和行为方式的左右,远胜于文本中的制度和规范。但是社会在发展,制度在革新,法观念也在变化,而变化中的法观念,却存在性别之间甚至性别内部的不同步。随着女性受教育程度的提高,法律制度的不断现代化,女性的主体意识在生成,权利意识也在不断增长和加强,而男性如果依然沉浸于传统的尊卑主从关系之中,摩擦、纠纷甚至搏斗就会不断发生。女性在家庭内的抗争和法律内的诉求，也日趋明显和繁多，成为一种时代的强音，不断叩问传统观念和现代制度。所以，《反家庭暴力法》的制定和实施，既是对传统法观念的一种制度终结，也是对广布于人心、因循守旧的旧观念的冲洗，是一种由传统向现代的迈进。我国颁布实施的《反家庭暴力法》，既有颇具国情特色的制度创新，如告诫制度，告诫制度既是以一种鲜明的姿态，宣布公共权力的介入，也是在厘清家事非私事的法律认定标准；也有对国外立法例的借鉴，如人身保护令制度、庇护制度和强制报告制度，这三种制度的设立既能为身处险境的受暴女性提供容身之所，也能在其生命健康受到威胁时提供法律救济。

第一节　告诫制度

现实中，家庭暴力具有个案的多样性和复杂性，其呈现为不同的形式，同时在严重程度上千差万别。尽管在宏观上家庭暴力的不同形式之间可能存在着随时间发展、演进的关系，但是当公权力试图对家庭暴力事件进行介入时，不应对不同形态、不同严重程度的家庭暴力案件等而视之。对于较为轻微的家庭暴力案件，公权力应以较为温和的方式加以介入。一方面，希冀通过公权力本身所具有的权威性对施暴者产生震慑，同时告诫也代表着嗣后对施暴者加以更为严厉处罚的警告，试图遏制家庭暴力进一步恶化的势头；另一方面，也不至于过分干涉私权的领域，为家庭暴力当事人之间自行协商解决提供了可能。因此，对于这些较为轻微、人身危害性较小的家庭暴力案件，由政府相关部门对施暴人进行告诫,对其进行督促和警告,同时为之后家庭暴力可能的恶化发展的进一步处理提供了依据。

一、告诫制度的由来

在告诫制度产生前,我国警方对于情节较轻的家庭暴力案件总是在行政处罚与行政风险的两难境地徘徊。为突破这一困境,2012年下半年,江苏省公安厅和省妇联在南京市、苏州市启动了家庭暴力告诫制度试点。2013年7月,在先期实验的基础上,江苏省公安厅会同省高院、省检察院、省妇联制定出台了《江苏省家庭暴力告诫制度实施办法(试行)》(苏公通〔2013〕244号)(以下简称《江苏省告诫办法》),开创了我国为家庭暴力行为人设置行政教育指导制度的先河。南京市曾对发出的438份告诫书进行家庭查访,结果显示,无一例再次发生家庭暴力行为。颇具说服力的一个案例是,南京江宁区东山街道一位妇女因丈夫嫌弃其"吃闲饭",多次遭到暴力殴打,受害者屡屡报警,派出所数次上门调解、教育,均无效果。最终,警方向施暴者下发了公安告诫书,当警方要求其签字、按手印时,昔日在妻子面前蛮横霸道、不可一世的丈夫竟然吓得两手发抖、战栗不已。此后,当地派出所和妇联多次回访,这个曾经笼罩在暴力阴影下的家庭,已经彻底回归了安宁。[1]

继江苏开创先河之后,不少地区也纷纷进行试点。截至2015年底,除江苏省外,宁夏回族自治区和辽宁全省,浙江温

---

〔1〕　参见阿计:"《反家暴立法的理想与现实》专题报道之二责任的追问",载《民主与法制》2015年第32期。

州市、嘉兴市、湖州市，山东菏泽市、湖北襄阳市、湖南长沙市等地相继颁行本地区家庭暴力告诫制度实施办法，并取得显著效果。2015 年 12 月，告诫制度作为一项正式的法律制度被纳入我国的《反家庭暴力法》。这是一项立足于中国文化传统和社会现实的制度，是我国为世界反家庭暴力立法先例中增添的中国元素。

二、我国告诫制度的内容

第十二届全国人大常委会第十八次会议审议通过的《反家庭暴力法》第 16 条、第 17 条是我国告诫制度的主要内容，第 20 条则明确了告诫书的证据作用。《反家庭暴力法》对告诫制度的规定相对概括，在其出台前后，部分省市出台了告诫制度的实施办法，规定了告诫制度落实的细节问题。

（一）告诫制度的定义与性质

《反家庭暴力法》并未直接给出告诫制度的定义，部分地方法规对"告诫"进行了定义，如《浙江省家庭暴力告诫制度实施办法》（浙公通字〔2017〕3 号）（以下简称《浙江省告诫办法》）第 3 条规定："本办法所称家庭暴力告诫，是指公安机关对情节较轻，依法不给予治安管理处罚的家庭暴力行为，督促加害人改正而作出的行政指导意见。"《江苏省告诫办法》第 3 条规定："本办法所称的'告诫'，是指公安机关对违反法律、法规的轻微家庭暴力行为或不宜直接作出行政处罚的家庭暴力行为，督促加害人改正而作出的行政指导。"从各地法院对告诫制度的定义来看，告诫是一种行政指导行为。

（二）告诫制度的适用条件

《反家庭暴力法》第 16 条第 1 款原则性地规定了告诫制度

的适用条件，即"家庭暴力情节较轻，依法不给予治安管理处罚的"。部分地方法规对告诫制度适用条件做出了更详细的列举式规定，如《江苏省告诫办法》第5条规定了应当作出告诫的四种情形："①情节特别轻微，依法不予行政处罚的；②主动消除或减轻违法后果，并取得受害人谅解，依法不予行政处罚的；③情节较轻，经公安机关调解处理，当事人达成协议，依法不予行政处罚的；④其他不宜直接作出行政处罚的家庭暴力行为。"

（三）告诫的方式

依据《反家庭暴力法》第16条，告诫的方式有两种：一是公安机关予以批评教育，二是出具告诫书。从法条文字顺序看，口头批评教育在先，书面告诫在后，是否出具告诫书由公安机关决定。[1]

（四）告诫书的内容

依据《反家庭暴力法》第16条第2款，"告诫书应当包括加害人的身份信息、家庭暴力的事实陈述、禁止加害人实施家庭暴力等内容。"

（五）告诫书的送达

《反家庭暴力法》第17条第1款规定，"公安机关应当将告诫书送交加害人、受害人，并通知居民委员会、村民委员会。"《湖南省家庭暴力告诫制度实施办法》（湘公发〔2016〕35号）

---

〔1〕　参见《妇女研究论丛》编辑部："聚焦《反家庭暴力法》亮点　进一步推动贯彻落实——《反家庭暴力法》专家座谈会笔谈"，载《妇女研究论丛》2016年第1期。

还规定了告诫书的当场送达："《家庭暴力告诫书》向加害人当场宣告后，经加害人在家庭暴力告诫书上签名、捺印，即视为当场送达。"以及加害人拒绝签收时的做法："加害人拒绝签收《家庭暴力告诫书》的，公安机关可以邀请居（村）民委员会代表作为见证人，说明情况，由民警、见证人签名或者盖章，即视为送达。"

（六）告诫的查访、监督

依据《反家庭暴力法》第 17 条第 2 款，"居民委员会、村民委员会、公安派出所应当对收到告诫书的加害人、受害人进行查访，监督加害人不再实施家庭暴力。"湖南省、浙江省的地方法规明确了社区民警和居（村）民委员会在收到通知后一个月内进行查访，并做好查访记录。

（七）告诫书的法律效力

《反家庭暴力法》第 20 条规定，"人民法院审理涉及家庭暴力的案件，可以根据公安机关出警记录、告诫书、伤情鉴定意见等证据，认定家庭暴力事实。"浙江省、江苏省、宁夏回族自治区、湖南省的地方法规除了规定告诫书在涉家庭暴力案件中的证据作用之外，还规定在审理家庭暴力人身伤害刑事案件中，告诫书可以作为量刑的酌定情节。

三、告诫制度的意义

告诫制度作为我国反家庭暴力法律体系中的重要制度之一，其对妇女权益保护的意义主要体现在以下几个方面：

（一）是符合中国国情的制度选择

虽然近年来我国在妇女权益保护的社会实践上逐步同国际

社会接轨,但传统的婚姻家庭观念仍然对人们的认知和行为有着根深蒂固的影响。将发生在家庭内部的所有暴力行为都纳入行政甚至刑法惩治的范畴不切合我国国情,但这也不是公权力对家庭暴力束手旁观的理由。现实亟需一项介于教育调解与行政处罚之间的措施来对轻微的家庭暴力行为进行干预,告诫制度就此应运而生。

(二) 具有预防性,防止家庭暴力恶化升级

告诫制度采用书面形式对轻微家庭暴力进行训诫,并由基层群众性组织和公安机关进行查访监督,具有一定的正式性和教育性,对已有实施严重家庭暴力苗头的加害人能够起到震慑作用,从而防止家庭暴力的升级扩大。这从江苏省南京市对发出的 438 份告诫书进行回访,无一例再次发生家庭暴力行为的调查结果就可以看出。

(三) 强调教育、矫治的作用

告诫制度是一项以行政教育指导为主要内容的制度,不具有强制性,不直接产生行政法律后果,其侧重点仍在于对轻微暴力的加害人进行教育、警示。这与我国反家庭暴力"预防为主,教育、矫治与惩处相结合"的基本原则是一脉相承的。

(四) 将行政干预与社会参与有效对接

告诫制度所包含的内容除公安机关向加害人出具告诫书以外,还包含基层群众性组织(村民委员会、居民委员会)协同公安机关进行监督查访,它动用了最接近群众的基层组织作为监督家庭暴力行为的一股力量,是联合社会多元化机构防治家庭暴力的体现。

（五） 为涉及家庭暴力案件提供证据

《反家庭暴力法》明确了告诫书的证据作用，法院审理涉家暴案件，公安机关先前出具的告诫书都是法官认定家庭暴力事实存在的法定证据。这在一定程度上破解了长期以来司法实践中存在的因举证难而使家庭暴力认定难的困境。[1]

四、告诫制度的问题与建议

（一） 告诫制度的启动机制

各地已经出台的关于告诫制度的相关规定或实施办法中，对于告诫制度的启动机制都做了类似的安排，即应由公安机关接到家庭暴力的报警求助后，根据家庭暴力的严重程度，对于情节轻微的家庭暴力案件启动告诫程序。[2]这意味着告诫制度下公权力对于家庭暴力案件的介入采取了谦抑、被动的态度。总而言之，在这些规定中，公安机关无权主动介入，对施暴者

---

〔1〕 参见《妇女研究论丛》编辑部："聚焦《反家庭暴力法》亮点 进一步推动贯彻落实——《反家庭暴力法》专家座谈会笔谈"，载《妇女研究论丛》2016年第1期。

〔2〕 如《浙江省告诫办法》第5条："公安机关接到家庭暴力报警求助后，由行为发生地公安派出所派警力到达现场，并做好如下处置工作：……⑤依法查明事实后，对违反治安管理或涉嫌犯罪的行为依法处理；对情节较轻，依法不给予治安管理处罚的家庭暴力行为，可以启动告诫程序……"；《江苏省告诫办法》第6条："公安机关接到家庭暴力报警求助后，事件发生地公安派出所应立即调派警力到达现场，并做好如下处置工作：……④依法查明事实后，对违反治安管理或涉嫌犯罪的行为依法处理，对符合本办法第5条规定之一的，按照本办法启动告诫程序。"（第5条第1款："对违反法律、法规的下列家庭暴力行为，应依照本办法作出告诫：①情节特别轻微，依法不予行政处罚的；②主动消除或减轻违法后果，并取得受害人谅解，依法不予行政处罚的；③情节较轻，经公安机关调解处理，当事人达成协议，依法不予行政处罚的；④其他不宜直接作出行政处罚的家庭暴力行为。"）

实施告诫。

但是问题在于,家庭暴力具有隐蔽性和发展性,加之传统文化中"家丑不可外扬"以及人们的羞耻心理,现实生活中哪怕是受到严重的家庭暴力侵害的妇女也很难下定决心寻求公安机关的帮助,遑论尚处于"情节轻微"阶段的家庭暴力事件。因而实际上,如果将报警求助作为告诫程序启动的必要前置程序,一方面许多轻微的家庭暴力案件根本无法得到关注;另一方面,绝大多数通过报警获得帮助的案件,实际上已经发展成了严重的家庭暴力,为当事人所无法忍受,这时,根据这些规定,告诫制度无法适用,而应转入相应的行政处罚程序。因此,在公安机关保持被动的态度下,告诫制度根本无法实现其"将家庭暴力熄灭在早期阶段"的目的,可谓是形同虚设。

但是,也不应据此要求公安机关直接主动介入。现实中,有限的行政和警力资源首先就无法保证对轻微家庭暴力事件的介入;由于此种轻微的家庭暴力与一般的家庭矛盾之间存在概念上的模糊地带,理论上也存在公权力过分扩张的风险。因此,可以以其他组织作为枢纽,例如社区群众机构、妇联等,如此一来,一方面可以更加充分、细致地关注女性在家庭中受到暴力的情况,及时进行反馈,对于一些女性难以自行寻求救济的情况,也可以给予及时的帮助;同时也保证了公安机关对于家庭生活不至于过分关注和介入。

(二)告诫制度的适用范围和法律后果

纵观上述规定,告诫制度与"轻微家庭暴力相对应",更为严重者有相应的行政处罚,相对更轻的情况各办法中也有批评教育的做法。这种根据家庭暴力事件严重程度安排不同处置方式的规定看似追求行为不法性与责任的统一，但是实际上将处于同一发展流程中的家庭暴力事件相隔绝开来，将其视为不同的事件，忽视了家庭暴力所具有的正反馈循环即暴力行为与侵害后果相互加强、循环往复的动态过程。这样一种安排也断绝了告诫制度与其他救济制度的联系，告诫书仅仅作为不具有实际效力的行政指导，仅在司法程序中可以作为证明家庭暴力存在的证据使用。虽然《江苏省告诫办法》第11条也规定了"加害人经告诫后拒不改正，再次实施家庭暴力且受害人不同意调解的，公安机关应依法从重处理。"但是根据该办法前文，如果施暴者仍旧进行"轻微的家庭暴力"，那么相应只能再次进行告诫，"从重处理"也无从说起。

故此，不应将告诫制度作为一种完全独立的规制与救济手段，应将其适用的范围扩大化，同时其与其他措施结合起来。告诫制度不应只限于"轻微家庭暴力"，凡存在家庭暴力均可进行告诫。告诫属于行政指导，对行为人并不直接产生负面的影响，因此，在更轻微的家庭暴力事件中，以此代替批评教育并无不妥，只不过在具体告诫书中应注明相关情况，防止此种情况下所出具的告诫书在司法程序中被滥用，此其一；在严重的家庭暴力案件中，告诫与罚款甚至拘留等行政处罚并存并不存在矛盾，同时告诫书可以作为下次类似情形加重处罚的依据，此其二；在原本适用的轻微家庭暴力事件中，告诫可以作为行政处罚的前置程序，以针对持续性、连续性的轻微家庭暴力行为，此其三。

（三）出具告诫书的判定

轻微家庭暴力事件在一定程度上与一般的家庭矛盾之间存在概念上的模糊地带，有时仅仅根据一次事件本身无从判断，需要对家庭内外情况有一个历史性、动态性的考察方能得出更为恰当的结论。目前各地相关办法中规定告诫书出具前进行调查的主体是承办案件的民警，在目前将告诫制度局限于轻微家庭暴力案件的背景下，对于未发生严重结果的家庭暴力案件势必不会投入太多精力与资源，这往往可能忽视前述对家庭情况的历史性、动态性考察，导致判定出具告诫书的依据存在问题，甚至可能出现伪造家庭暴力现场使公安机关对对方出具告诫书以使自己在离婚程序中获取无过错方地位的情况，使得告诫制度被恶意利用。因此，需要在案件的调查过程中得到其他方面的支持。《江苏省告诫办法》第8条规定："公安机关在实施告诫过程中可邀请当地妇联组织参加。"这不失为一种解决办法，但是仅有妇联可能亦无法完全达到理想的情况，实际中可能需要公安部门、民政部门、妇联组织共同向社会征求意见，结合实际情况，给出规范意见。[1]同时也应注意当事人的隐私保护。

第二节　强制报告制度

　　家庭中暴力关系的存在往往意味着施暴人与受暴人在家庭中地位不对等，一方面在物理层面受暴人可能人身自由、通信自由受到一些限制，或者家庭暴力本身就成为进一步强化此种限制的手段；另一方面，出于对再次受到家庭暴力或是对施暴人本身的恐惧，受暴人在精神上也不应与常人等量齐观。因而

---

〔1〕　参见许莹星等："公安机关处置家庭暴力案件的实证研究"，载《上海公安高等专科学校学报》2018年第6期。

看似理所当然、直接明了的寻求外界救助等诸多手段，在受暴人看来可能根本无法迈出第一步。因此，为了使受暴人能够在短期摆脱直接的家庭暴力、在长期能够逃离这种家庭环境，寻求外界的主动介入可能是一种可行的举措。强制报告制度应运而生。强制报告制度指特定主体在发现疑似家庭暴力案件时，根据相关法律负有向主管部门报告的义务。

目前无论是在国内还是国外，涉及家庭暴力的强制报告制度更加倾向于将受家庭暴力的未成年人作为其保护的对象。未成年人本身的行为能力有限，不具有主动向外界求助的能力。因而对于未成年人遭受家庭暴力的情况进行强制报告的需求更为急迫。但是由于前文所述的物理和精神层面的因素，受家庭暴力的成年女性在家庭中的处境与未成年人也不无类似之处，因而强制报告制度的对象向受家庭暴力的妇女扩张也有其可行之处。不过尚需明确的是，对受家庭暴力妇女适用强制报告制度，作为公权力介入个人生活的一种方式是否有其合理的理论依据，在具体制度上又应该如何安排。对于这些问题，可以通过分析遭受家庭暴力的儿童的强制报告制度在理论基础和制度安排上是否有可以为受家庭暴力妇女的强制报告所取之处，进而寻求建立一种以受家庭暴力妇女为对象的强制报告制度。

一、受家庭暴力儿童的强制报告制度

（一）法律渊源

1. 国内法律法规

我国目前现有的强制报告制度大都以未成年人为对象。

2014 年由最高人民法院、最高人民检察院、公安部、民政部印发的《关于依法处理监护人侵害未成年人权益行为若干问题的意见》第 6 条规定:"学校、医院、村(居)民委员会、社会工作服务机构等单位及其工作人员,发现未成年人受到监护侵害的,应当及时向公安机关报案或者举报。其他单位及其工作人员、个人发现未成年人受到监护侵害的,也应当及时向公安机关报案或者举报"。而在 2015 年发布的《反家庭暴力法》中,强制报告作为特定主体的一项法定义务初具雏形,第 14 条规定:"学校、幼儿园、医疗机构、居民委员会、村民委员会、社会工作服务机构、救助管理机构、福利机构及其工作人员在工作中发现无民事行为能力人、限制民事行为能力人遭受或者疑似遭受家庭暴力的,应当及时向公安机关报案。公安机关应当对报案人的信息予以保密。"到目前为止,以前两者为基础构建具体的强制报告制度的实践措施更多地活跃于省、市级地方,例如浙江省杭州市检察院与市公安局、市教育局、市卫计委曾联合于 2018 年发布了《关于建立侵害未成年人案件强制报告制度的意见(试行)》(以下简称《浙江省意见》),其中就对强制报告制度的实践操作以及相关程序问题进行了详细的规定。此外,江苏无锡、贵州贵阳、湖北襄阳也作出了类似规定。

2. 中国大陆外相关法律

在其他国家和地区,强制报告制度则已经有了较长的历史,无论是英美法系抑或是大陆法系,都形成了一套较为完善的制度,主要包括接受报告主体、报告义务主体、报告标准以及未履行报告义务或者错误报告的法律责任。

美国各州在二十世纪六七十年代均制定了《受虐儿童责任举报法》，而在联邦层面则于 1974 年通过了《儿童虐待预防和处理法案》（Children Abuse Prevention and Treatment Act）；德国 2008 年制定的《儿童保护法》、日本《防治儿童虐待法》、澳大利亚新南威尔士州州法，以及我国台湾地区现行"儿童及少年福利与权益保障法"亦均对相关制度做了规定。[1]纵观这些规定可以发现，首先，报告的接受主体主要有两种，一是政府相关部门，包括作为独立政府部门的儿童保护机构和警察部门，二是与儿童成长有关的部门和单位。美国部分州规定报告人可以向警察部门或者当地儿童福利局报告，但是在实际的操作程序中前者在接到相关报告之后仍会通知后者；澳大利亚则将社区服务部门作为报告的接受者，其有权要求警察、政府部门或机构、公共机构、学校、医院等公共医疗卫生机构提供其所需要的有关被虐待儿童的信息[2]；日本《儿童福利法》第25条规定：发现需要保护儿童者，必须向市町村、都道府县设置的福利事务所或者儿童咨询所通告。或者通过儿童委员向市町村、都道府县福利事务所或者儿童咨询所通告。《预防儿童虐待等的法律》第 6 条第 1 款也规定：发现被虐待儿童存在的人，必须迅速通过福利事务所或儿童咨询所或儿童委员，向福利事务所或儿童咨询所通告其发现。[3]我国台湾地区则将内政主管

---

〔1〕 参见王慧："儿童虐待国家干预制度比较研究"，武汉大学 2015 年博士学位论文。

〔2〕 参见王慧："儿童虐待国家干预制度比较研究"，武汉大学 2015 年博士学位论文。

〔3〕 参见［日］桑原洋子著，韩君玲等译：《日本社会福利法制概论》，商务印书馆 2010 年版，第 135 页。

部门及各级地方政府作为报告的接受主体。[1]其次，对于报告义务主体，主要包括一些与儿童日常生活相关的个人及机构如福利机构、托儿所以及学校，和特定的与儿童接触较为便利的专业人士，例如儿科医师等。例如在我国台湾地区社会工作人员、医事人员、教育人员、保育人员、警察是其"法例"皆明确强调的强制责任通报的主体，司法人员、村（里）干事、临床心理工作人员、观光业从业人员、劳政人员、移民业务人员皆依个别"法例"的特殊性而有专门强调。日本则在《防治儿童虐待法》的第6条中将全体国民作为报告的义务主体。再次，对于报告的标准，美国州法中一般的报告标准是：当发现人知道或有合理理由相信或怀疑儿童被虐待或忽视时。另外阿肯色、夏威夷、爱达荷、密苏里、内布拉斯加、犹他、怀俄明7个州的报告标准则是"当发现人知道儿童处于正常人合理认为会导致儿童虐待或忽视的情形或环境下"。[2]澳大利亚新南威尔士州的报告标准是：有合理理由怀疑儿童或青少年受到伤害，就可以向社会服务部主任报告。日本《预防儿童虐待等的法律》中报告标准是：发现被虐待儿童存在。由于该法以列举方式确定了构成"儿童虐待"的四种情形，对"被虐待儿童"的理解只能依据"儿童虐待"的概念进行，亦即损害儿童的行为或程度只有达到法律规定的情形，才构成报告的标准。[3]最后，对于

---

〔1〕　参见林典："儿童虐待强制责任报告制度之研究——基于台湾地区的政策文本分析"，载《当代青年研究》2018年第4期。

〔2〕　See Child Welfare Information Gateway（2011）. Definitions of Child Abuse and Neglect, *State Statutes*.

〔3〕　参见［日］桑原洋子著，韩君玲等译：《日本社会福利法制概论》，商务印书馆2010年版，第135页。

相关法律责任，各国（地区）的规定则大同小异，一般而言，有报告义务主体未履行报告义务则会面临行政处罚或者构成较轻的刑事犯罪，而错误报告一般会被加以豁免，除非存在虚假陈述的情形。

（二）受家庭暴力儿童强制报告制度的理论基础

传统自由主义观念中对于子女的抚养和教育属于父母对于子女的亲权，由父母自由意思所决定。但实际上，在罗马法中国家对于子女抚养的干预已经初露头角，表现为国家在自然父亲缺位时顶替其角色，同时也体现于为了国家利益以国家亲权干预或阻却自然亲权。[1] 由于儿童的成长并不只为其所在的家庭带来利益，同时对于国家和社会未来的重要性毋须多言。从宏观上而言，保障儿童的成长环境，促进其身心健康发展，有利于未来和谐社会关系的构建、维持国家的人才竞争力乃至种族的延续，因此不仅仅只是与儿童相关的人，任何个人都能从其中获益。此后国家亲权理论在英美法中均有体现，逐渐成了当代许多公共法规的基础。该理论的核心在于，首先，其否定了传统自由主义对于家庭作为体现利他主义和关怀伦理的避风港的理想形象，认为在许多情况下这种理想家庭形象所依存的两个基本假设"隐私巩固家庭"和"父母将依儿童最佳利益行事"并不成立。[2] 例如在充斥着暴力的家庭中，对于成年人父母的隐私权的保护实际上是以牺牲子女利益作为平衡的，家庭之自治在某种程度上将

---

〔1〕 参见徐国栋："普通法中的国家亲权制度及其罗马法根源"，载《甘肃社会科学》2011 年第 1 期。

〔2〕 See McMullen, J. G. (1991). Privacy, Family Autonomy, and the Maltreated Child. *Marq. L. Rev.*, 75, 569.

儿童物化为类似财产性的存在，因此国家亲权的存在具有充分性。其次，儿童缺乏寻求自我救济以及公立救济的途径，如果国家不对其成长环境有所介入的话，则其基本权利可能难以得到保障，因而国家的积极介入具有必要性。

（三）主要制度内容

如前所述，我国《反家庭暴力法》第14条对未成年人遭受家庭暴力的强制报告接收人与义务人进行了规定。接收报告的主体为公安机关，义务人为"学校、幼儿园、医疗机构、居民委员会、村民委员会、社会工作服务机构、救助管理机构、福利机构及其工作人员"。此外，在法律层面并没有对此作更深入的规定。而地方出台的相关文件则进一步充实和深化了这一制度，使其在一定程度上具备了可操作性。这些文件中对强制报告制度的规定在一定程度上吸收前述域外地区的法律法规的部分做法，同时也进行了一定的修改、增加了一些具有中国特色的内容。本书将以浙江省杭州市出台的《浙江省意见》为例，分析我国关于受家庭暴力儿童的强制报告制度的具体内容。

《浙江省意见》对于需要进行强制报告的范围并不限定于家庭暴力事件，包括"未成年人遭受或疑似遭受强奸、猥亵、虐待、遗弃、拐卖、非法拘禁、暴力伤害或工伤、坠楼、溺水、中毒、自杀等非正常伤害、死亡情况"。义务人的范围也包括了与这些情况相关的"教育、医疗机构、村（居）民委员会、社会工作服务机构、救助管理机构、福利机构、人民团体等单位及其工作人员以及车站、码头、机场、公共交通工具等公共场所的经营管理人员"。[1]这些义务人对于其工作中发现的涉及儿童受侵害的情况具有强制报告义务。但是问题在于，这些主体是否均负有对儿童遭受家庭暴力的情况进行强制报告的义务，也即"对其工作中发现"应作如何解释，是否应理解为与该主体工作内容相关？《浙江省意见》第 5 条中指出，"教育机构及其工作人员在日常工作中发现虐待幼儿、校园欺凌、性侵未成年人以及未成年学生遭受或疑似遭受其他不法侵害等情况时……应当向公安机关报案。"可见教育机构的强制报告范围并没有限于其所进行的教育工作中，因而可以认为其他主体同样具有全面的强制报告义务，因而对于遭受家庭暴力的儿童，上述主体均有强制报告的义务。这与前述澳大利亚、美国部分州的相关法律规定有所区别，后者更强调义务人对其专业工作领域内发生的侵害儿童行为的强制报告义务，《浙江省意见》试图建立的是对包括家庭暴力在内的对儿童侵害全方位的报告机制。

在报告的接收主体上，《浙江省意见》将公安机关作为唯一的接收主体。因而与前述部分域外法律不同，其所建立的强制报告制度在义务人强制报告与案件的管辖和侦查之间并不存在过渡或是衔接，强制报告直接作为公安机关侦查案件的启动程序。后续按照公安机关调查的结果将程序转入治安管理案件或是刑事案件，按照其一般流程进行办理。这样一种安排省略了

---

〔1〕 在《浙江省意见》第 4 条对于强制报告的定义中，"国家机关"也被作为一种义务主体，但是在《浙江省意见》第 6 条关于强制报告情形以及对《浙江省意见》的细化规定《关于建立侵害未成年人案件强制报告制度的意见》中，国家机关并没有被作为适格的强制报告义务人。

由报告接受主体到执法机关之间的筛选、初查程序，《浙江省意见》通过规定较为严格的报告情形即报告的标准以避免公共资源的浪费。《浙江省意见》第 6 条对于儿童遭受家庭暴力的情况作出了如下规定："未成年人身体存在多处损伤、严重营养不良、精神恍惚等情况，存在或疑似存在家庭暴力、被人麻醉等情形的。"因而对于遭受家庭暴力的儿童，需要此种家庭暴力已经对儿童的身体和心理造成了一定严重程度的结果后方能启动强制报告程序。

在未履行强制报告义务方面，显然该种不作为行为尚不足以受到《中华人民共和国刑法》（以下简称《刑法》）的约束，另外因为《中华人民共和国行政处罚法》（以下简称《行政处罚法》）对于能够设定行政处罚的规范性文件层级作出了规定，因此《浙江省意见》无法通过上述两种途径实现对未履行义务的法律责任。《浙江省意见》第 26 条规定："负有报告义务的机构及其工作人员未依照本意见规定向公安机关报案……造成严重后果的，由主管部门或者本单位对直接负责的主管人员或者其他直接责任人员依法给予处分。"《浙江省意见》通过内部处分的方式实现法律责任，是目前立法层面尚不完备的无奈之举，由于报告义务主体的多样化，其内部处分的程序和标准也不尽相同，因此目前实际上很难做到处分与其行为的严重程度相一致，缺少责任量化的根据。

二、以受家庭暴力妇女为对象的强制报告制度

相对于在许多国家已经大体形成完备制度的以儿童为对象的强制报告制度，各国对于受家庭暴力妇女的强制报告制度的

态度则显得较为谨慎，在理论界也尚有争议。[1]以美国为例，加利福尼亚、科罗拉多、肯塔基、罗德岛等部分州对此有制定法规。[2]其共同之处在于，均只规定了医疗机构或医生对其在进行诊疗业务过程中发现的病人可能有受到家庭暴力的情况有强制报告的义务。《加利福尼亚刑法典》（California Penal Code）第11160 条规定，"相关医疗从业人员知道或怀疑其治疗对象有以下情况时，应立刻向地方执法部门报告：……其伤口显示其曾遭受来自攻击或虐待行为的伤害。"[3]该条要求医疗从业人员在发现此种情况后立即以电话的方式告知当地执法机构，并在规定时间内提交包含受害人各种信息的书面文件。此外，该法第11162 条规定，违反以上规定的人员可能被处以六个月以下的监禁以及 1000 美元以下的罚款。《科罗拉多修正法典评注》（West's Colorado Revised Statutes Annotated）12 章 36 节第135 条规定，当执业医师在其业务活动中发现或怀疑其诊疗对象

---

[1]　See McFarlane, M. M. (1998). Mandatory Reporting of Domestic Violence: An Inappropriate Response for New York Health Care Professionals. *Buff. Pub. Int. LJ*, *17*, *1*; Rhode, D. L. (2007). Social Research and Social Change: Meeting the Challenge of Gender Inequality and Sexual Abuse. *Harv. JL & Gender*, *30*, 11.

[2]　See Faulkner, L. R. (1982). Mandating the Reporting of Suspected Cases of Elder Abuse: An Inappropriate, Ineffective and Ageist Response to the Abuse of the Older Adults. *Fam. LQ*, 16, 69, p. 69.

[3]　书内为作者译，原文为：A health practitioner …provides medical services for a physical condition to a patient whom he or she knows or reasonably suspects is a person described as follows, shall immediately make a report in accordance (when) a person suffering from any wound or other physical injury inflicted upon the person where the injury is the result of assaultive or abusive conduct.

受到家庭暴力时，若该种暴力所造成的伤害属于枪伤、狗咬或者造成了受害者严重的身体损伤，应立即向其所在的市、县、郡的警察部门报告。[1]未履行该义务者可能被处以300美元以下的罚款或者90日以下的监禁。《罗德岛法律评注》（West's General Laws of Rhode Island Annotated）12章29节第9条规定，"对于任何在医疗过程中患者自我陈述其因家庭暴力受伤或提供医疗服务的人员认为有因家庭暴力致伤的情况，医疗服务提供者均应向当地法院家庭暴力相关部门报告。"[2]

纵观这些规定可以发现，对未成年人之外的遭受家庭暴力的人群（主要为成年女性），强制报告的义务人范围被极大限缩，同时报告标准也在一定程度上更加严格，要求存在确实的身体损伤，科罗拉多州甚至将一般的身体伤害排除在报告的范围之外。立法上的谨慎态度实际上反映了以受家庭暴力的妇女为对象的强制报告制度理论基础的不足，进而影响了其具体的制度设计。对比儿童，成年女性被推定为具有完全的行为能力，因此理论上认为她们具有向外界求助的能力，强制报告制度存

---

〔1〕 书内为作者译，原文为：Any other injury that the licensee has reason to believe involves a criminal act; except that a licensee is not required to report an injury that he or she has reason to believe resulted from domestic violence unless he or she is required to report the injury pursuant to subsection（1）（a）（I）（A）or（1）（a）（I）（B）of this section or the injury is a serious bodily injury. 其中 subsection（1）（a）（I）（A）or（1）（a）（I）（B）即指枪伤或者狗咬的情况。

〔2〕 书内为作者译，原文为：A report shall be completed for any victim being treated for injuries which the victim states resulted from domestic violence or which the mandated medical provider has reasonable cause to believe resulted from domestic violence.

在的必要性存疑；同时，公权力对女性家庭事务的介入也缺少类似于国家亲权理论的正当性证成。为此，若要建立以妇女为对象的强制报告制度，这两个问题必须得到解决，然后在此基础上对具体制度进行设计。

（一）强制报告制度的必要性

在存在暴力行为的家庭中，儿童由于其有限的行为能力，往往在人身自由和精神上均受到极大限制，这也是强制报告制度所要解决的基本问题。而如前文所述，实际上作为家庭暴力对象的女性，也有着类似物理和精神上的拘束。因此，通过两者之间的此种相似性，依据某种理论认定在此种情况下的女性实际上行为能力受限，就可以解决强制报告制度的必要性问题了。而此种理论正是受虐妇女综合症。"受虐妇女综合症"（Battered Woman Syndrome）是一种用以解释长期受到配偶暴力行为虐待的妇女的行为的心理学理论。社会上对于长期遭受家庭暴力的女性存在着一个持久的疑问，即为何这些女性不选择逃离、回击或是向他人求助，而是默默忍受此种虐待。其通常被认为具有受虐倾向，或者在家庭生活中存在过错，例如存在滥交的历史而理应遭受这种虐待。[1]而心理学家 Lenore Walker 提出了受虐妇女综合症的概念，阐述了女性在循环往复的家庭暴力中丧失了以自己能力解决负面事件的确信，也称习得性无助。[2]这一理论在刑事领

---

〔1〕 Hofeller, K. H. (1983). *Battered Women*, *Shattered Lives*. Palo Alto, CA：R & E Research Associates, pp. 49~66.

〔2〕 Walker, L. (1979). *The Battered Woman*. New York：Harper & Row, p. 54.

域最广泛的用途是用以证明"以暴易暴"案件中杀害施暴者的受家庭暴力女性的行为构成自卫，但是也有理论认为可以用于说明这些女性在进行相关行为时处于非正常的精神状态，从而不具备刑事责任能力。[1]这样一种观点在刑事审判中可能因为程序和实体的问题不具有可行性，但是可以说明，"受虐妇女综合症"可能导致受家庭暴力女性实际行为能力的不完整性，而且早期较轻微的家庭暴力事件往往会成为严重、循环往复家庭暴力的开端，最终使得女性的身体和心理均受到严重侵害，这足以证明强制报告制度的必要性。

（二）强制报告制度的正当性

强制报告制度的正当性包含两点，其一是国家权力何以能够介入私领域的家庭生活；其二是强制报告义务人为何负有此种义务。在以儿童为对象的强制报告制度中，国家亲权理论首先刺破了家庭的私人面纱，使得儿童仅仅在面临其身心受到侵害的可能性时就为公权力的介入提供了证成，而不必依赖于作为公民基本权利的生命健康权的保护（后者要求伤害达到一定程度）；然后阐述了儿童的社会公共利益性，通过建立社会受益与儿童保护之间的联系，为义务人的义务形成提供了基础。因此，以受家庭暴力女性为对象的强制报告制度的正当性，就是对这两个问题的回答。

对于第一个问题，现阶段确实难以找到这样一种理论使得

---

〔1〕　Saitow, S. J. (1993). Battered Woman Syndrome: Does the Reasonable Battered Woman Exist. *New Eng. J. On Crim. & Civ. Confinement*, 19, 329, pp. 329 ~ 372.

公权力在严重伤害发生之前能够提前介入，一种替代方案是，将强制报告制度中报告义务人的行为作为公权力与私人生活之间的衔接，公权力所回应的只是报告义务人的行为而非直接介入家庭的私人生活，这样一来实际上两个问题能够被划归为一个，即报告义务人报告的权利和义务。进而可以发现，报告义务人的强制报告，实际上并不仅仅是一种法定义务，同时也具有了解家庭暴力受害人情况并对此进行报告的权利的性质。

以上述美国各州法律文件中的医疗从业人员为例，其职责决定了医疗人员有权了解患者身体损伤的相关信息，包括损伤的部位、严重程度以及造成损伤的事件，同时刑法本身对其在业务行为中发现的可能涉及刑事案件的情形的报告义务有所规定。[1]而在我国目前的情况下，除了医疗人员之外，工会和妇联的工作性质和工作内容使其在某种程度上可以为此提供证成。中华全国总工会印发的《工会女职工委员会工作条例》第6条规定，"依法维护女职工在政治、经济、文化、社会和家庭等方面的合法权益和特殊利益，同一切歧视、虐待、摧残、迫害女职工的行为作斗争。"该委员会的工作范围并没有局限在劳动领域之内，同时也关注女职工的家庭生活，包括受到家庭暴力、虐待的情况。妇联本身就应对女性的生活情况有所了解，而民政部、全国妇联印发了《关于做好家庭暴力受害人庇护救助工作的指导意见》（以下简称《指导意见》），其中规定，"妇联组织要及时接待受害人求助请求或相关人员的举报投诉，根据调查了解的情况向公安机关报告，请公安机关对家庭暴力行为进

---

[1] Valiulis, C. (2014). Domestic Violence. *Geo. J. Gender & Law*, 15, 123.

行调查处置。妇联组织、民政部门发现未成年人遭受虐待、暴力伤害等家庭暴力情形的,应当及时报请公安机关进行调查处置和干预保护。"实际上已经确立了妇联的报告义务。因此,工会和妇联对于女性的相关信息有权知晓,并且及时关注并反馈女性受到家庭暴力的情况,正是其职责的应有之义。

(三) 制度安排

确定了以受家庭暴力妇女为对象的强制报告制度的必要性与正当性之后,就可以以现有的儿童强制报告制度为基础,结合受家庭暴力妇女的特殊情况,构建适合我国的强制报告制度。对于报告的接受主体以及接受报告后的程序,沿袭现有强制报告制度的框架并无不妥,即以公安机关为接收报告的主体,在接受之后根据初步调查转入治安管理案件或刑事案件的程序。而在报告的义务主体上,如前文所述,相对于现有制度而言应作一定限缩,目前以医疗从业人员、工会女职工委员会以及妇联作为主要的义务主体为宜,除此以外其他的人员可以通过工会或者妇联检举揭发相关家庭暴力的情况,但并不强制作为其义务。在报告的标准上,我国目前适用于儿童的强制报告制度实际上已经将损害的严重程度作为标准,这对于新制度而言已经可以适用,但考虑到家庭暴力的影响较为深远,以及其向更严重情况发展的可能性,建议在之后结合实际情况逐渐对该标准进行放开,最终使得初期的家庭暴力乃至有家庭暴力的征兆即可纳入强制报告的范围。最后,在未履行报告义务的法律责任上,目前根据《行政处罚法》,仍需要地方性法规、行政法规制定统一的处罚措施,有可能的话尽量在《中华人民共和国治安管理处罚法》(以下简称《治安管理处罚法》)或者《刑法》

中将该种行为的处罚加以固定。

第三节　紧急庇护制度

对于遭受家庭暴力的女性，外界的各种救济途径在达成其效果之前都需要经过一段时间。然而家庭暴力本身应当被视为一种连续性的过程，即使在实际的暴力事件发生之间存在一定的空档，但是由家庭暴力所产生的压抑性环境以及对女性心理的损害却是持续性的。因此，在公权力介入家庭暴力案件之后，需要建立一个临时机制使得受家庭暴力的女性得以在最终的救济效果之前就能够脱离来自其配偶的支配。同时，这样一种机制也应当为女性的自力救济提供了可能，使其能够暂时逃离其家庭，在一个相对平和、安全的环境下寻求外界的帮助，启动公权力介入和救济的程序。这样一种制度即为紧急庇护制度。

一、紧急庇护制度的渊源

紧急庇护制度最早起源于 1972 年在英国伦敦由非政府组织创立的"妇女庇护所"，之后西方国家也相继建立了类似的场所或机构。我国第一家妇女庇护所是湖北武汉于 1995 年成立的"新太阳女子婚姻驿站"。2008 年，全国妇联、中央宣传部、最高人民检察院、公安部、民政部、司法部、卫生部联合印发了《关于预防和制止家庭暴力的若干意见》（后文简称《若干意见》），其中第 12 条规定，"民政部门救助管理机构可以开展家庭暴力救助工作，及时受理家庭暴力受害人的求助，为受害人提供庇护和其他必要的临时性救助。有条件的地方要建立民政、司法行政、卫生、妇联等各有关方面的合作机制，在家庭暴力受害人接受庇护期间为其提供法律服务、医疗救治、心理咨询等人文关怀服务。"2015年，民政部、全国妇联印发的《指导意见》中规定，"民政部门及救助管理机构应当及时接收公安机关、妇联等有关部门护送或主动寻求庇护救助的受害人，办理入站登记手续，根据性别、年龄实行分类分区救助，妥善安排食宿等临时救助服务并做好隐私保护工作。"而在《反家庭暴力法》第18条规定，"县级或者设区的市级人民政府可以单独或者依托救助管理机构设立临时庇护场所，为家庭暴力受害人提供临时生活帮助。"实际上认可了除了该法第15条所规定的对未成年人的庇护之外，对受家庭暴力的女性同样也应有相应的庇护制度。

二、紧急庇护制度的主要内容

（一）庇护所的运营模式

西方庇护所多由非政府组织设立，而且形成了全国联网。[1]而我国目前主要的运营模式有三种，即分别由政府、企业、非政府组织主导。如上文所列，《反家庭暴力法》《若干意见》《指导意见》分别将县级或设区的市人民政府和民政部门规定为设立庇护所的政府机构。但有所不同的是，人民政府并不具有设立庇护所的强制性要求，而民政部门则负有建立庇护所对女性加以保护的义务。企业所设立的庇护所多为企业的自发行为，

---

〔1〕 参见彭玉凌、夏咏梅、涂利："我国反家暴庇护所运营机制创新研究"，载《延边党校学报》2018年第3期。

我国第一个妇女庇护所"新太阳女子婚姻驿站"即为湖北武汉侨光调料公司经理、女企业家张先芬投资兴建。而由非政府组织所主导的庇护所，我国目前最为典型的即为妇联所创立的庇护所，《若干意见》中也提到了妇联与民政、司法行政、卫生等部门的合作机制。

对于由政府主导的妇女庇护所，目前多地都出台了相关法规对前述《若干意见》、《指导意见》以及《反家庭暴力法》的内容进行了完善。如江苏于2018年出台了《江苏省妇女权益保障条例》，其中规定"设区的市、县级人民政府、有条件的乡（镇）人民政府应当设立或者指定妇女庇护场所"。无锡、常州、徐州都依此建立了政府主导的庇护所。同样，在上海、广东、贵州、云南、陕西、辽宁等地也有类似机构。

我国目前由企业和非政府主导建立的庇护所在很多情况下都有交叉，以妇联为代表的各种非政府组织，受限于资金、场地、人员等问题，往往会选择依托企业来建立庇护所。我国目前较有代表性的案例是河北省玉田县妇女庇护所。其成立于1993年，是妇联依托陈玉云的刺绣厂成立的，庇护所到2002年救助48名受害妇女，其中21名重组家庭，7名经调解夫妻和好，20名实现再就业。截至2007年一共救助59名受害妇女。在成立初期玉田县妇联协助陈玉云改造刺绣厂房，不仅建立专门的受害妇女区域，而且还建立了专门的图书室。同时，制定了《受害妇女入所条件》《玉田县妇女庇护所职责》等规章制度，并为每名入所妇女建立了档案，包括受害妇女姓名、原住址、入所原因、在所期间的生活情况及出所后的去向等，使庇护所的各项工作逐步纳入了规范化的轨道。同时妇联主动联系各方面的关系，为受害妇女提供切实的帮助。[1]

妇联之外的其他非政府组织也有建立妇女庇护所，如陕西省妇女研究会于 2001 年 5 月 14 日开通了"家暴预防辅导专线"，采取社会工作的方法为受到家庭暴力伤害的妇女提供免费、保密的服务，主要包括心理支持与必要的物质帮助。[2]这类庇护所总体而言数量较少，未来发展可能仍需要以依托政府、企业合作为主，发挥其在专业方向上的优势，作为对受家暴女性进行全面救助的必要补充。

（二）紧急庇护的具体规定

由于《反家庭暴力法》、《若干意见》和《指导意见》在紧急庇护制度的规定上尚未达到比较完备的程度，因此目前我国各地的紧急庇护场所大都自发建立了一套具体的规则，特别是不同的由企业或者非政府组织的庇护所在规定的内容上也存在较大的差异。但总体而言，我国目前各地的紧急庇护场所的具体规定呈现出以下特点：

1. 限定的庇护期间

《指导意见》中规定，"救助管理机构庇护救助成年受害人期限一般不超过 10 天，因特殊情况需要延长的，报主管民政部门备案。"在这一规定的影响下，各地庇护所对于庇护期间一般都有类似要求。如江苏省《实施〈中华人民共和国妇女权益保障法〉办法（草案）》第 52 条规定，"设区的市、县级人民政

---

〔1〕 参见陈琪："受暴妇女救助庇护制度研究"，上海社会科学院 2008 年硕士学位论文。

〔2〕 参见张翠娥："妇女庇护所的发展现状与问题"，载《中南民族大学学报（人文社会科学版）》2011 年第 4 期。

府、有条件的乡（镇）人民政府应当设立或者指定妇女庇护场所，为遭受家庭暴力暂时不能归家的妇女及与其共同生活的未成年人和有赡养扶养关系的成年人，提供不超过15天的免费临时庇护和其他临时性救助。"其他一些地区，如湖北、河南等地，虽然在政府出台的相关反家庭暴力的法规或条例中没有明确对庇护期间进行规定，但是在各个庇护所自身的管理规程中，大多也出现了类似的规定。如河南"红雨伞妇女之家"反家庭暴力庇护中心就规定庇护时间最长不超过一周。

2. 严格的申请庇护程序

在申请庇护的程序上，各地庇护所要求较为严格。进入庇护所主要以两种方式为主，其一由庇护场所接收公安机关、妇联等有关部门护送的遭受家庭暴力的妇女；其二为主动寻求庇护。前者在程序上与告诫制度、强制报告制度、人身保护令相衔接，有公安机关或者妇联的协助，一般不存在太大问题。但是对于主动寻求庇护的受家庭暴力妇女，许多庇护所对一些书面文件做了较高的要求。如上海反家庭暴力庇护救助中心就要求受害者持派出所出具的报警证明和本人身份证明材料分别向其居住地街道（镇）妇联和老龄办提出庇护的书面申请。非工作时间或紧急情况下，受害人可持派出所出具的报警证明及本人身份证明材料直接向反家庭暴力庇护救助中心提出申请，即可获得救助。[1]河南"红雨伞妇女之家"的规定则更为细致，首先要求申请庇护人向庇护中心提出申请并出具真实的身份证

---

〔1〕　参见"上海成立反家庭暴力庇护救助中心免费安置受害人"，载 http://www. gov. cn/jrzg/2009 – 11/24/content_ 1472200. htm，最后访问时间：2019 年 3 月 15 日。

明和由其所在单位或社区居委会做出的暴力侵害证明;其次由庇护中心工作人员对请求庇护人进行资格审核,对符合庇护条件的对象签发庇护通知书。济南反家庭暴力庇护所则要求申请人提交本人庇护申请书、身份证明材料、公安部门的出警记录或告诫书、居住地社区(村居)妇联组织出具的相关证明,按照规定办理相关入住手续。[1]

3. 有限的帮扶项目

《指导意见》规定,庇护场所"可以通过与社会工作服务机构、心理咨询机构等专业力量合作方式对受害人进行安全评估和需求评估,根据受害人的身心状况和客观需求制定个案服务方案。要积极协调人民法院、司法行政、人力资源社会保障、卫生等部门、社会救助经办机构、医院和社会组织,为符合条件的受害人提供司法救助、法律援助、婚姻家庭纠纷调解、就业援助、医疗救助、心理康复等转介服务。"因而《指导意见》所规定的理想庇护所的帮扶内容可以说已经较为全面,构建了一个涵盖短期、中期、长期的体系化帮扶救助方案。短期内的医疗援助首先保障了受家庭暴力妇女的生命安全,中期的法律援助、婚姻调解是为了让受家庭暴力妇女尽快脱离不良的家庭环境和施暴者的控制,长期的就业援助在企业主导的庇护所中较为常见,以职业技能培训为主,旨在让受家庭暴力的女性能够通过就业取得经济的独立;另外心理康复能够让受家庭暴力妇女摆脱受虐妇女综合症的困扰,使其能够真正开始新的生活。

---

[1] 参见:"妇女家庭暴力庇护所",载 http://xatyj. xa. gov. cn/websac/cat/ 4195. html,最后访问时间:2019 年 3 月 14 日。

但是在实际操作的过程中，由于资金、人才缺乏等各个方面的原因，真正建立的庇护所并没有达到上述意见中的理想效果。例如《湖北省反家庭暴力条例（草案）》对于庇护场所应当为家庭暴力受害者提供的帮助和服务的规定为：①根据性别、年龄实行分类分区救助，妥善安排食宿，保护受害人隐私；②协调社会工作服务机构、心理咨询机构等对受害人进行需求评估，提供个性化服务；③协助受害人保存并向公安机关、人民法院提供遭受家庭暴力的证据。相较于《指导意见》而言在内容上大幅限缩。实际上，这种有限的帮扶项目与前述对于庇护期限的规定不无关系，在有限的时间内，几乎不可能全面完成《指导意见》中所规定的覆盖从短期到长期的各种服务政策。同时有限的财力、人力资源的限制也使得各地庇护所对于相关帮扶政策有心无力。

三、目前我国紧急庇护制度存在的问题

目前我国受家庭暴力妇女的紧急庇护制度在实践中正面临种种困境，首先体现为各地的庇护机构都很少有妇女申请入住，因而这些庇护所从根本上就难以达到其保护受家庭暴力妇女的目的。究其原因，这与前述我国目前紧急庇护制度的内容不无关系。

（1）在庇护期限的规定上，大多数情况下无论是民事的离婚程序，抑或是对家庭暴力者在行政或刑事上的处罚，在我国目前相关司法程序中都需要经过一个比较长的流程，因而包括《指导意见》在内的绝大多数对于庇护期限的规定均无法涵盖完整的此种流程，这就意味着在庇护期限结束之后，受家庭暴力妇女仍需要回到其家中，而这一离家寻求庇护的行为本身可能

会成为新的家庭暴力的导火索，使得对于女性的侵害变本加厉。因而此种期限的规定实际上只能成为使得女性暂时免受即时的、正在进行的家庭暴力事件的最基础的措施，而不足以使得女性从家庭暴力的环境中完全脱离。

（2）在申请庇护的程序上，纵观前文所述的各地、各庇护所的具体规定，可以发现，实际上这些规定将女性向公安机关报案或者向居（村）委会阐明情况作为了庇护的前置程序。只有获得了公安机关或者居（村）委会的证明，方能获得被庇护的资格。但是，这种规定完全没有考虑到受家庭暴力妇女的心理状态。她们往往出于对家庭暴力的恐惧和对于自己改变负面现状能力缺失的认识，很难主动向外界寻求帮助。而紧急庇护的制度目的实际上是能够通过公权力的介入，即使违背受家庭暴力妇女当时的个人意愿，也能够让其暂时逃离家庭暴力的环境，尽量减少其身体和心理上受到的伤害。因此，过于严苛的申请程序实际上会构成女性选择向庇护所求助的阻碍。

帮扶项目上的缺陷显而易见。虽然紧急庇护制度作为民事、行政、刑事终局程序的临时措施，但实际上起到了非常关键的衔接作用。目前我国各地的庇护所未能达到《指导意见》中规定的理想状态，一方面是因为资金和人才的缺乏，另一方面可能与各部门、单位之间联动机制尚未完全形成有一定关系。政府所主导的庇护所中，并未将企业所能提供的经济和就业上的帮助作为其帮扶的重点项目；而在企业所主导的庇护所中，妇联和民政部门仅仅对其工作进行宏观上的指导，缺少了政府其他机构诸如公安执法机关的支持，形成一种各自为战的状态。

（3）我国目前许多庇护所还存在一个问题，即庇护场所相关信息的公开性。在全国范围内，上海的反家庭暴力庇护救助中心，广东中山市、东莞市，江苏无锡市、徐州市、常州市，浙江宁波市，四川德阳市及泸州市，安徽合肥市及亳州市，山东济南市，河南许昌市，湖北监利县，贵州贵阳市，云南昆明市，黑龙江黑河北安市，广西南宁市，甘肃张掖市及天水市的反家庭暴力庇护场所均将其地址在网上公示，只有少部分庇护所未公开其具体位置。相较于美国的情况，受害妇女可以很方便地获得庇护所的24小时热线电话，庇护所的工作人员、警员、庇护所周围的居民都会共同努力来确保庇护所的隐蔽性。比如，警察部门不但要负责庇护所的安全，而且会派遣新警员在庇护所周围巡逻，以便了解庇护所的情况。如果发生紧急情况，警员可以快速采取行动。庇护所周围的居民虽然了解庇护所的地址，但是不会向外界透露庇护所的地址和信息。[1]只有确保了庇护所的隐蔽性，方能使得庇护所不受家庭暴力施暴者滋扰。而且由美国的做法可知，庇护所隐蔽性与方便受家庭暴力妇女寻求救助并非矛盾，通过电话联系和筛选实际上能够使得庇护所在为受家庭暴力妇女打开大门的同时将来自于其施暴配偶的滋扰拒之门外。

第四节　人身安全保护令制度

对于受到家庭暴力或者面临家庭暴力危险的受害人，解除婚姻关系从而离开受施暴者支配的危险家庭环境，是其免受家

---

〔1〕 参见陈琪："受暴妇女救助庇护制度研究"，上海社会科学院2008年硕士学位论文。

庭暴力的最有效途径之一。但是,通过诉讼离婚需要经过较为复杂冗长的程序,在程序进行的时间内,受害人仍然处于施暴者的支配之下。同时,具有家庭暴力倾向者往往对受害人的反抗具有强烈的报复心理。这样一来,在诉讼离婚程序进行的过程中,受害人往往暴露于施暴人更为危险的恶意之下,人身危险性不降反增;同时受害人也可能因为更为激烈的家庭暴力行为而被迫撤回其离婚的诉求。因此,为了实现保护受害人的制度目的,需要在诉讼离婚的程序中创设一个匹配制度,以保护受害人的人身安全并保障诉讼离婚程序的正常进行。

一、人身安全保护令制度的渊源及意义

(一)人身安全保护令制度的由来

我国的人身安全保护令制度是一项移植而来的法律制度,其前身是英美法系的"民事保护令"制度。最早的民事保护令立法肇端于1976年美国宾夕法尼亚州《免于虐待之保护法案》,至1994年已为所有州法所明定,美国国会通过的《针对妇女的暴力法》,以及联邦政府公布的《家庭暴力示范法》均采纳了民事保护令制度。随后该制度以不同的方式和名称在世界各国得以施行,成为指引当代婚姻家庭法制改革的"风向标"。[1]例如德国的《防止暴力法案》、日本的《配偶暴力防止法》等。我国台湾地区是亚洲大陆法系中最早引入民事保护令制度的地区,具体内容体现在其1998年通过、2007年修订的"家庭暴力防治

[1] 参见张平华:"认真对待民事保护令——基本原理及其本土化问题探析",载《现代法学》2012年第3期。

法"当中。不仅如此，许多仍然存在性别歧视并且家庭暴力频发的发展中国家（地区）也在2005年前后发布了其反家庭暴力立法，其中有不少国家详细规定了保护令制度，例如印度、柬埔寨、巴基斯坦、斯里兰卡等。

我国于2008年3月，由最高人民法院中国应用法学研究所发布了《涉及家庭暴力婚姻案件审理指南》（以下简称《指南》），《指南》规定了"人身安全保护裁定"的相关内容，与其他国家和地区的"民事保护令"制度有一定程度的相似，然而该《指南》所规定的"人身安全保护裁定"依附于民事诉讼的强制措施，并非一项独立的法律制度。《指南》的性质也仅是法院审理案件的参考和论证依据，并非正式的立法或司法解释。

2015年12月27日，第十二届全国人大常委会第十八次会议审议通过了我国首部防治家庭暴力的法案——《反家庭暴力法》，这部法律于2016年3月1日起施行，其用独立的一章（第四章）规定了"人身安全保护令"制度，成为我国《反家庭暴力法》中具有重要地位的一项制度。

（二）其它民事保护令制度

在英美法系，保护令是一种特殊的禁令，它针对家庭暴力案件而特设，有特殊的适用条件，即需申请人证明有受到家庭暴力威胁的情形以及有核发保护令之必要。在大陆法系，保护令可视为人身权请求权的特殊方式，它适用于家庭暴力案件，由公权力介入而行使和实现。[1]

---

〔1〕 参见张平华："认真对待民事保护令——基本原理及其本土化问题探析"，载《现代法学》2012年第3期。

民事保护令依程序之不同,一般划分为通常保护令、暂时保护令、紧急保护令。通常保护令由申请人以书面方式向法院提出申请,法院通知相对人到庭审理,于审理程序终结后核发。其有效期间为一年以下,自核发时起生效。通常保护令的有效时间最长、救济范围最广。暂时保护令指申请人以书面方式向法院提出申请,法院可以不经审理程序或于通常保护令审理终结前所核发之保护令。其存续时间较短,救济范围并不包括通常保护令所涵盖的未成年子女的探视权限制令、给付令、加害人处遇计划令等。暂时保护令是在通常保护令核发之前给予受害人暂时性的司法救济。紧急保护令是在受害人遭受家庭暴力的急迫情形之下的特殊保护令,其申请程序相对简单,申请方式灵活多样,法院从接到申请到核发保护令的时间要求很短。

民事保护令的内容丰富多样,从多个维度对被申请人进行限制,从而达到保护受害人的目的。以台湾地区现行的"家庭暴力防治法"为例,常见的保护令内容有:禁止施暴令、禁止骚扰或联络令、迁出令、远离令、限制行使监护权令、禁止探视令、给付令和财产保护令、加害人处遇计划令。其中禁止施暴令与禁止骚扰或联络令是比较普遍适用的禁止被申请人特定行为的命令;迁出令与远离令是通过对被申请人的人身自由进行限制从而达到隔离被申请人与受害人的目的;限制行使监护权与禁止探视令主要是为了保护未成年子女,也预防被申请人借探视之机再次施暴;给付令与财产保护令从经济角度保障受害人的权益;加害人处遇计划令是通过对加害人进行心理治疗以防治家庭暴力再次发生的救济手段。

大多数国家突破了受害人本人申请保护令的限制,规定除受害人本人外，受害人的近亲属、国家机关、社会团体等都可以申请；保护令的审理往往比照诉讼程序进行设置，需合法通知相对人到庭，并经法庭审理后才可作出裁决，但审理时限较一般诉讼程序更短；临时保护令与紧急保护令可不经审理程序，时限也进一步缩短；保护令的证据制度明显有利于受害人，存在举证责任倒置的情形，并且允许使用传闻证据或间接证据，降低受害人的证明标准[1]。保护令的执行机关一般以警察机关为主，有时一些特定的保护令由法院或其他相关机关执行。将违反保护令的行为定罪并进行刑事处罚是一种比较普遍的做法，在美国，有的州还制定了强制逮捕法规，允许警方只要具有相当理由相信即可逮捕相对人。[2]

（三）民事保护令制度的意义

民事保护令作为一项特殊的法律制度在家庭暴力案件当中有不可取代的作用，它的意义主要体现在以下四个方面：

1. 全面保障受害人的权利

保护令的内容具体、丰富，贯穿了家庭暴力的预防、干预和救济，对受害人进行综合性的保护，并伴随相应的责任机制以及特殊的程序机制，是一项能全方位保护受害人生命权、健康权、财产权的制度。

2. 遏制家庭暴力，具有事前干预性

传统的救济方式偏重于事后救济、损害赔偿，而民事保护

---

〔1〕 参见张平华："认真对待民事保护令——基本原理及其本土化问题探析"，载《现代法学》2012 年第 3 期。

〔2〕 参见莫良丰："民事保护令——家庭暴力受害人的事前法律救济"，湘潭大学 2008 年硕士学位论文。

令制度立足于防患未然。通过申请人的申请，在家庭暴力即将发生或恶化之前，由公权力介入进行一定的干预，能够及时、高效地遏制家庭暴力。尤其是紧急保护令制度，是第一时间保护受害人的法律选择。

3. 维持家庭稳定

保护令制度为家庭暴力案件的处理提供了除离婚之外的新的解决办法。有一部分受害人因多重原因不愿离婚，但现有对家庭暴力的救济往往建立在离婚的基础上，例如《婚姻法》上的损害赔偿制度。而民事保护令制度可以在婚姻关系继续的前提下，通过公权力的干预，对从前不平等的、恶性的婚姻关系进行调整，将施暴者的行为置于公权力的监督之下，协调了防治家庭暴力和维持家庭稳定的双重目标。

4. 保障选择自由

首先，保护令提供了维持婚姻和离婚之间的中间状态，使申请人获得时间和空间考虑是否结束婚姻关系。其次，保护令的程序设计，使申请人能够选择保护令的类型和内容，根据实际需求向法院申请撤销、变更或者延长民事保护令。因此保护令极大地提升了原本无助的受害人对自己的生活以及婚姻的控制力，保障了她们进行自由选择的权利。

二、我国人身安全保护令制度的内容

第十二届全国人大常委会第十八次会议审议通过的《反家庭暴力法》第四章专门规定了"人身安全保护令"制度，包括保护令的申请、审理、内容、时效、复议、送达、执行等内容，第五章第34条规定了违反人身安全保护令的法律责任；2016年最高人民法院发布的《关于人身安全保护令案件相关程序问题的批复》（法释〔2016〕15 号，以下简称《批复》），就人身安全保护令的诉讼费用、担保、适用程序、复议问题进行了补充规定。2008 年最高人民法院中国应用法学研究所发布的《指南》中关于人身安全保护裁定的内容，在不与《反家庭暴力法》的规定相矛盾时，也仍然可以作为法院审理人身安全保护令案件的参考。以上法律文件共同构建了我国的人身安全保护令制度，笔者将其梳理和归纳如下：

（一）人身安全保护令的申请

1. 申请人

依据《反家庭暴力法》第 23 条的规定，申请人为当事人。当事人是无民事行为能力人、限制民事行为能力人，或者因受到强制、威吓等原因无法申请人身安全保护令的，其近亲属、公安机关、妇女联合会、居民委员会、村民委员会、救助管理机构可以代为申请。

2. 申请方式

依据《反家庭暴力法》第 24 条，人身安全保护令以书面申请为主，书面申请有困难的，可以口头申请。

3. 申请条件

《反家庭暴力法》第 27 条规定，"作出人身安全保护令，应当具备下列条件：①有明确的被申请人；②有具体的请求；③有遭受家庭暴力或者面临家庭暴力现实危险的情形。"

《批复》明确，申请人身安全保护令，不需缴纳诉讼费用和提供担保。

(二) 人身安全保护令的审理

1. 审理程序

依据《批复》第 3 条, 法院对人身安全保护令的审理比照特别程序进行, 家事案件纠纷中的当事人申请人身安全保护令, 由审理该案的审判组织作出是否发出人身安全保护令的裁定; 申请人在接受其申请的人民法院并无正在进行的家事案件诉讼, 由法官以独任审理的方式审理; 是否需要在审理中听取被申请人的意见, 由法官酌情决定。

《指南》第 25 条还规定了受害人保护性缺席条款, 即"有证据证明存在家庭暴力且受害人处在极度恐惧之中的, 正常的开庭审理可能导致受害人重新受制于加害人的, 或可能使受害人的人身安全处于危险之中的, 人民法院可以应受害人的申请, 单独听取其口头陈述意见, 并提交书面意见。该案开庭时, 其代理人可以代为出庭。"

2. 作出裁定

《反家庭暴力法》第 28 条规定, "人民法院受理申请后, 应当在 72 小时内作出人身安全保护令或者驳回申请; 情况紧急的, 应当在 24 小时内作出。"

(三) 人身安全保护令的内容

《反家庭暴力法》第 29 条规定, "人身安全保护令可以包括下列措施: ①禁止被申请人实施家庭暴力;②禁止被申请人骚扰、跟踪、接触申请人及其相关近亲属; ③责令被申请人迁出申请人住所;④保护申请人人身安全的其他措施。"

《指南》中还规定了禁止被申请人在距离特定场所 200 米内

活动、责令被申请人自费接受心理治疗、责令被申请人支付申请人的治疗费用等其他内容。

（四）人身安全保护令的时效

依据《反家庭暴力法》第 30 条，"人身安全保护令的有效期不超过 6 个月，自作出之日起生效。人身安全保护令失效前，人民法院可以根据申请人的申请撤销、变更或者延长。"

（五）人身安全保护令的复议

《反家庭暴力法》第 31 条规定，"申请人对驳回申请不服或者被申请人对人身安全保护令不服的，可以自裁定生效之日起 5 日内向作出裁定的人民法院申请复议一次。人民法院依法作出人身安全保护令的，复议期间不停止人身安全保护令的执行。"

《批复》明确，人身安全保护令的复议可由原审判组织进行，也可另行指定审判组织进行复议。

（六）人身安全保护令的送达

依据《反家庭暴力法》第 32 条，法院作出人身安全保护令之后，除送达申请人和被申请人，还应当送达公安机关、居委会、村委会等有关组织。

（七）人身安全保护令的执行

《反家庭暴力法》第 32 条明确，人身安全保护令由法院执行，公安机关及居委会、村委会等应当协助执行。

三、实践中的人身安全保护令的问题及其对策

《反家庭暴力法》施行以来，人身安全保护令的实施效果显著。以北京市为例：2018 年 3 月，北京市妇联联合北京市高级

人民法院发布反家庭暴力典型案例,介绍北京市干预和制止家庭暴力的情况,时任北京市高级人民法院副院长安凤德介绍,两年来全市法院共发出人身安全保护令145份。[1]但这并不代表在实践中不存在问题。

(一)人身保护令受理过程中存在的问题

1. 受理过程中对申请主体的把握不一

《反家庭暴力法》第23条把申请主体概括为"当事人",第37条则规定家庭成员以外共同生活的人之间实施的暴力行为,参照本法规定执行。对"当事人"及"家庭成员以外共同生活的人"具体范围的界定,能否单独提出保护,均未予以明确规定。从已发出的民事裁定书的内容来看,人身安全保护令申请的主体多为夫妻,亦有妻子对丈夫及公婆、女婿对岳母。座谈中,有法官反馈存在前妻要求人身保护的,但囿于法律规定不明,故未予以发出裁定。

2. 申请程序的具体操作方式不明

《反家庭暴力法》对人身安全保护令具体运用何种程序发出未予以明确,如单方谈话即发出裁定,不利于保障被申请人的辩护权利;双方到庭又可能将申请人送入被申请人的"虎口",法官深陷两难境地而难以抉择。为明确程序规则,最高人民法院于2016年6月6日通过了《批复》规定人身安全保护令案件可以比照特别程序进行审理,是否需要就发出人身安全保护令

---

〔1〕　参见"北京发布反家庭暴力典型案例",载 https://www.chin-acourt.org/index.php/article/detail/2018/03/id/3249398.shtml,最后访问时间:2018年12月27日。

问题听取被申请人的意见，则由承办法官视案件的具体情况决定。该批复似乎给出了明确答复，但是"具体情况"的具体掌握又给法官出了一道难题，如何"听取被申请人的意见"，也是看似明朗的谜题。

3. 人身安全保护令的实施不能有效监督

保护令的裁定主文常见表述为：禁止实施家庭暴力；禁止殴打、辱骂、恐吓、威胁、诽谤、骚扰、跟踪、接触（行为禁止）；责令迁出居所（纯行为作为）。按照《反家庭暴力法》的规定，保护令的执行机关为法院，公安部门及居委会、村委会、妇联协助执行。法官发出保护裁定后，对后续实际履行无法跟进观察，公安部门及居委会、村委会、妇联亦不会追踪。从座谈中得知，在向有关部门送达人身保护裁定时，出现部分予以拒收的情形，理由为不知晓人身保护裁定的存在，协助执行非其职责所在。已经有学者调研后总结，人民法院自行送达和执行人身安全保护令缺乏相应的威慑力和强制力。[1]

4. 签发人身安全保护令的程序性冲突与异议

由于人身安全保护令的签发只是程序上的审核而非实体审判，法官需要审慎地对待人身安全保护令的签发与最后作出离婚判决，都需要法官对于是否存在家庭暴力行为及其法律后果作出判断，法官对于准许当事人发布保护令申请的顾虑之一即担心影响后续审判工作，也担心当事人有"未审先判"的异议，这也是司法实践中人身安全保护令存在的一个问题。

---

〔1〕 参见陈敏："人身安全保护令实施现状、挑战及其解决"，载《预防青少年犯罪研究》2016 年第 3 期。

(二) 实践与反思

将人身安全保护令制度纳入《反家庭暴力法》,其立法目的在于有效制止家庭暴力,但实际效果并不明显。其背后的原因是多方面的,既有法官思维方式的羁绊,也有当事人自身的顾虑,但更多的则是立法技术的欠缺。

1. 立法方面存在不足

《反家庭暴力法》作为我国第一部家庭暴力的专门立法,意义深远,但从该法的体系来看,实践操作性并不强。《反家庭暴力法》对家庭暴力所确定的定义与《婚姻法》及司法解释确定的内涵不一,未明确《反家庭暴力法》中家庭暴力的适用范围,造成法官认定家庭暴力的困惑;申请主体、适用程序亦不明确,这也给具体适用造成困难。《反家庭暴力法》第32条规定:"人身安全保护令由人民法院执行,公安机关以及居民委员会、村民委员会等应当协助执行。"但法院自身存在执行功能上的障碍,且协助执行单位如何协助及不予协助的后果该法均未予以规定,使得其执行力度大打折扣。

2. 法官把握的尺度不一

首先,对发布人身安全保护令的家庭暴力的程度认识不一。《反家庭暴力法》中对家庭暴力的定义与《婚姻法》及《最高人民法院关于适用〈中华人民共和国婚姻法〉若干问题的解释(一)》(以下简称《婚姻法解释一》)中规定的家庭暴力的含义是存在冲突的,前者明确家庭暴力系指家庭成员之间以殴打、捆绑、残害、限制人身自由以及经常性谩骂、恐吓等方式实施的身体、精神等侵害行为;而后者定义家庭暴力为行为人以殴打、捆绑、残害、强行限制人身自由或者其他手段,给其家庭成员的身体、精神等方面造成一定伤害后果的行为。相比较而言，前者较为宽松，无伤害程度的要求；后者则相当严格，必须要达到造成一定伤害后果的程度。法官对人身安全保护令发布时所需的家庭暴力应达到怎样的程度，因立法未予以明确而陷入困惑，不敢轻易发布保护令。另外，对发布保护令后，已认定的家庭暴力，是否会影响到离婚案件实体审理，亦存在顾虑。

其次，对证明责任及标准认识不一。"遭受家庭暴力或者面临家庭暴力的现实危险"是申请人身安全保护令的条件，言下之意，法院发布保护令亦应满足前述条件。证明存在前述情形的证明责任应在申请人，但具体应当提供哪些证据；证明需要达到怎样的程度；何种情形下，证明责任转移到被申请人一方，都是摆在法官面前的难题。

最后，对人身安全保护令的价值认识不一。人身安全保护令制度设计的目的在于将受害人置于保护令的庇护之下，而在婚姻存续期间免受施暴者的侵害。在不少法官看来，人身安全保护令的威慑作用有限，《反家庭暴力法》中规定的内容欠缺实际操作价值，且需要负责后续的执行工作。在繁重的审判任务的压力之下，可发可不发的不予发布，对于程度严重的才予以发布。离婚诉讼中，解除婚姻关系是受害人的诉求和目的，与其在发布保护令上下功夫，不如加速审判流程，更快地解决当事人的离婚诉讼，对受害人的保护更为有效。

3. 当事人的认识存在偏差

首先，部分受害人有时心存顾忌，在可忍受的范围内不希望将"夫妻吵架的家丑"公开出去；对施暴者心存幻想，轻信施暴者的承诺与保证,有时也害怕再次遭到报复性殴打;也有少部分的受害人在诉诸法院之前并不十分清楚夫妻之间的暴力行为属于违法行为。人身安全保护令在我国尚属新生事物,很多人不知道人身安全保护令是为何物,不了解人身安全保护令的相关规定,对保护令的实际效果持怀疑态度,而不愿意诉诸人身安全保护令。

其次,证据意识淡薄。部分受害人缺乏诉讼方面的相关知识,对证据的类型以及证据保留的方式并不十分了解。因家庭关系的特殊性及家庭暴力的私密性,家庭暴力发生时并不容易被外人所知晓,有些家庭成员与亲友即使知晓也不愿意作证。由于部分公安派出所的民警对家庭暴力的认识仍旧不够深刻,在接警之后对此类案件没有作认真细致的记录与适当处理。从被调查的卷宗中受害人提供的警方记录来看,一些出警记录上仅对当事人陈述的家庭暴力作简单记录。

(三)对策与建议

为了使人身安全保护令这一制度能够真正得以实现,应当从如下几个方面来完善实践中的操作:

1. 完善现有法律规定

(1)将保护令的执行主体修改为公安机关

《中华人民共和国人民警察法》(以下简称《警察法》)第2条将人民警察职责规定为:保护公民的人身安全、人身自由和合法财产,保护公共财产,预防、制止和惩治违法犯罪活动。第7条规定:"公安机关的人民警察对违反治安管理或者其他公安行政管理法律、法规的个人或者组织,依法可以实施行政强制措施、行政处罚。"家庭暴力侵害公民在家庭中的人身安全、自由及财产权益，属于需要制止和惩治的违法犯罪活动，正是公安机关的职责范围。《反家庭暴力法》也是基于《警察法》的这项授权，才在第 15 条规定了公安机关接到家庭暴力报案后应当及时出警、制止家庭暴力并及时调查取证和鉴定伤情。而《人民法院司法警察条例》第 3 条规定："人民法院司法警察的任务是预防、制止和惩治妨碍审判活动的违法犯罪行为，维护审判秩序，保障审判工作顺利进行。"司法警察是审判辅助力量，职责范围只在于审判活动范围内，或预防、制止和惩治妨碍审判活动的违法犯罪行为，并无执行人身安全保护令之责。此外，公安机关有比较成熟的 24 小时 110 报警热线，派出所的设置是网格式的，公安机关接到当事人报警后能及时出警，有效制止家庭暴力，进行调查取证，协助受害人就医、鉴定伤情等。

从立法来看，法院签发涉及人身安全的民事保护令不由法院执行，而是由包括警察在内的相关机构负责送达和执行，是美国、加拿大、法国、瑞典、丹麦、荷兰、阿尔巴尼亚、西班牙、澳大利亚、新西兰、南非、日本、菲律宾、马来西亚、毛里求斯等国家的通行做法。以美国为例，无论发出保护令的是民事法官还是刑事法官，按照法律规定，保护令的送达和执行都由辖区警察负责。警察必须在法官签发保护令后 8 小时内完成送达任务。未能在 8 小时以内完成送达任务的，辖区警察必须在申请人住处附近安排巡警，以便见到被申请人时，第一时间通知其对方已持有保护令，并告知其保护令的具体内容，同时警告其不得违反保护令的规定，否则将会因违反保护令而被逮捕。美国波士顿州一位警长曾这样强调警察执行保护令的重要性："保护令得到有效执行是保护令制度发挥作用的关键。如

果保护令得不到执行,便只是一张纸而已。因此,美国警察最重要的警务工作之一,是送达和执行法官发出的民事保护令。"〔1〕

综上所述,将人身安全保护令的执行机关由法院变更为公安机关,除提升法官发布人身安全保护令的积极性外,更能使人身安全保护令充分发挥作用,同时也是最为直接的方式。

(2)增设违反人身保护令罪

人身安全保护令能否有效止暴,取决于其能否得到履行,更取决于其遭到违反时,能否立即受到惩罚,否则便会变成一张白纸。对被申请人来说,若被申请人知道违反人身安全保护令不会有什么法律后果,就会不断出现违反人身安全保护令的行为。但当其清楚地意识到违反法院禁令将导致其损失大于收益,则其主动履行的可能性就会大大增强。以美国、新西兰、日本和我国台湾地区为例,美国多数州规定了与民事保护令有关的藐视法庭罪或者违反民事保护令罪。有的州则规定同时构成民事和刑事藐视法庭罪。违反者可能被判处监禁或者罚款。比如,最高6个月或者1年、最低3~5日有期徒刑。新西兰《家庭暴力法》第49条规定:无正当理由不遵守保护令条件或者违反保护令的,构成违反保护令罪,处3年以下有期徒刑。日本《配偶暴力防止暨被害人保护法》第29条规定:配偶或事实上之夫妻,于地方裁判所核发保护命令之后,若有故意违反保护命令之行为,得处1年以下有期徒刑,或者100万元以下之罚金。我国台湾地区现行"家庭暴力防治法"第2条规定"家

---

〔1〕 陈敏、黄斌:"美国民事保护令制度考察报告",载http://www.court.gov.cn/yyfx/sycs,最后访问时间:2016年11月20日。

庭暴力罪是指家庭成员间故意实施家庭暴力行为而成立其它法律所规定之犯罪。"第 61 条规定，违反法院依第 14 条第 1 项、第 16 条第 3 项所为之下列裁定者，为本法所称违反保护令罪，处 3 年以下有期徒刑、拘役或并科新台币 10 万元以下罚金。他山之石可以攻玉，在《刑法》中增设违反人身安全保护令罪，可以有效提升人民法院应对违反人身安全保护令行为的能力，增加人身安全保护令预防和制止家庭暴力的威慑力。[1]

在我国现行刑法修订之前，应当通过适用拒不执行法院裁定罪、故意伤害罪等其他罪名，追究施暴方的刑事责任。

（3）修改人身安全保护令的时间要求

为了保证保护令能够快速高效地发出，《反家庭暴力法》第 28 条规定："人民法院受理申请后，应当在 72 小时内作出人身安全保护令或者驳回申请；情况紧急的，应当在 24 小时内作出。"但法院与公安机关的 24 小时接警制度不同，法官只在工作日办公，如申请人在周五提出申请，法官则需要加班加点在周日之前发出保护令，且向相关组织送达，而其他组织除公安机关外双休日均不办公。"72 小时内"的规定并不合理，思虑欠妥，故建议修改为"3 个工作日"更为可行。

2. 统一司法标准

（1）降低保护令实施审查的门槛

对于保护令程序中事实要件与证明标准的掌握，前文已述，不再赘述。

---

〔1〕 参见陈敏："人身安全保护令实施现状、挑战及其解决"，载《预防青少年犯罪研究》2016 年第 3 期。

（2）扩大申请主体的范围

《反家庭暴力法》第23条规定，人身安全保护令的申请主体为"当事人"，此处当事人除家庭成员以外，还应包括共同生活的人。具体言之，除配偶、（孙）子女、（祖）父母外，共同生活的姑舅侄甥，长期以夫妻名义共同生活且生育子女的同居男女双方，均可以申请人身安全保护令。

（3）细化申请材料的要求

人身安全保护裁定的申请，应当以书面形式提出；紧急情况下，可以口头申请。口头申请应当记录在案，并由申请人以签名、摁指印等方式确认。申请人身安全保护令，应当符合如下条件：①申请人是受害人；②有明确的被申请人姓名、通讯住址或单位；③有具体的请求和事实、理由；④有一定证据表明曾遭受家庭暴力或正面临家庭暴力威胁。受害人因客观原因无法自行申请的，由受害人近亲属或其他相关组织、国家机关代为申请。相关组织和国家机关包括受害人所在单位、居（村）委会、庇护所、妇联组织、公安机关或检察机关等。申请人身安全保护令需要提交证明婚姻家庭关系的证据及证明存在家庭暴力危险的证据，后者包括但不限于：伤照、报警证明、证人证言、社会机构的相关记录或证明、加害人保证书、加害人带有威胁内容的手机短信等。未成年子女作为证人提供证言，可不出庭作证，由审判人员单独对该未成年子女进行询问。申请人提供证据证明受侵害事实及伤害后果并指认系被申请人所为的，由被申请人对自己没有实施暴力行为承担举证责任。

（4）以单方询问为原则，分别谈话为例外

根据《批复》规定，至于是否需要就发出人身安全保护令问题听取被申请人的意见，则由承办法官视案件的具体情况决定。离婚诉讼虽然原则上要求离婚双方亲自到庭，但在离婚诉讼过程中申请人身安全保护令的，为了避免受害人再次受到加害人的威胁，人民法院可以应受害人的申请，单独听取其口头陈述意见，并接受其提交的书面意见。单方谈话有利于对受害人的信息保密，利于受害人表达自由意志。在案件审理过程中获取的有关家庭暴力受害方的一切信息，如受害人的行踪及联系方式、住址等应注意保密，以防止加害人继续威胁、恐吓或伤害受害人。本书认为人身安全保护令意在及时有效地保护受害人，使其人身利益不受侵害，通知申请人单方谈话后，若申请人提供的证据足以证明其遭受了家庭暴力或者面临家庭暴力的现实危险，则可先发出人身安全保护令，而无须听取被申请人的意见。如申请人提供的证据不足以让法官认定存在面临家庭暴力的现实危险，但又存在发布人身安全保护令的现实需要，审判组织可另行对被申请人进行谈话，在听取被申请人的意见后，再行作出决定。

（5）复议以开庭为原则

申请人对驳回申请不服或者被申请人对人身安全保护令不服时，可以申请复议。对于当事人提起的复议，调研组认为本着对申请人与被申请人均负责的态度，应当按照开庭程序进行审理。被申请人申请复议应当向发出人身安全保护令的法院作出，被申请人应当亲自出庭，被申请人拒不出庭的，视为被申请人撤回复议。申请人申请的复议，开庭时申请人的代理人可以代为出庭。

（6）审判组织的类型化

根据《批复》第3、4条规定，人民法院可以比照特别程序进行审理。家事纠纷案件中的当事人向人民法院申请人身安全保护令的，由审理该案的审判组织作出是否发出人身安全保护令的裁定；如果人身安全保护令的申请人在接受其申请的人民法院并无正在进行的家事案件诉讼，由法官以独任审理的方式审理。至于是否需要就发出人身安全保护令问题听取被申请人的意见，则由承办法官视案件的具体情况决定。对于需要复议的案件，可以由原审判组织进行复议；人民法院认为必要的，也可以另行指定审判组织进行复议。对于特别程序审判组织的设立，《中华人民共和国民事诉讼法》（以下简称《民事诉讼法》）第178条规定："依照本章程序审理的案件，实行一审终审。选民资格案件或者重大、疑难的案件，由审判员组成合议庭审理；其他案件由审判员一人独任审理。"因申请人身安全保护令的案件仅在于审查是否存在家庭暴力的危险，事实审查较为简单，且保护令的发出贵在速度，故以独任审理为原则。无家事在审诉讼案件的，由一名承办法官独任审查；有家事在审诉讼案件的，由在审审判组织予以审查。对于复议案件，原则上由原审判组织进行复议；如有必要的，亦可另行组成审判组织进行复议，原审判组织为合议庭的，另行组成的审判组织亦应为合议庭。

（7）统一人身保护令裁定书的格式要求

目前从基层法院已发布的人身安全保护令的裁定书来看，格式上并不完全统一，部分法院并未列明申请人提交的证据材料，同时缺少案件事实的描述，法院认定部分未说明理由，因此有必要统一人身安全保护令的格式要求。人身安全保护令应当包括下列内容：一是载明申请人的申请情况，如具体的请求与事实、理由，列明申请人提交的证据材料，申请人未提交相关证据的，应当予以说明；二是载明法院查明的案件事实，即是否存在遭受家庭暴力或可能遭遇现实危险的事实，这一事实由法院根据申请人的陈述及在案证据予以确认；三是在法院认定部分中，明确本案是否符合发出人身安全保护令的条件，并明确表述本案符合的是哪一种情况，是已经遭受还是面临现实危险，不符合发布条件的，需对不发布的原因予以说明；四是在主文部分，应当明确禁止的事项，如禁止殴打、辱骂、恐吓、威胁、诽谤、骚扰、跟踪、接触、责令迁出居所等，上述事项可以单独选取列明，也可以一并禁止；五是违反禁令的法律后果部分，应当依据《反家庭暴力法》明确违反禁令所需承担的法律责任，包括刑事责任，并可列明紧急状态时的联系人与联系方式，或建议及时报警。

3. 加强社会联动

（1）将违反保护令者纳入个人征信体系失信名单

人身安全保护令一经发布，即对被申请人产生约束力，目前对违反人身安全保护令者的惩治措施限于罚款、拘留两项，惩戒方式难免有些单一，可能难以起到预防被申请人再次施暴的理想效果。而违反人身安全保护令本身即是个人信用缺失的表现，个人征信体系的建立需要征信机构依法采集、调查、保存、整理、提供个人的信用信息，并对其资信状况进行评价。故而可加强与社会征信机构、银行金融机构等部门的合作，将违反人身安全保护令者纳入个人征信体系失信名单，最大限度预防被申请人再次施暴。

（2）加强与公安机关的协调配合

根据《反家庭暴力法》的规定，公安机关在家庭暴力行为的预防、干预、处置过程中承担着法定职责。除了这些法定职责以外，我们也建议公安机关能在此过程中做好证据固定工作。申请人、被申请人住所地或经常居住地公安派出所应当在收到民事裁定书后 12 小时内指派社区民警与申请人、被申请人谈话，告知民事裁定书的具体内容和法律责任，同时告知申请人如果发现被申请人有违反民事裁定书情形的，可以及时报警。谈话内容应记录在案，并由申请人、被申请人签名。被申请人拒绝签名的，应记录在案。社区民警与申请人、被申请人谈话时，可以邀请当地妇联组织派员参加，妇联组织应当予以配合。公安机关接到申请人遭受家庭暴力报警求助的，应当及时出警，到达现场的民警应当做好以下处置工作：①制止违反人身安全保护民事裁定书的行为；②组织救治伤员、委托伤情鉴定；③及时登记在场人员姓名、单位、住址和联系方式，询问当事人、现场目击证人；④收集、固定证据；⑤对违反公安行政管理规范或者涉嫌犯罪的行为依法处理。处置结束后，公安机关应当将有关情况及时通报人民法院，以便法院能够更准确地掌握保护令的实际履行情况。此外，公安机关应当将家庭暴力报警纳入110 受理范围，把社区民警干预家庭暴力工作列入警务工作考核内容，以增强对民警的约束。

（3）加强与妇联组织等有关机关、机构的配合

实践中，妇联、社区干部可以担任人民陪审员，参与涉及家庭暴力案件的审判工作。法官与妇联工作人员在特定时间内一起到街、乡和社区联合接待，直接受理家庭暴力投诉，接受

法律咨询。利用法律援助中心、律师事务所和基层法律服务所的资源，形成法律援助服务网络，指导各级妇联配合当地司法部门相应成立法律援助站点，在基层司法所、社区建立法律援助反家庭暴力维权站，开通反家庭暴力热线电话，为贫困家庭暴力受害人提供及时的法律帮助。与民政、公安部门合作在社区建立反家庭暴力基层单位，司法机关可整合律师、社会法律工作者、法官等法律志愿者，为社区市民开展反家庭暴力的法律讲座，利用网络化社会服务管理信息平台，及时通报典型家庭暴力案件，并针对社区中发生的典型家庭暴力案例开展专业服务研讨，交流工作经验，推动零暴力家庭社区的建立。

第三章　实施中的《反家庭暴力法》与女性保护

　　女性是家庭暴力的主要受害群体。近年来，家庭暴力逐渐成为社会热点话题，其严重的危害性也逐渐被社会所认知，反映这一题材的电视剧《不要和陌生人说话》当年的热播正是其体现。2016 年 3 月 1 日《反家庭暴力法》正式实施，我国首次以法律形式明确了家庭暴力的范畴，并建立起了多部门有效合作的干预模式，设立了强制报告、告诫书、人身安全保护令等多重制度，旨在进一步预防和制止家庭暴力，维护女性身心健康与合法权益。随着《反家庭暴力法》的实施，家庭暴力已不再像传统观念那样被认为是"家内私事"，家庭暴力不仅严重危害女性身心健康与人格尊严，也有损健康和谐的现代婚姻家庭关系，危害社会秩序稳定，关系到公民人权保护、家庭关系和谐、男女性别平等和国家文明进步。

　　《反家庭暴力法》的正式实施迄今已经超过 3 年，这段时间中法律的实施情况如何，对于女性权益保护方面发挥了什么样的效果，实践中还有哪些需要解决的问题？这些萦绕在法律人心中的疑问，需要我们以客观的数据收集与资料分析去解决。为此，我们以《反家庭暴力法》在司法实践中的运用为切入点，以婚姻家庭类纠纷案件为对象，从中选取相关案例进行分析，归纳出该类案件的基本特点及相关审理情况，并结合法律规定与婚姻家庭法学、民事诉讼法学等法学理论，就《反家庭暴力法》的实施状况以及实践中存在的问题进行了初步探索。

第一节　《反家庭暴力法》实施前
家庭暴力案的数据分析

本章内的样本选自北京市法院审理的婚姻家庭类案件中涉家庭暴力的案件，以北京市法院系统在《反家庭暴力法》实施之前审理的涉及家庭暴力的婚姻家庭类案件为调查对象，通过搜寻相关判决书全面收集此类案件中涉家庭暴力的相关案件信息。查阅过程如下：在北京市法院裁判文书搜索系统中，选取3个中级人民法院 2014 年度、2015 年度已结案件，二审以判决方式结案的婚姻家庭类案件为样本范围，输入"家庭暴力"作为关键词，搜索出 378 篇民事判决书，后经人工筛选出对本书有参考意义的 196 篇文书。我们试图通过对法院审理涉家庭暴力案件的调查、统计、分析，总结归纳家庭暴力的发生规律、涉家庭暴力案件的特点、案件审理中存在的问题等情况，进而从司法实践的角度提出合理化对策、建议。

一、家庭暴力案分类量化表

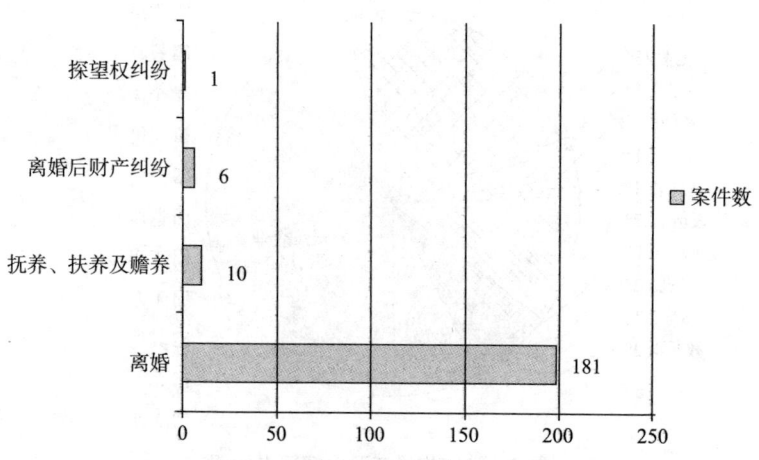

图1 涉家庭暴力的案件类型

说明：该表为按案由统计，因存在同一案件两个案由的情况，故案由总数多于案件总数。

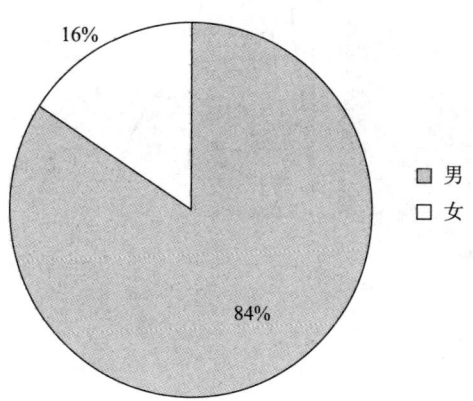

图2 涉嫌施暴者性别占比对比图

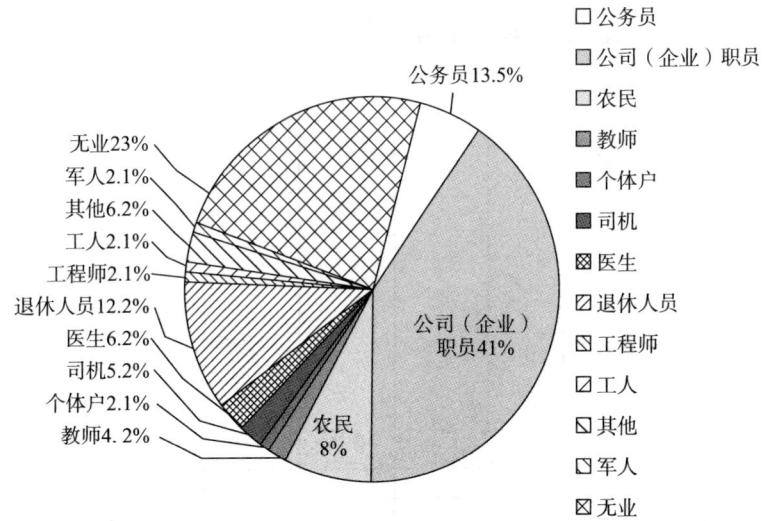

图 3 涉嫌施暴者职业情况占比图

说明：本数据分母为案件总数，因存在相互施暴、多人施暴的情况，故占比总和高于100%。

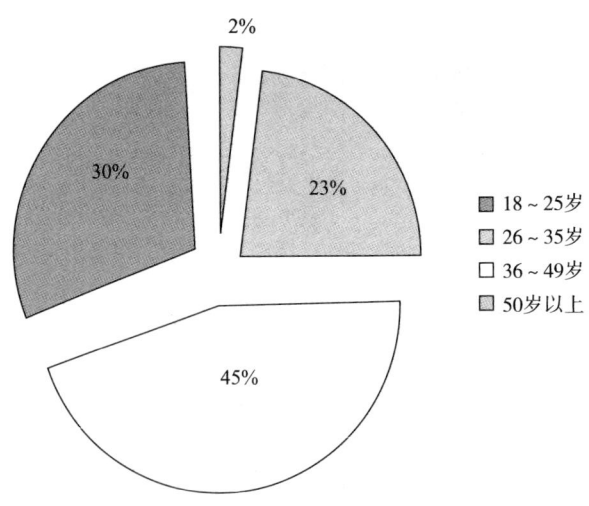

图 4 涉嫌施暴者各年龄段占比图

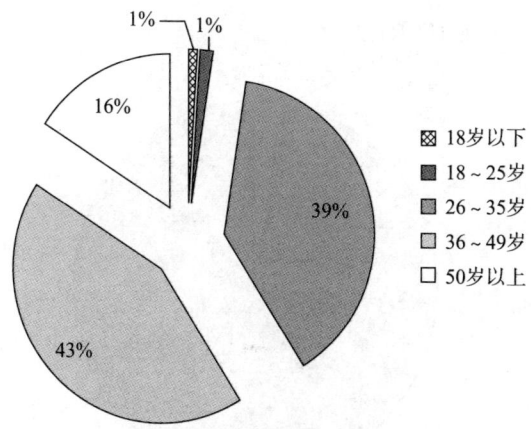

图5　主张受害者各年龄段占比图

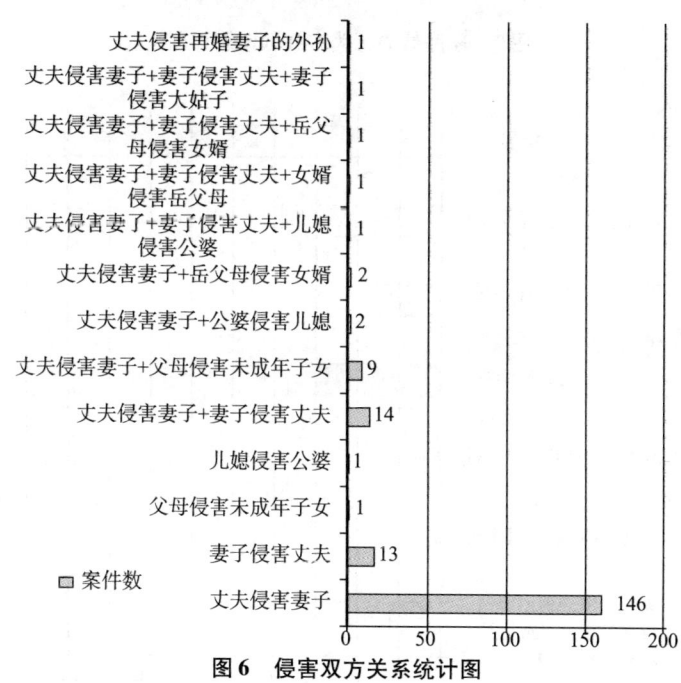

图6　侵害双方关系统计图

（说明：因存在同一案件中家庭成员相互施暴或多重施暴的情形，故该图表统计的总案件数超出案件总数。）

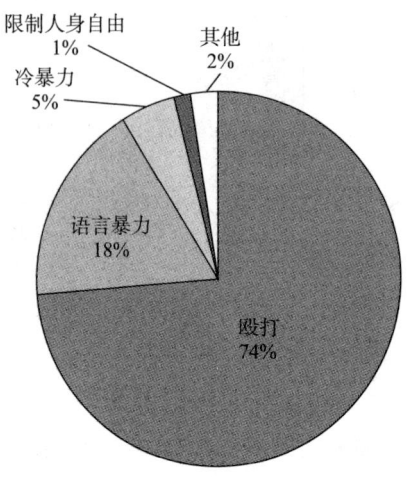

图7 家庭暴力行为方式数据统计图

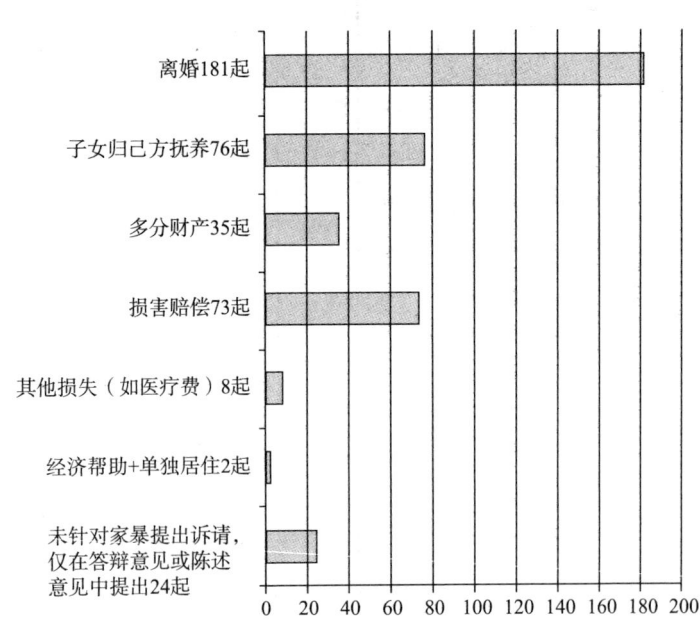

图8 涉家庭暴力离婚案件的诉讼请求统计图

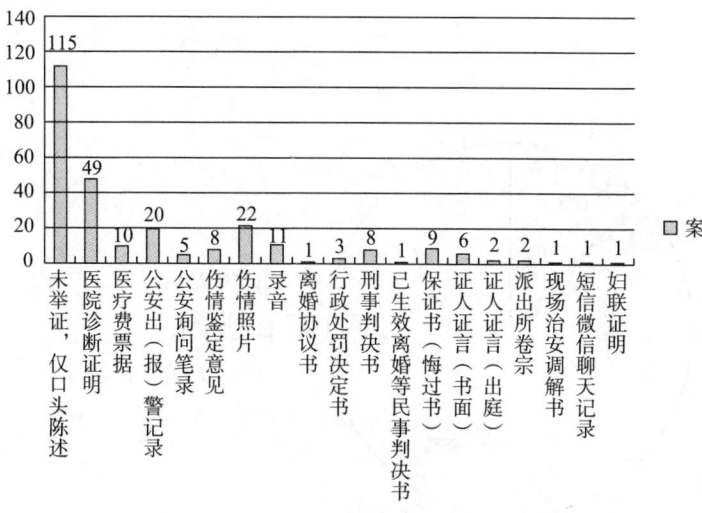

图9 各证据类型统计图

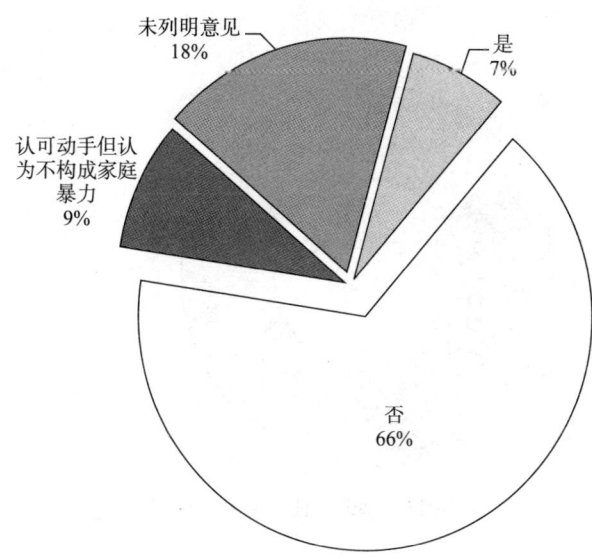

图10 施暴一方是否对家庭暴力自认

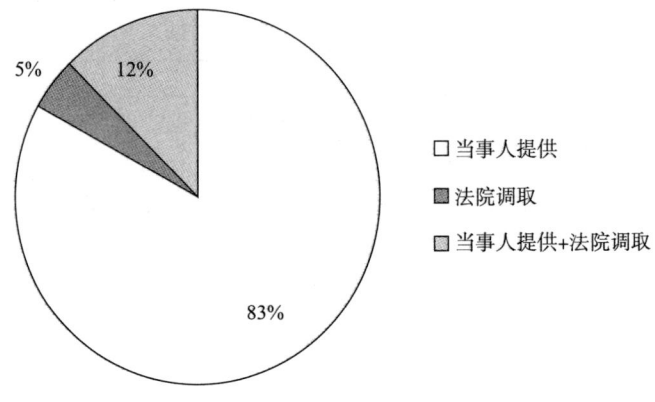

图 11　证据来源

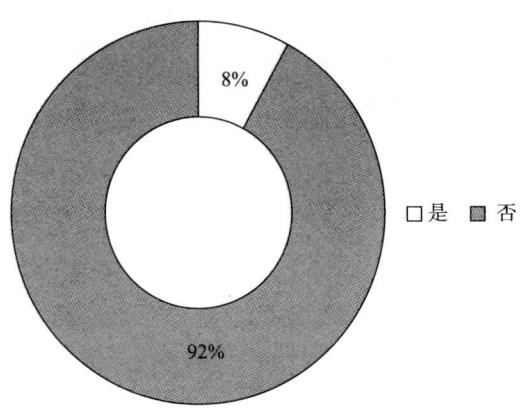

图 12　举证责任是否发生转移

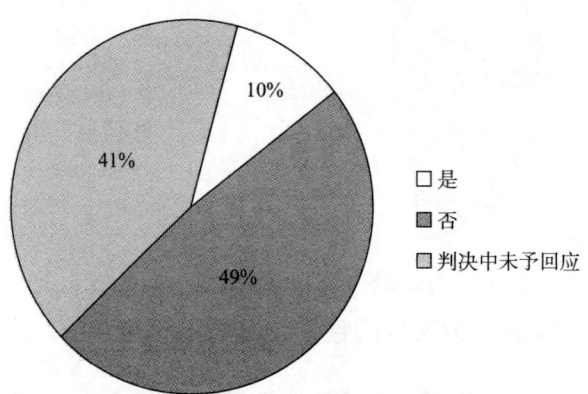

图13 法院是否认定构成家庭暴力

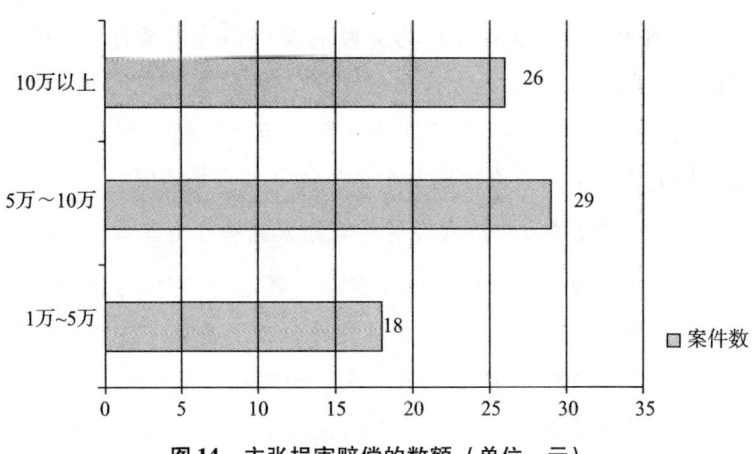

图14 主张损害赔偿的数额（单位：元）

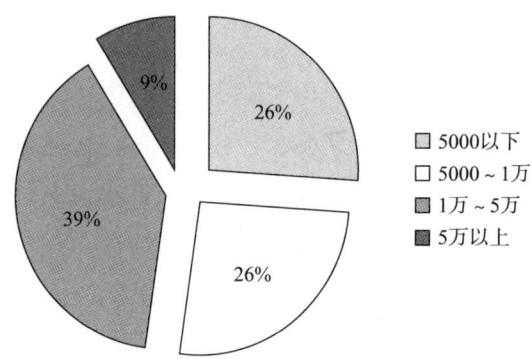

图 15　判决支持损害赔偿的数额（单位：元）

二、家庭暴力案中的性别特征与案件特点

结合本次调研所获取的数据及材料，在《反家庭暴力法》实施之前，涉家庭暴力的婚姻家庭类案件主要呈现以下特点：

（一）女性是家庭暴力的主要受害者

如图所示，施暴者性别为男性的案件占全部案件的 84%；家庭暴力的侵害对象为丈夫对妻子的占到总案件量的 74.5%。而与之相对应的是，丈夫主张妻子对其进行施暴，或者丈夫和妻子同时主张对方存在家庭暴力情形的案件不足两成。

（二）夫妻关系中的女性更易遭到家庭暴力伤害

涉及家庭暴力的婚姻家庭类案件主要集中于离婚纠纷案件，占总案件量的 92.3%，只有少量案件分布于抚养、扶养、赡养纠纷、探望权纠纷等其他案由。这一现象一方面受制于双方长期共居一室的客观因素，另一方面也与双方之间关系亲密而产生"自家事"的错误认识有关。

（三）中青年阶段是家庭暴力侵害的高危期

在家事案件中，家庭暴力的受害者主要是中青年女性，占比占总数的84%，其中26~35岁与36~49岁这两个年龄段的人数最多，分别占总数的39%与43%。我们在统计时设定26岁为起点，主要是考虑接近当前的女性社会平均结婚年龄。[1]这一统计结果的出现，不仅从侧面反映出家庭暴力主要发生在夫妻之间的事实，也反映出中青年女性在受关注、受保护的重视程度上确实不如未成年人与老年人。处于这一年龄段的夫妻正值中年，亦是当家之年，面临"上有老、下有小"的压力，处于事业发展关键期，婚姻生活中的琐碎矛盾，特别是抚养教育子女问题，其容易成为家庭暴力的导火索。

（四）家庭暴力是导致夫妻关系破裂的最常见理由

在我们搜索到的196起涉家庭暴力案件中，离婚纠纷案件为181起，而这些离婚案件中，有170起案件的原告（基本为女性）将对方存在家庭暴力作为主要理由或理由之一提出自己的离婚诉请，还有11起案件中的当事人在答辩中指责对方存在家庭暴力的情形。

（五）暴力伤害是最主要的家庭暴力形式

通过调研发现，案件中家庭暴力的行为方式呈现出多样性，包括殴打、语言暴力（谩骂、恐吓、威胁等）、限制人身自由等，还出现一些比较残忍、极端的手段：如用茶杯砸受害人头部、用刀划受害人脸部、将煤气开到最大并关闭门窗等。其中采取殴打手段施暴的案件，占涉家庭暴力案件总数的74%，是家庭暴力最主要的表现形式。其他也有以侮辱、谩骂等对被害人进行精神折磨，或者对被害人进行跟踪、尾随、骚扰等滋扰

---

〔1〕 参见报道"北京人您达标了吗？2018北京十大平均生活标准出炉！"，载 ht-tp：//www.sohu.com/a/226905217_641159，最后访问时间：2018年11月2日。

其生活安宁、使其感到恐惧等一系列行为。

（六）丈夫的工作情况对家庭暴力行为的发生有一定影响

施暴者的职业这项统计数据反映，公司（企业）职员[1]占所有施暴者职业的比例最高，达41%，原因可归结于在公司（企业）工作的人群通常面临工作不稳定、竞争及业绩考核压力较大、工作时间相对较长等因素，与家庭成员沟通、关怀家庭成员的时间、精力相对较少，对家庭暴力的发生存在一定影响。[2]值得注意的是，本次调研的案件中有26起案件的施暴者为已退休人员，占总数的12.2%，比例较高，原因可能是该类人群从职场回归家庭后，从原工作相关的社交圈中剥离，精神需求增加而难以适应退休后生活，与家庭成员的摩擦增多。

三、《反家庭暴力法》实施前家庭暴力案的特点

家庭暴力行为主要发生在家庭内部，也相应地体现在家事纠纷案件中。虽然女性是家庭暴力行为的主要受害群体，但从《反家庭暴力法》实施之前的司法情况上看，我们对于这一弱势群体的保护力度仍然不足，体现在：

（一）受害者举证困难、证据采信率低

经本次调研发现，案件中主张对方存在家庭暴力的当事人，普遍存在举证困难的问题，在本次调研的涉及家庭暴力的196

---

〔1〕 统计时将在公司（企业）担任有管理职务的人员也包括在公司（企业）职员的范围内。

〔2〕 参见陈苇、段伟伟："法院在防治家庭暴力中的作用实证研究——以重庆市某区人民法院审理涉及家庭暴力案件情况为对象"，载《河北法学》2012 年第 8 期。

起婚姻家庭案件中，未能提交任何证据，仅口头陈述的情况占到总案件数的一半以上，共有115起。在当事人提交了证据或法院调取了证据的91起案件中，仅16起法院对证据予以认定及采信，采信率仅为17.6%。另外通过统计发现，施暴一方对于家庭暴力的自认率较低，仅为7%。

（二）法院对家庭暴力事实的认定率低

在本次调研的涉及家庭暴力的196起婚姻家庭案件中，法院经审理后认定构成家庭暴力情形的案件仅为21起，认定率低至10%，此现象反映出法院对家庭暴力的认定标准较为严苛，部分案件即使法院对当事人提交的证据予以采信，但基于家庭暴力的严重程度不足或频次较少等原因，仍认为其不构成家庭暴力的情形。

（三）家庭暴力认定难

我国《婚姻法》在2001年的修订中明确规定了禁止家庭暴力，最高人民法院对家庭暴力的认定做出了具体的司法解释，将其限定于"伤害后果"。这样的法律规范基础，一定程度上限制了法院对语言暴力的认定。而即使法院认定存在一定的暴力侵害行为，但仍有认为不构成家庭暴力的情况。这导致家庭暴力受害者的合法权益更难以得到充分保护。

（四）家庭暴力的民事法律后果不明确

我国《婚姻法》仅规定构成家庭暴力的，应当判决准予离婚并可判令支付离婚损害赔偿金，但是否影响财产分割比例，是否影响抚养权的归属，法律尚不明确，实践中有一定争议。当然，从客观结果上看，由于受害者多为离婚案件中的女性，而离婚案件应适当照顾女方是有法律依据的，故法院从照顾女方的角度出发，也有倾向于女方的判决结果，但从此次收集的文书内容上看，不能反映出家庭暴力对离婚后果的影响，不能体现施暴者应当承担的法律责任，也就无法发挥司法判决的惩恶扬善的社会功能。

（五）家庭暴力主张的损害赔偿获赔率与赔偿数额低

本次调研的案件中，在离婚案件中以家庭暴力为由主张损害赔偿的案件共有68起，然而最终只有16起案件的损害赔偿诉请得到了法院的判决支持，获赔率仅为23.5%，其中获赔的案件中还包含了施暴方同时存在其他过错的情形。在获得法院支持的案件中，将近91%的案件赔偿数额低于5万元，其中更有52%的案件低于1万元。

第二节　《反家庭暴力法》实施后的数据分析

《反家庭暴力法》正式实施至今已经3年有余，我们不光在审判业务中会接触与运用这一特别法，在日常生活中也能从不同渠道听到这一法律的作用。而《反家庭暴力法》实施的具体情况如何，其作为"裁判规范"，对于家事审判有何影响，作为"行为规范"，对于社会生活有何影响？这些问题，仍然需要我们脚踏实地，从第一手资料中找寻答案。

一、数据选取的范围、标准与目的

我们以"家庭暴力"为关键词，从"中国裁判文书网"上搜索了相关案件，搜索设定以下条件：一是裁判日期为2017年7月1日至2018年6月30日，力求反映最新的情况；二是搜寻的法院限定为中级人民法院，以最大程度地反映法律执行尺度的统一性、普遍性；三是程序限定为二审程序，以求所搜寻到的文书为生效法律文书，文书内容为最终判决结果；四是文书类型限定为判决书，之所以没有以裁定书为对象，是因为考虑到虽然就《反家庭暴力法》对家事审判的影响而言，最主要的是设立了专门的人身保护令程序以及相应的人身保护令这一文书类型（实际为裁定书），但人身保护令程序的审查内容与审理事项、审查标准、裁判方式都有一定的局限性（下文详述），不能反映这一问题的全貌；五是案由设定为民事案由中"婚姻家庭纠纷、财产纠纷"项下的"婚姻家庭纠纷"这一二级案由，以突出家事审判的特色，同时观察家庭暴力在离婚案件、抚养案件等各个案由中的不同表现。

按照这一方式，我们共搜集到涉及家庭暴力的二审判决书294起，占全国各中级人民法院所有"婚姻家庭纠纷"案件二审判决书的2.84%，后者总数为10 355起。这一比例值与我们的日常审判事务中的经验大体接近。经搜索，同期北京市三个中级人民法院的生效二审判决书中，婚姻家庭类案件共计450起，以家庭暴力为关键词，共检索出涉及家庭暴力的案件11起，占比约2.44%。

此次数据调查分析，针对的是《反家庭暴力法》实施之后的案件审理情况，目的即在于通过实证调研，获得以下"新鲜资讯"：一是掌握当下司法实践中《反家庭暴力法》适用的第一手资料，深入了解其在审判中的运用现状；二是通过现状与前文中2014、2015年度的对比，探寻在《反家庭暴力法》适用前后，司法实践中反家庭暴力审判工作的变化，特别是对家庭暴力的认定与实体后果判定方式与尺度的变化；三是希望通过对案件情况的梳理，侧面了解《反家庭暴力法》实施以来对社会生活的影响，如社会公众对《反家庭暴力法》的了解情况，以及该法的实施对于减轻家庭生活中的家庭暴力行为有怎样的积极影响。

二、家庭暴力案分类量化分析

我们从全国各中级人民法院在 2017 年 7 月 1 日至 2018 年 6 月 30 日期间作出的 294 起涉及"家庭暴力"的所有二审终审的"婚姻家庭类纠纷"案件判决书中随机抽取了 140 起，在排除了无法打开的文件以及无实质关联的案件后，对其中的 102 份判决书的相关数据进行了仔细梳理，以下介绍详细的数据统计结果。

1. 案由

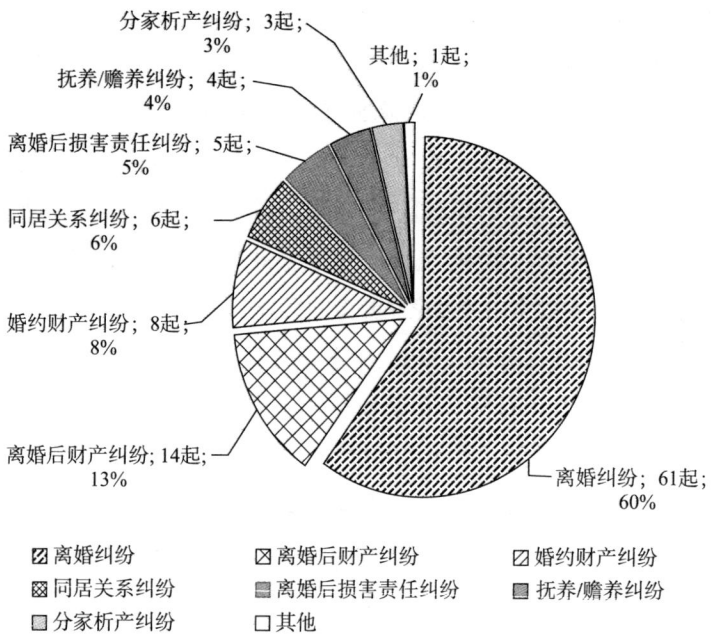

图1 涉及家庭暴力的案件类型数量与比例图

2. 受害者性别对比图

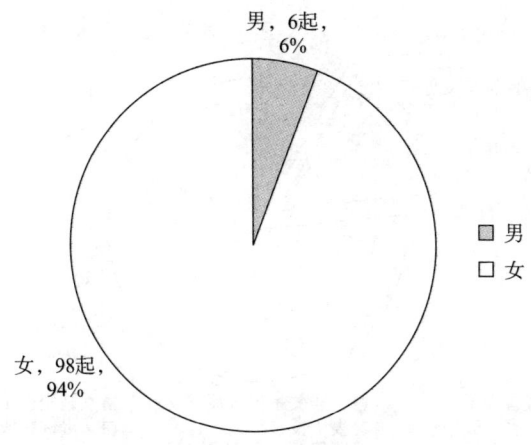

图2 受害者性别数量及比例图

说明：因存在同一案件中家庭成员相互施暴或多重施暴的情形，故统计的受害者总人数超出统计的案件总数。

3. 行为人与受害人之间的关系

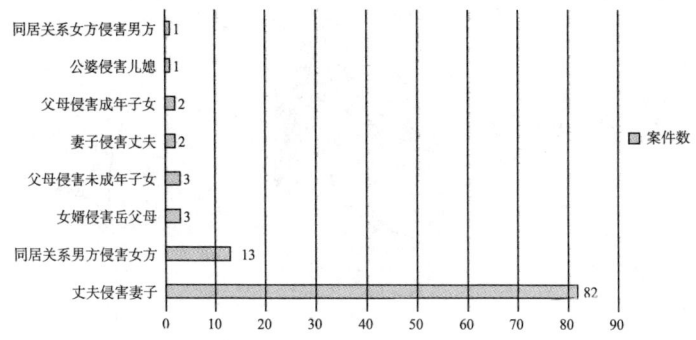

图3.1 侵害双方关系统计数量图

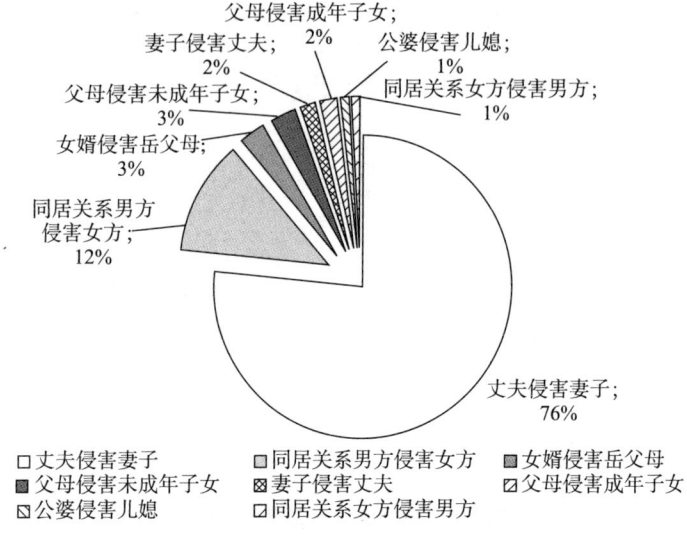

图 3.2 侵害双方关系统计比例图

说明：在个别案件中存在多种侵害关系，故案件总数之和大于 102 起。

4. 家庭暴力方式

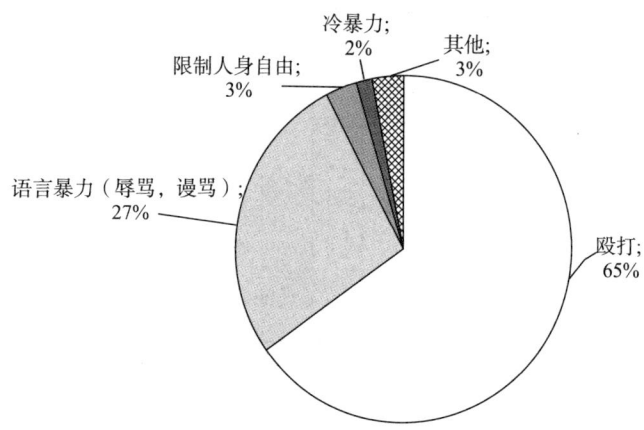

图 4 家暴方式统计图

5. 证据

5.1 证据有无

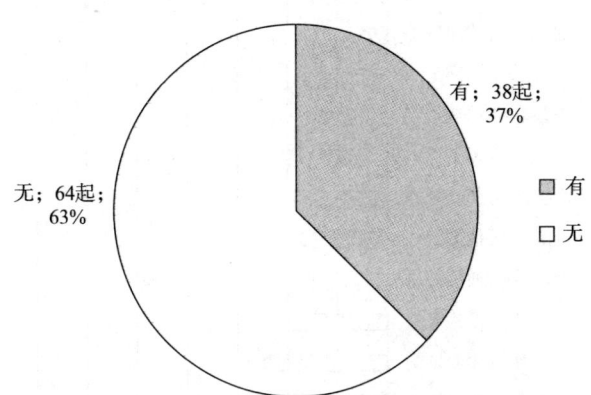

图5.1 除当事人陈述之外证据情况统计图

5.2 证据类型

5.2.1 证据法定类型

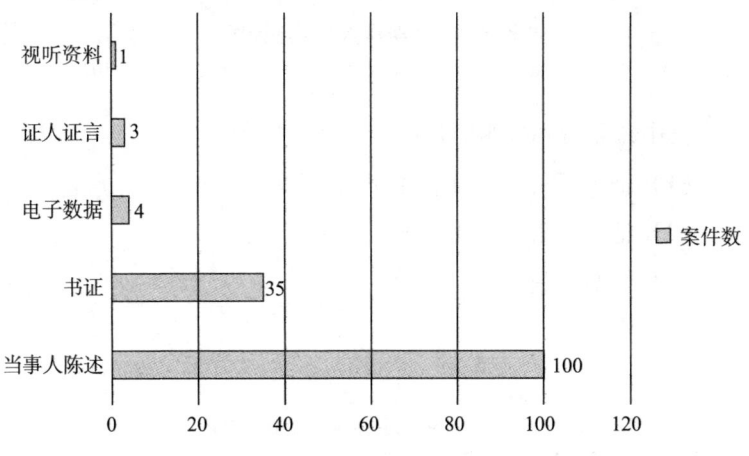

图5.2 法定证据类型统计图

5.2.2 证据具体类型

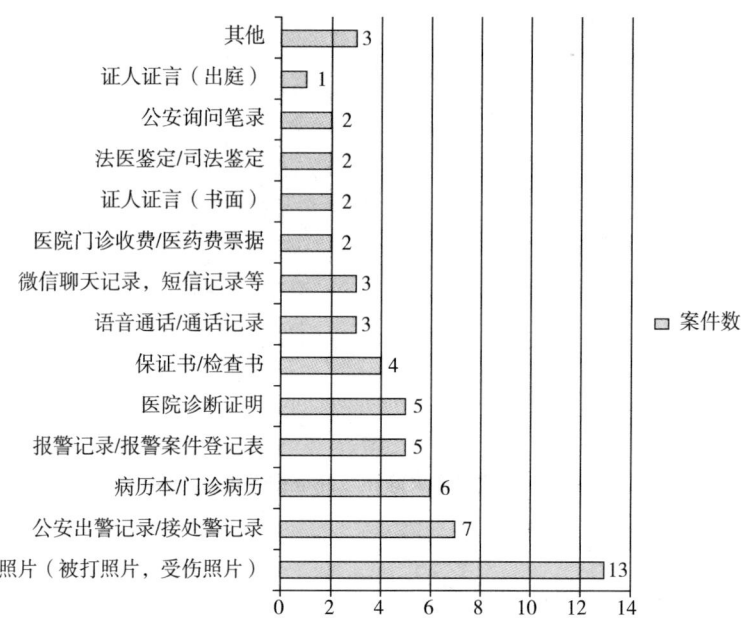

图 5.3 证据具体类型统计图

说明：在一个案件中会出现多种证据类型，故案件总数之和大于102。

其中，需特别说明的是：

（1）证人证言（书面，未出庭）[1]

（2）证人证言（出庭）[2]

（3）视听资料[3]

---

[1] 未出庭2份：①邻居马某有关因为家庭暴力而有警察出警的证言。②邻居签名的证明行为人家庭暴力的证言。

[2] 出庭1份：证人李某出庭作证，证明受害人有伤，且为行为人所伤。

[3] 被上诉人张某（行为人）与张某姊的语音通话记录以证实家庭暴力存在。

（4）其他[1]

5.2.3 行为人是否自认统计图

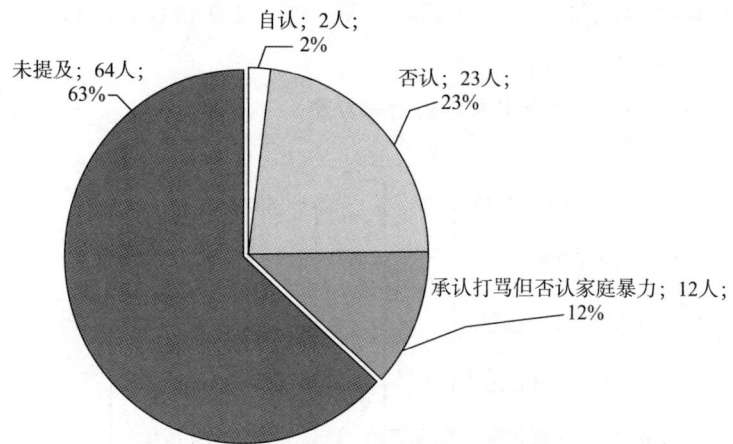

图5.4 行为人是否自认统计图

5.2.4 证据来源

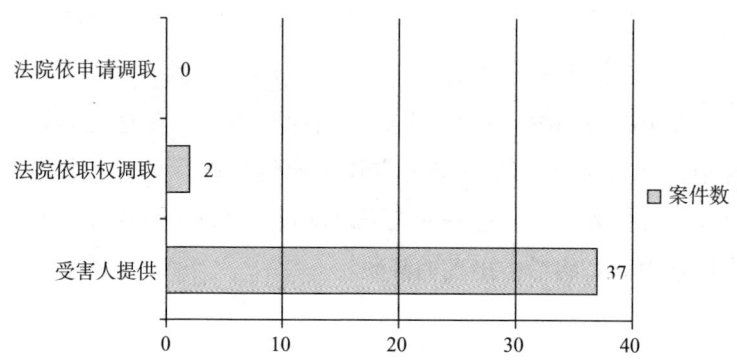

图5.5 除当事人陈述外证据来源情况统计图

---

〔1〕 居委会证明、女儿小学作文中描述、妇联证明。

其中法院依职权调取的证据，有一件为调取了涉案公安卷宗中的询问笔录、鉴定文书和派出所民警的证明，另一件为从一起法院离婚案件卷宗中调取诊断证明、法医伤检临时意见书、照片、收条等证据。

6. 离婚案件受害人诉讼请求分析

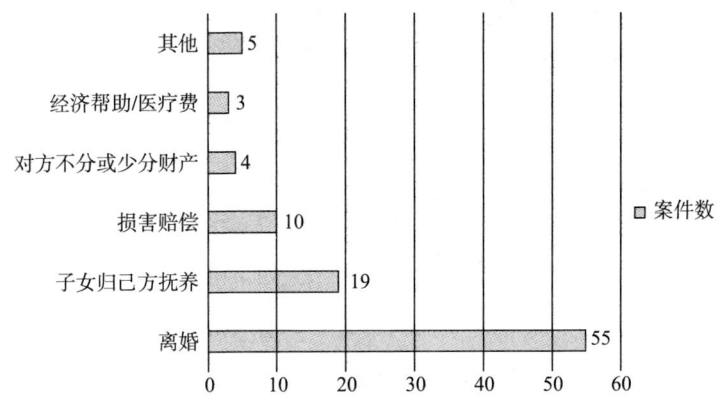

图6　离婚案件中受害方诉讼请求统计图

说明：在一份案件中存在当事人会提出多种诉讼请求的情况，故图中的案件数之和大于61。

在102份判决中共有61起离婚纠纷案件，在这些离婚案件中，有55起案件是由受害方作为原告提起，只有6起案件是受害方作为被告。这一图表可以反映各种诉讼请求在所有涉家庭暴力离婚纠纷中出现的频数。

7. 提出损害赔偿诉讼请求的数额（所有案件中）

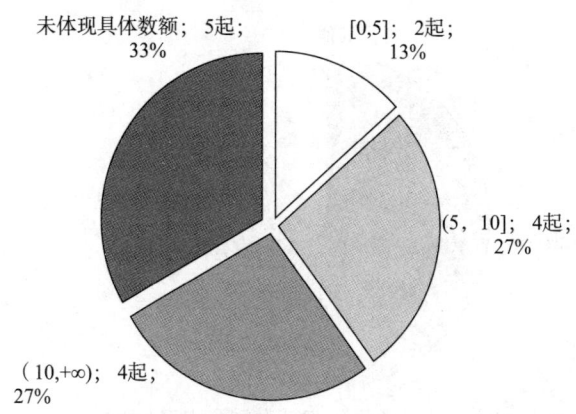

□ [0, 5]　■ (5, 10]　■ （10，+∞)　■ 未体现具体数额

图7　请求损害赔偿数额分布区间统计图（单位：万元)[1]

8. 法院认定为家庭暴力的情况

8.1　所有案件中法院认定为家庭暴力的情况

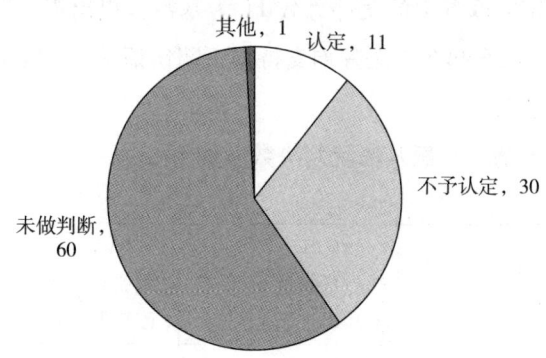

□认定　■不予认定　■未做判断　■其他

图8.1　所有案件纠纷中认定家庭暴力情况统计图

[1]　未体现损害赔偿数额的案件属于该种情形：受害方在一审答辩时或者在二审中作为被上诉人答辩时提出对方有家庭暴力行为，故而主张损害赔偿，但未予明确。

8.2 离婚纠纷案件中法院认定为家庭暴力的情形

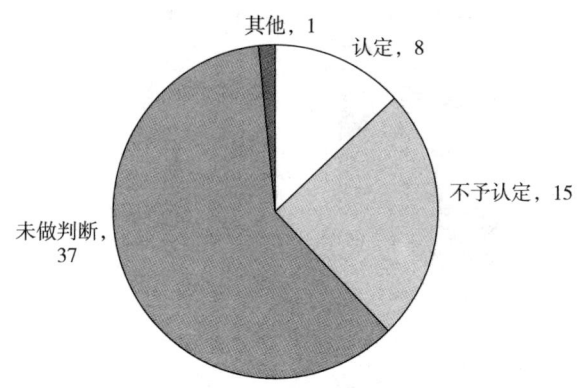

图8.2 离婚纠纷中认定家庭暴力情况统计图

其他：是在案件中原告自述被告有家庭暴力倾向而起诉离婚的案件，非为被告已经实施家庭暴力的案件。

9. 损害赔偿判决支持情况

以认定家庭暴力的案件总数 11 为基数，提出损害赔偿的案件数为 5，该 5 起案件法院均支持损害赔偿请求，但法院酌情认定损害赔偿数额。

当事人请求数额及法院判决数额如下：

当事人请求数额/元	5 万	15 万（包括家庭暴力 & 出轨）	7 万	20 万（家庭暴力 & 致其不孕）	10 万
法院判决数额/元	2 万	2 万	1 万	8000	5000

在所有的损害赔偿案件中，载明身体伤害的案件一共有 4 起。

10. 认定为家庭暴力的离婚纠纷中考虑家庭暴力因素对诉讼请求的支持情况

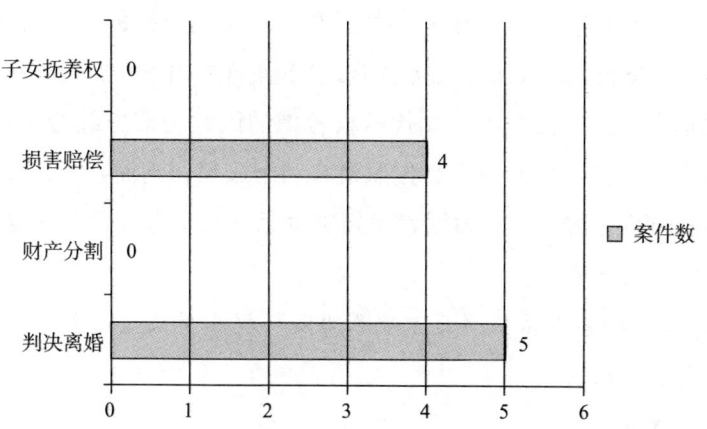

图9 考虑家庭暴力因素而支持的诉讼请求统计图

在离婚纠纷的61起案件中，有8起被认定为家庭暴力的案件，有必要具体介绍以下相关情况：

（1）关于原告身份

在这8起案件中，受害方都是作为原告起诉请求判决准予离婚，且均为女性受害人。

（2）关于离婚请求

法院均判决支持受害人诉求，解除了双方的婚姻关系。

（3）请求损害赔偿的

在8起案件中，请求损害赔偿的案件有3起，该3起案件中法院均考虑家庭暴力因素支持受害人该项诉讼请求。

（4）请求对方不分或少分财产的

在8起案件中，受害方并无直接请求对方少分或者部分不分财产请求，有3起案件中受害人请求法院依法分割财产，法院判决平均分割。

（5）子女抚养

在8起案件中，有3起案件没有子女抚养权的明确诉求，有3起案件请求子女归己方抚养，2起案件提出子女归对方抚养的请求。法院在判决子女抚养权考虑的因素为双方综合条件，孩子（达到年龄）意愿，按照最有利于成长原则而判断，并无直接体现考虑家庭暴力因素而判决由无家庭暴力行为者（受害方）抚养子女。

11. 当事人依据《反家庭暴力法》提出诉讼主张或抗辩的案件数量比例

无。[1]

12. 法院适用《反家庭暴力法》的数量比例

1份。[2]

三、家庭暴力案中的性别特征与特点

通过本次抽样调查，结合上文中所反映的相关数据情况，以及相应判决书中的具体内容，我们认为，此次数据抽样分析反映出当前家事审判中反家庭暴力工作的以下特点，我们对以下内容及意义进行重点解读：

①离婚纠纷、婚约财产纠纷、同居关系纠纷三类案由占到

---

〔1〕 这一数值仅具有相对参考意义，因为判决书中对起诉书或者答辩状中的内容一般会进行一定的概括、简述的处理，所以可能不直接摘抄当事人的法律依据。

〔2〕 该判决适用的是《反家庭暴力法》第2条："本法所称家庭暴力，是指家庭成员之间以殴打、捆绑、残害、限制人身自由以及经常性谩骂、恐吓等方式实施的身体、精神等侵害行为。"

所有案件的74%，其中离婚纠纷更占到60%的高比例，体现出夫妻关系、同居关系（包括婚约关系，因为考虑当前年轻男女生活方式、结婚前后过程以及举办结婚仪式的民间习俗的广泛影响，婚约关系可以认为与同居具有紧密关联性）是家庭暴力施暴者与受害人之间关系的最主要情形。

②受害人为女性的案件比例高达95%，具体案件中丈夫侵害妻子的有82起，同居关系中男方侵害女方的有13起，足以表明对女性给予特殊保护的极端必要性。

③被害人主张的遭受的家庭暴力方式里，殴打是最主要的方式，占到总数的65%。这个统计结果符合我们对家庭暴力的传统认识，也符合一般公众认知。

④当事人陈述多，客观证据少。即案件中普遍存在的证据是受害人自己的主张，在全部案件中占比高达98%，该证据虽然依据我国民事诉讼法的规定属于法定证据类型，即"当事人陈述"，但内容完全在于该当事人的自身认识与主张，主观性太过突出，实践中一般不能单独成为定案的证据材料，而相关案件中物证、书证、视听资料类的更具有"客观性、原生性、稳定性"的证据材料较少，在本次调研中加起来仅占39%。

⑤间接证据多，直接证据少。所谓直接证据，是指与待证的案件主要事实具有直接联系，能够单独、直接证明待证事实的证据，如当事人陈述、在场证人的证言、现场录像等。间接证据，则是指证据内容不完整，与待证事实之间仅具有间接联系，必须与其他证据相配合才能证明待证事实的证据，如伤情照片、诊断结果等。本次调研中，在除了当事人陈述之外存在的不足50个证据材料中，可以作为直接证据的只有出警记录、

证人证言、保证书、公安询问笔录，可能具有符合这一要求的证据内容，总数仅十余起；而仅能证明案件个别事实情况，不能单独证明案件主要事实的有照片、病历本等均属于间接证据，总数逾30起，比例显有不同。

⑥家庭暴力损害后果的证据多，侵害行为的证据少。梳理报告中的证据内容，其中证明损害后果的伤情照片、病历本、门诊记录、医院诊断证明、医疗费票据、鉴定等证据共28件，而有可能证明家庭暴力行为的只有公安出警记录、保证书、证人证言等证据共15件，而公安出警记录内容的实质性目前不甚理想，侵害行为证明难的问题非常明显。

⑦根据图5.4所反映的情况，在对待是否实施了家庭暴力行为的问题上，被害人所指称的"施暴方"明确表达了意见的案件中，直接否认的有23人，承认有家庭暴力行为的仅2人，而承认打骂但否认家庭暴力的足有12人。这一类"施暴者"的存在比例本身就从侧面反映了施暴者对家庭暴力构成及其违法性的个人错误认识问题以及社会公众对家庭暴力的错误认知。

⑧法院调取证据情形较为少见，当事人有一定的取证能力。根据图5.5内容显示，在39起有具体证据材料的案件中，没有当事人申请法院调取证据，而法院依职权调取的证据是公安处理家庭暴力报警的卷宗材料。而对比图5.3的内容可以发现，类似公安出警记录、民警询问笔录等特殊证据也并非必须由法院调取，除了那两起案件之外，其他案件中的材料当事人或其律师就可自行提供，这一点与查询银行账户情况有所不同。

⑨家庭暴力是导致离婚的主要原因。结合统计结果的图1以及图6、图9可以看出，离婚纠纷是出现家庭暴力问题的最常

见案由，而离婚案件中，请求判决离婚的原告中 90.1% 为家庭暴力的受害人，法院认定家庭暴力存在的 8 起案件，均准许了原告的离婚请求。这不仅因为家庭暴力是《婚姻法》明确规定的离婚法定事由，也反映了家庭暴力是夫妻关系破裂的元凶之一。

⑩损害赔偿应包括物质性赔偿与精神性赔偿已达成共识。根据图 7 与图 9 的统计结果，可以看出，当事人的诉讼请求第一多为整数，而非有零有整的累计相加的结果，第二请求数额也明显超出了医疗费用、误工损失等直接损失的正常范围，故其请求不仅包括物质性赔偿，也包括一定的精神损害赔偿，甚至在某些大额的赔偿请求案件中，更是以精神损害赔偿为主。而法院的判决结果也同样体现出以上两个具体特征，多为酌定的整数。

⑪家庭暴力并未被认为是影响财产分割的重要因素。在离婚案件中，尽管有 8 起案件明确认定了家庭暴力，却没有一件案件体现出"照顾无过错方"的原则，并因此而支持了受害人多分财产的请求，对女性当事人的合法权益保护有失周延。

四、《反家庭暴力法》实施前后对比分析

我们大海捞针，再次进行涉家庭暴力案件判决书的抽取与筛选工作的目的也在于，通过前后统计结果的对比，呈现其中的变化，从而对《反家庭暴力法》实施以来对司法实践的影响进行梳理，并反映社会公众以及当事人情况的变化。在此目标的指引下，我们详细对比了前后统计表格，主要发现了以下情况：

①更多的受害人受到了保护。新的调研显示，同居男女之间的家庭暴力行为被纳入反家庭暴力的工作范畴之中，并已经

占到了总数的 14%（包括婚约关系纠纷，原因前文已述）。家庭暴力原本只体现在《婚姻法》之中，以夫妻关系或者其他家庭成员关系为前提。而"家庭关系是指基于婚姻、血缘或法律拟制而形成的一定范围的亲属之间的权利和义务关系，家庭成员是具有血亲或姻亲等关系的人。"[1]但《反家庭暴力法》第 37 条明确规定，"家庭成员以外共同生活的人之间实施的暴力行为，参照本法规定执行。"这一立法内容具有现实的必要性、重要性，也在实践中得到了认可与体现。

②保护范围延展到了精神需求与心理健康保护。《婚姻法解释一》中将家庭暴力限定为"殴打、捆绑、残害、强行限制人身自由"这一类的暴力行为，而《反家庭暴力法》则将"经常性谩骂、恐吓"等精神侵害行为也规定为家庭暴力。在新调研中，家庭暴力方式中语言暴力的已经占到了 27% 的比例，比《反家庭暴力法》实施之前的 17% 上涨 10 个百分点。这也表明了广大受害者，特别是女性受害者对语言暴力侵害的觉醒与反抗，她们在《反家庭暴力法》的影响下，勇敢地拿起法律武器，保护自身心理健康。

③当事人的证据意识并未得到有效改善，受害人证明乏力仍然是案件审判中的显著问题。通过仔细梳理新的调研数据，我们已经得出了家庭暴力的证明存在"三多三少"的特点，如主观证据多、客观证据少等。这些证明上的问题反映出家庭暴力受害人在遭受家庭暴力侵害时并无法律意识及时固定、收集、

---

〔1〕 全国人大常委会法制工作委员会社会法室编：《中华人民共和国反家庭暴力法解读》，中国法制出版社 2016 年版，第 5 页。

保存有效证据，而这也导致后续诉讼中严重影响对家庭暴力受害者给予司法救济的及时性、充分性、准确性。

④家庭暴力的认定率仍然偏低。对比两次调研的数据可以看出，《反家庭暴力法》实施前后，法院认定家庭暴力的比例并无变化，仍然维持在10%左右。这一现象可以解释为是家庭暴力的证明问题未得到有效改善的正常结果，但从《反家庭暴力法》对家庭暴力行为定义的宽泛性及取消对伤害后果的要求上看，这一结果也有一定的"不正常"之处。

⑤公安机关作用显著，反家庭暴力联合行动的效果尚未充分体现。依据《反家庭暴力法》的规定，县级以上人民政府有关部门、公安司法机关、人民团体、妇女联合会、社会组织、乡镇人民政府、街道办事处、居民委员会、村民委员会、企业事业单位工会、社会工作服务机构、共产主义青年团、残疾人联合会、学校、幼儿园等，都具有反家庭暴力的工作职责与内容。从案件中的证据情况看，公安机关仍然是处理此类事务的主力军，其他机关、机构、组织对家庭暴力的处理的作用尚未体现，仅发现一起案件中出现了妇联的证明材料，并未出现大量其他有责机关或部门、组织的原始卷宗材料、公文书证、单位证明等证据。

⑥公安机关反家庭暴力工作的效果对审判有重大影响，也仍有改进的空间。根据我们调研的情况，在这102起案件中，有13起案件出现了公安询问笔录、报警情况，询问笔录具体信息，接处警信息表等相关材料，其中有4起案件法院认定为家庭暴力，作用高于其他证据形式。但实践中也有许多公安机关处理家庭暴力的材料只有报案人述称的内容，或者只有"夫妻

闹矛盾"的粗线条表述，这样的材料对于法院认定家庭暴力没有帮助。

⑦家庭暴力的法律责任尚不足以威慑施暴人。《反家庭暴力法》的出台本身就反映了国家反对家庭暴力行为的立场，但在其条文中并无相应实体责任的规定。司法实践中，虽然《婚姻法》明确规定家庭暴力是离婚损害赔偿的法定事由之一，但实践中相应的赔偿数额却明显偏低，即使在《反家庭暴力法》实施之后亦无有效增长。而在财产分割比例与倾向性方面，家庭暴力施暴者亦未承担不利后果，这与司法解释的规定并不相符。1993 年，最高人民法院颁行的《关于人民法院审理离婚案件处理财产分割问题的若干具体意见》中明确规定，离婚案件对夫妻共同财产的处理，应当坚持男女平等，保护妇女、儿童的合法权益，照顾无过错方，尊重当事人意愿，有利生产、方便生活的原则，合情合理地予以解决。而在《反家庭暴力法》已经实施 3 年有余的情况下，社会公众等对家庭暴力行为过错性的认识仍不到位。

⑧《反家庭暴力法》作为裁判规范的作用并未显现。从新调研的情况看，《反家庭暴力法》并未在相关诉讼中作为当事人的法律依据或法院的裁判规范充分发挥作用，即使考虑判决书对当事人诉求进行概括描述的因素，但在有无作为裁判依据的问题上，根据法院判决书对援引的法律依据应当引用全名的要求，是否正式引入《反家庭暴力法》作为裁判依据，这一点应当是一目了然的。遗憾的是，我们在 102 起案件中只在一个判决书中找到了《反家庭暴力法》的踪迹。我们对这一问题又产生了更多的兴趣。为了防止抽样调查可能存在的片面性，我们

对《反家庭暴力法》在家事案件中的发挥作用的情况进行了简单搜索。我们在中国裁判文书网分别以"《婚姻法》""《反家庭暴力法》""家庭暴力"为关键字对全国各基层法院制作的一审判决书进行了全文搜索，结果发现，在 2017 年 7 月至 2018 年 6 月这一年的时间内，全国各基层法院共审结婚姻家庭类纠纷案件 60 348 起，在这些案件的审理中，涉及《婚姻法》的有 54 333 起，有 9619 起案件涉及家庭暴力，而涉及《反家庭暴力法》的仅 9 起，存在感极低。这可以反映《反家庭暴力法》作为一部"小法"，在司法实践中的地位显然不如《婚姻法》，而在家庭暴力的认定以及法律责任方面，《反家庭暴力法》并未体现出区别于《婚姻法》《婚姻法解释一》之规定的特殊性，这也导致实践中法官无需适用《反家庭暴力法》就可解决问题，也就不会主动援引其作为裁判的依据。

第三节　家庭暴力认定标准的实践与反思

从《反家庭暴力法》基于上述案件基本特点及审理情况的分析，为更好地贯彻实施《反家庭暴力法》关于"预防和制止家庭暴力"的立法目的，解决现有家庭暴力举证难、认定难等问题，我们认为有必要结合相关法律、司法解释规定，对家庭暴力的认定规则以及法律责任的相关处理原则进行梳理归纳，形成明确的司法观点，统一裁判尺度，指导司法实践。

一、有关家庭暴力认定的法律规定

《婚姻法》第 3 条规定，"禁止家庭暴力。禁止家庭成员间的虐待和遗弃"，第 32 条将实施家庭暴力或虐待、遗弃家庭成员作为准予离婚的法定事由之一，并在第 46 条赋予无过错方向家庭暴力实施者主张损害赔偿的权利。

《婚姻法解释一》第 1 条规定，《婚姻法》第 3 条、第 32 条、第 43 条（即对家庭暴力的制止及治安处罚）、第 45 条（即对家庭暴力刑事责任的追究）、第 46 条（即离婚事由及损害赔偿）所称的"家庭暴力"，是指行为人以殴打、捆绑、残害、强行限制人身自由或者其他手段，给其家庭成员的身体、精神等方面造成一定伤害后果的行为。持续性、经常性的家庭暴力，构成虐待。

《反家庭暴力法》第 2 条规定，"本法所称家庭暴力，是指家庭成员之间以殴打、捆绑、残害、限制人身自由以及经常性谩骂、恐吓等方式实施的身体、精神等侵害行为。"第 37 条规定，"家庭成员以外共同生活的人之间实施的暴力行为，参照本法规定执行。"

二、实践中存在的问题

家庭暴力概念宽泛，实践部门对这一问题的理解或多或少存在一定的差异。我国法律、司法解释对家庭暴力的界定存有不同，而除上述法律及司法解释外，对于司法实践具有一定影响力的还有如下规范性司法文件：一是最高人民法院、最高人民检察院、公安部、司法部联合发布的《意见》；二是最高人民法院中国应用法学研究所发布的《指南》。这些法律规范以及司法文件的内容，对于家庭暴力的认定提出了几个方面的要求，实践中也有所反映。具体体现在：

（一）主体对象不统一

《婚姻法》、《婚姻法解释一》及《反家庭暴力法》均将家庭暴力界定为发生在家庭成员之间的暴力行为。《指南》规定，发生在家庭成员之间，主要是夫妻之间。《意见》则规定，发生在家庭成员之间，以及具有监护、扶养、寄养、同居等关系的共同生活人员之间亦可构成家庭暴力。《反家庭暴力法》明确规定家庭成员以外共同生活的人之间实施的暴力行为可参照适用该法。

通过对比两次抽样调查的结果，我们也发现，在《反家庭暴力法》实施之前，由于《婚姻法》等法律规范将家庭暴力限定在家庭成员之间的情况，相应的主要针对家庭暴力刑事犯罪事宜的"意见"并未在家事审判中体现出其扩展受害者主体的作用，相关案件中施暴者与受害者的关系基本为家庭关系；在《反家庭暴力法》实施之后，其扩展保护范围的立法目的得以实现，实践中也出现了同居关系纠纷中对家庭暴力的指控与处理。

（二）行为方式的认定单一化

法律、司法解释及规范性司法文件对于家庭暴力的认定差异主要在于行为方式与强度。由于《婚姻法》中并未对家庭暴力的具体构成要件作出界定，实践中这一问题的认定实际均采用《婚姻法解释一》中的标准，即"殴打、捆绑、残害、强行限制人身自由或者其他手段"，主要针对的是暴力行为。《反家庭暴力法》对此予以扩展，将"经常性谩骂、恐吓等"口头暴力纳入其中。从实践中的情况看，在《反家庭暴力法》实施之后，目前身体伤害仍然是家庭暴力的主要表现形式。

（三）家庭暴力强度界定模糊

《婚姻法解释一》对"家庭暴力"附加了限定条件，即必须造成一定伤害后果。根据《婚姻法解释一》起草人的说明，我国《婚姻法》及《婚姻法解释一》采取较为慎重、稳妥的方法，理由是，家庭暴力会成为判决应当准予离婚的理由和依据，而且涉及请求损害赔偿问题，所以在认定上应该适用相对严格且客观的标准。家庭成员之间偶尔发生的争吵、打骂，不能作为家庭暴力来对待。

《反家庭暴力法》对家庭暴力概念的界定，相对较为宽泛，以列举加概括的方式揭示出，家庭暴力的本质在于对家庭成员实施的身体及精神侵害。值得注意的是，关于殴打、捆绑、残害、限制人身自由等身体侵害行为，《反家庭暴力法》对行为强度、危害后果并无限制性要求，而对谩骂、恐吓等形式的精神侵害，则要求以经常性等方式实施。

但从司法实践中的情况来看，以未产生一定伤害后果为由，未认定家庭暴力的情况仍然有一定的比例。"伤害后果是构成家庭暴力的前提"这一观点仍然存在广泛的影响力，《婚姻法解释一》所产生的拘束力并未随着《反家庭暴力法》的实施而自然消解，司法审判中的惯性依然存在。

三、家庭暴力认定的建议

由于《反家庭暴力法》没有规定是否适用于家事案件，司法实践中仍有依据《婚姻法解释一》认定家庭暴力的情况，运用《反家庭暴力法》审理离婚案件的情况极少。本书认为，《反家庭暴力法》作为调整与处理家庭暴力的专门性立法，其指向的家庭暴力行为与《婚姻法》中规定的家庭暴力并无不同，理应适用在家事案件的审理之中。因此，不管从法律位阶或是施行时间上，都应当优先适用《反家庭暴力法》，而非《婚姻法解释一》，并将该法的规定作为认定家庭暴力的标准。具体而言，应当包括以下内容：

（一）完善家庭暴力的主体构成

《反家庭暴力法》对家庭暴力的界定，是指发生在家庭成员之间的暴力行为，但家庭成员以外的实际共同生活人，可准用该法。从司法实践看，这有助于保护以下特殊人群的合法权益，包括：一是处于婚前同居期间的女性；二是按照农村习俗举办了婚礼但未进行婚姻登记的女性；三是虽然离婚，但双方为"假离婚"，或虽然离婚但由于经济水平等原因仍被迫与男方实际居住在一个屋檐下的女性。另需指出的是，这也有利于保护相关非婚生子女等未成年子女的合法权益。[1]

（二）完善实体审理中家庭暴力的认定标准

我们认为，认定家庭暴力不应沉湎于《婚姻法解释一》要求造成一定伤害后果的传统做法，将造成轻伤、轻微伤或精神抑郁等"伤害后果"作为认定要件。法官应当结合侵害方式、持续时间、反复频次、伤害后果等，考虑被害人的自身感受、意愿，结合加害人与被害人的感情状况，综合审查判断。

法院的认定应当符合社会一般公众的观念，对在一般人看来也属于轻微的家庭纠纷或推搡，或双方偶然的激烈争吵，法院不应认定为构成家庭暴力。

---

[1] 包括非婚生子女的抚养权、抚养费、探视权等问题，如福建省莆田市中级人民法院（2017）闽03民终2450号民事判决书。

（三）区分人身保护令中家庭暴力的认定标准

《反家庭暴力法》首次明确了家庭暴力被害人申请人身保护裁定的权利，申请条件为"家庭暴力或面临家庭暴力的现实危险"。这是法院审查核准受害人的申请，发出人身保护裁定的事实前提。我们认为，只要申请人提供一定证据，证明被申请人实施了殴打、威胁等侵害被害人身体、精神的行为，哪怕仅仅是一次暴力行为，哪怕施暴人仅仅是以口头威胁等方式表明要采取此类行为，也应当认定为符合"人身保护令"中所禁止的家庭暴力的范围。理由有以下三点：

一是该事实为程序法事实，从法理上来讲对事实的要求应低于实体法上的事实。程序法事实，是指影响诉讼进程，影响当事人的诉讼权利或义务，在诉讼程序上具有法律意义的事实。程序法上的事实与实体法上的事实相比，具有突出的特点，如事实争议的阶段性、争议的多发性、连续性、与诉讼法程序要件规定的对应性、程序法上事实法律效力的非终局性等。故其在诉讼中的审查标准也应适当降低。

二是为了凸显《反家庭暴力法》反对家庭暴力、禁止家庭暴力、预防家庭暴力发生的立法目的，也鉴于人身保护裁定的临时性、紧急性、救济性特征，对"家庭暴力"的审理要求应区分于审理实体问题，力求"简易而迅速"[1]。

三是阻断施暴者的恶性循环。社会调查结果表明，现实中，遇到第一次家庭暴力后果断离开施暴人，或寻求帮忙的人非常少。面对暴行，女性平均被虐待 35 次才选择报警，大多数悲

---

[1] 参见姜世明：《举证责任与证明度》，厦门大学出版社 2017 年版，第 161 页。

剧，如女性受家庭暴力致死等，本是可以被避免的、被阻止的，家庭谋杀是一次次"虐待和暴力循环之后的悲剧"。[1]因此，通过宽标准判定人身保护令程序中家庭暴力的认定标准，及时把家庭暴力行为终止在第一次，是这一程序的使命所在。

当然，需要指出的是，申请人身保护令时对家庭暴力的事实认定，并不必然成为此后依据《婚姻法》及其司法解释审理相关离婚案件时对家庭暴力的认定，申请人身安全保护令时的程序法事实认定也不必然产生离婚、损害赔偿等法律后果（后文详述），程序法上的处置不能直接得出实体法处置的相同结论，换言之，制作了人身保护裁定，不代表法院应判决离婚及损害赔偿。对此问题，我们应当有明确的认识和正确的区分。

四、家事案件中"家庭暴力"的证明问题

法谚有云："举证之所在，败诉之所在"。但在婚姻家庭案件中，由于家庭暴力的私密性、隐蔽性，当事人举证往往比较困难，进而导致法院对其认定亦存在较大难度。如何准确分配举证责任，依法解决举证难问题，准确认定案件事实，切实保护受害人的合法权益，是审判工作亟待解决的问题。

（一）"家庭暴力"证明的现状及问题

对涉家庭暴力案件中的证明问题，前文中的两次抽样调查统计都有充分的反映，相关统计结果我们通过图表方式在前文已经进行了详细的介绍。总体而言，在家事案件中，在如何证

---

〔1〕　参见"家暴，正在让家成为最危险的地方"，载 https://mp. weixin. qq. com/s/6GWjzRPmrgjzE7GdQj08kQ，最后访问时间：2018 年 12 月 3 日。

明存在家庭暴力事实的事项上，实践中存在以下问题：一是受害人没有保留相关证据的法律意识，诉讼中仅仅提出存在家庭暴力的事实主张，却有一半左右的案件未提出任何证据；二是当事人提交的证据种类比较集中，受《婚姻法解释一》强调"伤害后果"这一规定的影响，证据材料主要为医院诊断记录、医疗费票据、伤情照片、伤情鉴定意见、报警或出警记录、公安询问笔录等；三是证明对象仍具有滞后性，当前，暴力型的家庭暴力仍然是当事人主张与法院查明的重点内容，同时，有没有造成伤害后果仍是事实争议焦点与证明事项之一，即使其已经不再是法定构成要件；四是证据内容主要集中在伤害后果，对于伤害行为本身，缺乏有效证据，除非有在场证人证言或视频录像，或者施暴者自认，这也反映出家庭暴力的隐蔽性；五是当事人就家庭暴力问题举证的诉讼能力较低，利用法律手段的能力不足，即使在自身难以取得相关证据的情况下，申请法院调取证据的情况极少；六是家庭暴力行为的认定率极低，法院在审查涉及家庭暴力的证据时，采取的是比较严格的证据标准，认定率基本在 10% 以内。

（二）"家庭暴力"证明中的现实问题

1. 立法简略，缺乏可操作性

《反家庭暴力法》第 20 条规定："人民法院审理涉及家庭暴力的案件，可以根据公安机关出警记录、告诫书、伤情鉴定意见等证据，认定家庭暴力事实。"该规定只列举了公安机关出具材料的证明力，对于其他证据的采信并未提及，比如实践中比较多的是当事人去妇联寻求帮助时的记录，以及根据《反家庭暴力法》的规定，相关机关、机构处置家庭暴力行为的记录等。

立法的缺失，给予了法官自由裁量的权利，但同时也使得法官在事实证明过程中无法可依，特别是在举证责任分配方面，更是容易引发争议。

2. 家庭暴力处置行为不规范，难以形成有效证据

当事人仅提交报警记录或报警回执、接处警登记表的，法院一般很难单凭此证据采信其事实主张，因为这只是报案时的自述情况，尚未经调查核实。而民警的出警记录也存在一定的问题，由于部分公安派出所的民警对家庭暴力的认识仍旧不够深刻，思想上仍把家庭暴力归类于家庭成员间的日常矛盾，在接警之后对此类案件没有做认真细致的调查与记录。一些民警出警后只是口头对施暴人予以警告教育，而无书面记录；一些出警记录上对家庭暴力仅做简单的记录，无法展现案发时的基本情况，无实质性调查内容故而无益于案件审理。

3. 当事人举证难

当事人举证困难，是涉家庭暴力案件存在的最突出的问题。分析其原因，除了家庭生活本身的私密性和家庭暴力行为本身的突发性、隐秘性之外，还有两个主要原因：一是当事人收集、保存证据的意识淡薄。受害者，特别是农村女性或长期从事家务活动的女性，缺乏诉讼方面的相关知识，对证据的类型以及证据保留的方式并不十分了解，即使是受到身体伤害也没有及时就医或报警；二是证人不愿出庭作证，因家庭关系的特殊性及家庭暴力的私密性，家庭暴力发生时并不容易被外人所知晓，有些家庭成员与亲友就算知情，在"亲亲得相隐匿""家丑不外扬"的传统思想影响下，也不愿意作证，更希望当事人之间和解。而一些目睹家庭暴力的未成年子女，迫于亲情的压力，一

般也不会到庭作证。

4. 法律设定的证明标准过高

家庭生活具有封闭性、私密性，家庭暴力发生在家庭成员内部之间，使得其证明与普通侵权相比更加困难。实践中，受害人只能提供伤情照片、身体伤痕、医院诊断书、向有关机构的投诉证明等证明自己遭受损害的证据，但对于受伤原因及伤害行为往往只是自述，此种情况下，只要对方当事人矢口否认，法院经过证据审查一般也会以受害人并未完成自己的举证责任、证据不足为由，而由受害人承担举证不能的后果，这显然不利于受害人权益的保护。但我国法律中并未正视这一问题并制定专门的规范，现行证明标准对于家庭暴力的证明而言，显然过高。

（三）改进家庭暴力证明事项的具体措施

要切实保护家庭暴力受害人的合法权益，最直接有效的法律措施就是减轻当事人的证明责任，依法解决其证明难的问题。"民事证明责任的减轻"是对难以证明的事项，采取合理法律技术或替代方法，适当减轻当事人的证明难度，以满足个案的妥当性要求，实现实质正义。[1] 在家庭暴力行为的证明上，我们认为，可以从以下几个方面着手：

1. 加强《反家庭暴力法》与《民事诉讼法》宣传

要通过广泛而深入的《反家庭暴力法》《婚姻法》《民事诉讼法》的宣传，提高整个社会对家庭暴力的认识，提升公民的

---

〔1〕 参见江伟主编：《民事诉讼法学关键问题》，中国人民大学出版社 2010 年版，第 226 页。

人权意识、平等意识、性别意识。家庭暴力的当事人认识到家庭暴力是具有违法性的非"家庭私事",增强家庭暴力证据获取与保留方面的意识与知识技能,以减少司法实践中受害者因证据不足而无法获得救济的情况发生。

通过普法宣传,使所有的受害人都知道应当保存好所有与家庭暴力发生有关的材料,如伤情照片、身体伤痕、日记、证人证言、施暴者书写的保证书、报警记录、社会团体的相关记录或证明、病历、录音录像、短消息、网络聊天记录等材料均是诉讼中重要的证据。

2. 职责部门应制定具体的家庭暴力处置方案,并固定证据

公安机关等相关职能机关、妇联、村(居)委会、社会救助机构等应将家庭暴力行为的预防与处置作为重要工作事项,加强相关工作的规范性、制度性,在处置过程中制定相应的记录归档标准并严格执行。在其工作中应当建立并遵循一套完整的处置流程,其中对于家庭暴力行为的事实过程能有清晰、齐备的记录,包括:对现场的描述、当事人的陈述内容、当事人身体情况、当事人情绪、第三方在场情况、有无凶器等事项。相关有责部门还应协助受害人做好家庭暴力的证据固定与保存工作,如提取证物、委托伤情鉴定、制作询问笔录、现场拍照或摄像等。这些材料应当由相关部门按规定归档保留,以备将来诉讼之需。

3. 举证责任不应倒置

在举证方面,家庭暴力受害者举证难已是学术界和司法界的共识。针对家庭暴力的证明问题,一些学者提出了举证责任倒置的建议,认为由于家庭暴力自身的特点,它应划归特殊的

侵权领域。在是否实施了家庭暴力这一待证事实的认定上，无论是从空间上距离证据的远近，还是收取证据的能力，丈夫都是占有优势[1]，因此应将家庭暴力实行举证责任倒置。

但亦有学者反对上述观点，其认为凡是原告以家庭暴力为由提起的诉讼，法院在未经查明之前就要求被告举证责任倒置，实际上是一种未审先定的违法做法，将原被告双方置于不平等的地位。另外，当事人举证能力不足不能成为豁免其举证责任的理由。举证责任倒置可能被原告利用来谋取不正当利益。[2]

我们认为，在家庭暴力的举证问题上，应由主张受到家庭暴力伤害的一方当事人承担举证责任，证明家庭暴力行为、伤害后果、因果关系等要素，而不宜采用举证责任倒置的方式，理由在于：

首先，举证责任倒置主要出现在特殊侵权行为领域。特殊侵权是指由法律直接规定，在侵权责任的主体、主观构成要件、举证责任的分配等方面不同于一般侵权行为的侵权行为。而从施暴行为的具体构成角度分析，家庭暴力行为应属于一般侵权，而非在主体身份、侵害方式、侵害工具、侵害原因等方面具有独特性的特殊侵权。

其次，举证责任倒置制度一般适用于高风险、高技术领域内发生的民事纠纷，双方当事人举证能力本身不平等，且主要用于过错、因果关系等在科学本质上难以证明的具体事项，而

---

〔1〕 参见雷明光、李莹："论家庭暴力案件中的证据认定"，载《西北民族大学学报（哲学社会科学版）》2005 年第 5 期。

〔2〕 参见林晶、郭丽红："论家庭暴力法律事实的诉讼证明"，载《山西师大学报（社会科学版）》2011 年第 2 期。

家庭暴力案件中加害人与受害人在举证能力上并未存在差距，施暴事实也不属于难以证明的事实。

最后，举证责任倒置不同于一般的举证责任分配，其加重了被告的举证责任，需要有法律的明文规定才可适用，不宜随意扩张。

因而，对家庭暴力事实证明采取举证责任倒置处理的观点，缺乏法理依据与实践基础，不能成立。

4. 法院积极依法调取证据

在家庭暴力行为发生后，受害人寻求所在单位、村（居）委会、司法所或妇联的帮助，或向公安报案的，必然留有相应的受理、调查、处置材料。在受害人申请法院调取证据或法院认为确有必要依职权主动调取证据时，法院应当依法调取相应的调解笔录、报警记录、出警记录等材料，或对相关工作人员、办案民警进行调查、询问，并制作笔录作为证据。2018 年 7 月，最高人民法院发布《关于进一步深化家事审判方式和工作机制改革的意见（试行）》，其中明确提出："切实转变工作方式，强化法官的职权探知、自由裁量和对当事人处分权的适当干预……充分发挥家事调查报告、心理疏导报告及大数据的应用"，并强调了法院应当根据当事人的申请调查相关财产情况。对于家庭暴力问题，法院也应当持同等态度。

5. 充分运用推定制度

法谚有云："推定在有反证前属实"（stabit praesumptio donec probetur in contraium)[1]。在家庭暴力事实的证明过程

---

〔1〕　郑玉波：《法谚（一）》，法律出版社 2007 年版，第 193 页。

中，难点主要在于施暴行为这一要件的证明，因为在家庭范围内实施的此类行为，难以形成录像等影像资料，也很难有现场目击证人，即使有也不愿意出庭作证。因此，对此事实的证明，需通过其他证明方式解决，如推定。推定作为一项重要的证据制度，是指基于法律规定或社会常识与日常经验法则，基于基础事实与推定事实之间存在的关联性，当基础事实得到证明时，法院可以认定推定事实亦存在且真实。《法国民法典》第1349条规定："推定为法律或审判员依已知的事实推论未知的事实所得的结果。"

基础事实与推定事实之间的推定根据主要有二，一是法律规定，二是经验法则，由此也产生了法律推定与事实推定的基本分类，前者是法官依据法律规定做出的假定，如夫妻共同债务、婚生子的推定，后者是法官依据经验法则，通过逻辑推理，从已知事实推定假定事实的存在，如从地面湿润推测下雨。

对于家庭暴力行为的证明，也可以采取推定的方法解决证明难问题。如受害的女性能够证明伤害是在家庭生活过程中遭受的，基于家庭生活的封闭性以及家庭暴力行为的隐蔽性，应当推定是共居的男性实施的家庭暴力行为，而由该同居者承担反证的举证责任，证明伤害行为并非由其实施，不能证明者，应当认定家庭暴力行为的存在，并判定相应的法律责任。当前，这一推定可以作为事实推定，由法官在具体案件中根据个案情况，运用生活经验法则来推定，但我们认为，将来在最高人民法院制定相关司法解释时，可以将其上升为"法律推定"，直接规定此项推定的相关内容，统一司法审判对待此问题的处理方案，间接地改变证明责任承担主体与承担方式，彰显人民法院对家庭暴力的司法态度。

6. 家庭暴力事实证明标准的阶梯化

证明标准，也称为证明度，是衡量诉讼中当事人提供的证据是否符合法律规定的证明要求的具体尺度，解决的是当事人的证明是否达到证明状态的问题。抽象意义上的证明标准不过是一种指导性和导向性的路标，证明标准必须是具体的，而且是外在物化的尺度。[1]就家事案件中证明标准的具体掌握问题，我们认为，应当区分实体问题与程序问题：

（1）实体审理中家庭暴力的认定标准

《最高人民法院关于适用〈中华人民共和国民事诉讼法〉的解释》（以下简称《民诉法解释》）第108条第1款规定："对负有举证证明责任的当事人提供的证据，人民法院经审查并结合相关事实，确信待证事实的存在具有高度可能性的，应当认定该事实存在。"可见，我国民事诉讼法对一般事实采用的是"高度盖然性"的证明标准，这一点与最高人民法院"证据规定"中设定的"证据优势"的标准已经有所改变。当前，我们对实体审理中家庭暴力的认定标准，亦应采用高度盖然性之标准。

（2）程序审理中的证明标准

证明对象，又称待证事实或要证事实，指诉讼中需要运用证据加以证明的争议事实，是证据所指向的内容。从我国法律法规的相关规定出发，通说认可民事诉讼中证明对象的范围应该包括实体法上的事实和程序法上的事实。

前文中，《民诉法解释》中规定的"高度盖然性"应当作

---

〔1〕 参见张卫平："证明标准建构的乌托邦"，载《法学研究》2003年第4期。

为对法官作出实体判决时的要求。程序法上事实应当达到何种证明标准，《民事诉讼法》中并未给予区别对待，也未作出针对性的不同规定，学界和司法实践中亦缺乏研究。

在这方面，国外学者的相关研究成果可以借鉴，当事人对程序法上事实的证明被称为"疏明"，适用较低的证明标准。日本学者认为，疏明是诉讼程序进行时用于比较轻微事项的一种简易证明方法，只限于诉讼法有规定的情况。[1]德国学者认为，提出证据使法院得生薄弱之心证，认为普通经验上大概如此之行为，谓之释明（疏明）。[2]我国学者在研究起诉证据的证明标准问题时也指出，起诉证据不同于定案证据，具有阶段性、程序性的特点[3]；法院对其审查必须严守形式审查、程序审查、适度审查的原则[4]。因此，对此程序法上事实应当采用不同于实体法上事实之证明标准的较低的标准，既是证据制度自身发展运作规律的要求，是设计科学合理的证据法的要求，也是民事诉讼程序阶段正常运作发展的要求。

以人身保护令申请的审查为例：法院除了在保护令审查中对家庭暴力的事实构成要件方面有所区分，注意《反家庭暴力法》对"现实危险"的规定之外，对于证明标准也应当适当降低，可以考虑用"有理由相信"来概括，理由在于：首先，保护令具有紧迫性，证明标准过高，对申请人要求过严则无法有

---

〔1〕 参见［日］中村英朗著，陈刚、林剑锋、郭美松译：《新民事诉讼法讲义》，法律出版社 2001 年版，第 198 页。

〔2〕 参见黄栋培：《民事诉讼法释论》，五南图书出版公司 1982 年版，第 465 页。

〔3〕 参见胡文伟："浅析起诉证据"，载《人民司法》1998 年第 2 期。

〔4〕 参见胡亚球："论民事起诉证据"，载《法学》1998 年第 11 期。

效、及时地保护受害人或潜在的受害人，如果要求与实体判决相同的证明标准，将导致法院在庭审未结束前无法准确认定事实，也就无法发出保护令；其次，保护令发放事由的或然性，《反家庭暴力法》对此的规定为"遭受家庭暴力或面临家庭暴力的现实危险"，从其文字表述本身即可推导出其对盖然性的宽松态度；再次，保护令程序的非终局性，与实体法上事实的终局性不同，保护令程序仅仅是审判过程中处理的阶段性事项，裁定书也不属于具有既判力的法律文书，故无需适用相同标准；最后，诉讼程序自身的渐进性，保护令申请作为审判中的"中间裁决事项"，如果在此过程中就必须明确认定家庭暴力行为的存在，而不待庭审结束，则难免给当事人及社会公众以"未审先定"的不良印象。

第四节　家庭暴力的法律后果

在家事案件的审理中，一旦法院认定构成家庭暴力，即会涉及相关法律责任的问题，包括是否准予离婚、财产分割、损害赔偿、子女抚养及探望。但纵观《反家庭暴力法》全文，并未明文规定该法是否可以适用于家事案件的实体审理之中，也没有具体规定家庭暴力在婚姻家庭关系上的影响或离婚时的法律责任，由此导致社会公众严重低估、甚至忽视了这一法律的重要性。

因此，明确《反家庭暴力法》的法律效果、结合《婚姻法》的规定，落实家庭暴力的法律后果或直接责任，明确施暴方承担法律后果的事实基础与具体责任方式与范围，既有利于受害方增强维权意识、维权信心、增加维权渠道与方式，也有助于警告和震慑施暴方或潜在的施暴方。

需要注意的是，家庭暴力行为的构成与认定，与确定家庭暴力行为的法律后果，应当是既关联又有所区分的两个事项。我们认为，对于什么是家庭暴力，《反家庭暴力法》已经给出了明确的答案，并明确了彻底禁止家庭暴力行为的立法宗旨。因此，在审判工作中也应当贯彻这一立法宗旨与理念，对家庭暴力行为"零容忍"，对一丝一毫的伤害行为都应当认定为家庭暴力，对此类行为给予否定评价。但在认定家庭暴力行为的法律后果时，应当坚持适应性、阶段化的处理原则，结合个案中实施家庭暴力的手段、频次、严重程度等情节及损害结果等，对是否应当判决施暴一方承担相应法律责任进行综合考量。

一、因家庭暴力导致感情破裂的，准予离婚

根据《婚姻法》第32条的规定，实施家庭暴力是法定的离婚事由。夫妻一方以对方实施家庭暴力为由提起离婚诉讼，法院在案件审理中如认定家庭暴力情形确实存在，即使对方不同意离婚，法院应当判决准予离婚。但须注意的是，由于《婚姻法》与《反家庭暴力法》的立法目的与主旨的差异，《反家庭暴力法》对于家庭暴力的认定较为宽松，但离婚案件中适用《婚姻法》上这一离婚事由时，仍应当符合《婚姻法》第32条规定的"感情确已破裂"的要求。

二、离婚财产分割中照顾无过错方

对于家庭暴力是否影响财产分割比例的问题，《反家庭暴力法》与《婚姻法》均无具体的规定。但根据我国《婚姻法》及司法解释中规定的照顾无过错方以及照顾妇女儿童的原则，在

认定构成家庭暴力的离婚案件中，分割财产时应对作为无过错方的受害方进行适当照顾，予以多分，理由有二：一是体现出家庭暴力行为应当承担的法律责任，自不待言；二是对于弱势群体的特殊保护，根据前文调研结果显示，家庭暴力的受害方主要为婚姻关系中的妻子，施暴者主要是婚姻关系中的丈夫。女性在相夫教子的家务劳动中投入了大量时间和精力，这在很大程度上导致其工作能力和学习能力的弱化或丧失，限制了她在社会上的发展，一旦离婚容易导致其离婚后的贫困化。

因此，法院在离婚案件中分割夫妻财产时，应考虑作为家庭暴力受害者的主体特殊性，结合家庭暴力受害者与普通离婚案件当事人相比可能面临的特殊困难，法院应结合实施家庭暴力的手段、频次等情节及损害结果的严重程度，在离婚财产分割的处理中予以补偿性的考虑。[1]

三、充分赔偿受害人的物质与精神损失

离婚案件中遭受家庭暴力的一方当事人遭受的人身权益的

---

〔1〕 参见最高人民法院中国应用法学研究所编：《涉及家庭暴力婚姻案件审理指南》第 58 条。《指南》第 55～57 条列出了在涉及家庭暴力的离婚案件中分割财产时受害人应当考虑的情形：①在加害人自认或法院认定的家庭暴力案件中，受害人需要治疗的、因家庭暴力失去工作或者影响正常工作的，以及在财产利益方面受到不利影响的，在财产分割时应得到适当照顾。②受害人向加害人提供接受高等教育的机会和资金支持，或支持加害人开拓事业而牺牲自己利益的，无论当初自愿与否，如果这种牺牲可能导致受害人离婚后生活和工作能力下降、收入减少、生活条件降低的，在财产分割时应当获得适当照顾。③在家务劳动、抚育子女、照料老人等方面付出较多的当事人，在财产分割时可以适当予以照顾或补偿。至于适当照顾的份额，目前无明确的法律规定，实践中做法亦不统一。本书认为，在案件审理中同时可参考《指南》第 58 条的规定进行处理，受害人分割共有财产的份额一般不低于 70%；针对加害人隐藏或转移财产的情况，分割夫妻共同财产时，受害方的份额一般不低于 80%。

损害，根据《婚姻法》第 46 条的规定，可以要求对方承担赔偿责任，而根据《婚姻法解释一》第 28 条规定，此赔偿应包括物质损害赔偿和精神损害赔偿。此项内容应当在判决书主文中单独列项予以明确，以区分于共同财产分割等事项，便于执行中分项统筹处理。

因人身损害所造成的物质损失，包括因治疗身体伤害所支出的医疗费、营养费、误工费、交通费等，主要是治疗费用。当然，因家庭暴力而遭受的物质损害，与因一般侵权行为而遭受的物质损害区别不大，法院在离婚案件中参照一般侵权行为的法律规定进行处理即可。

就精神损害赔偿问题，法官应当结合案件中施暴一方的暴力情节恶劣程度、暴力频率以及受害一方的受损害程度等情节，对赔偿数额酌情判定。从数据上反映，受害一方主张的赔偿数额一般仅能得到法院的部分支持，且支持的比例较低。实践对离婚案件损害赔偿数额的认定标准普遍较低，这一做法不利于遏制家庭暴力行为的发生，应予适当提高，以体现司法在防治家庭暴力行为中的社会调节功能。

另外，至于婚内损害赔偿能否单独起诉而不以离婚为前提的问题，也就是司法实践中出现的婚姻存续期间，夫妻一方不起诉离婚，而单纯因家庭暴力行为向另一方主张损害赔偿的情形如何处理的问题。对于这种诉请法院是否应当支持，北京高院民一庭此前发布的《北京市高级人民法院民一庭关于审理婚姻纠纷案件若干疑难问题的参考意见》第 46 条明确受害人可以依据侵权责任法请求赔偿，且该赔偿不影响其在离婚时提出离婚损害赔偿的请求。这一规定具有合理性，婚姻关系不是排除侵权关系或者在侵权行为构成方面具有特殊要求或特殊法律要件的原因，在婚姻关系中遭受暴力行为，与在日常生活中遭到的其他侵害人身权行为一样，会造成身体权、健康权的人身损害，故受害一方理应有权依据《侵权责任法》等的有关规定，向侵权一方，也就是实施家庭暴力一方，主张人身损害赔偿。同时，上述情形之下主张人身损害赔偿，应区别于离婚诉讼中依据《婚姻法》所主张的损害赔偿，后者不仅法律依据不同，而且侵害的客体也有所不同，前者为身体权，后者为身份权。

对于上述诉讼如何执行的问题，我们认为，判决内容的可执行性是作出判决时所应当考虑的，但这一考虑应当针对此类事项的一般状况，而非具体案件中某一当事人的具体情况。依据《婚姻法》的规定，结婚并不导致男或女个体民事主体资格的丧失，夫妻双方依据《婚姻法》仍拥有其个人财产，故婚内的财产损害赔偿判决原则上是可执行的。在执行中，应执行侵害一方的个人财产赔偿给受害方，如经执行庭审查，认定其确实不具有个人财产的，可暂不予执行，但这不应影响法院对施暴方做出否定性的评价，不应由此而拒绝在裁判文书中确定损害赔偿的法律责任。

四、子女一般不宜由施暴人直接抚养

"儿童最佳利益"原则始终是确定抚养权归属的基本原则。考虑到施暴人可能存在的不良习气与暴躁性格，考虑到未成年子女可能因此而受到的不良影响，特别是家庭暴力行为的"习得性"特点[1]，在人民法院认定家庭暴力存在的案件中，未成年子女原则上不宜由施暴方直接抚养，最高人民法院在 2016 年《第八次全国民商事审判工作会议纪要》中亦明确了这一原则。

当然，将未成年子女判归受害方抚养只是一般原则，如受害方本身具有不利于子女成长的因素存在，则应考虑将子女判归另一方抚养，如受害人自身没有基本的生活来源保障，或者患有不适合直接抚养子女的疾病的情况等。

另外需特别指出的是，对于未成年子女的个人意见也应当辩证来看，不能把未成年子女个人意见作为裁判依据（"跟着走"），只能作为参考因素，原因在于：其一，未成年人属于限制行为能力的人，其认知水平的发展还不成熟，不能正确判断什么对自己最有利；其二，未成年子女害怕、怨恨但同时又依恋施暴人，需要施暴人的关爱，因此存在较强的感情依恋。这种依恋之所以产生，是因为受害人的人身安全取决于施暴人的好恶，子女长久以往而形成不违背施暴人的意愿，符合其最大利益的心理，这被心理学家称为"斯德哥尔摩综合症"，或者"心理创伤导致的感情纽带"[2]；其三，强者（权威）崇拜。人类对强者或权威的崇拜，使尚不能明辨是非的未成年人可能对家庭中的强者（施暴人）怀有崇拜的心理，误认为自己与受害人一起生活没有安全感，因而选择与施暴人一起生活。

---

〔1〕 指通过某种长期的学习或经历而形成的，会给以后行为带来消极影响的特殊心理状态。

〔2〕 参见最高人民法院中国应用法学研究所编：《涉及家庭暴力婚姻案件审理指南》，载 https://www.docin.com/p－1008447023.html，最后访问时间：2018 年 2 月 16 日。

五、特定情况下中止探望

作为离婚后未直接抚养子女的一方，有权利也有义务对子女进行探望。从法律原则上讲，探望权对于父母与子女均为法定权利，也是亲情所系，不能轻易否定，家庭暴力行为并非限制施暴人依法行使子女探望权的法定理由。但为了避免未成年子女成为施暴人继续控制受害人的工具，最大限度保护未成年子女的利益，法院应在探视的方式、时间和具体地点、交接办法等方面做出合理安排。

基于保护未成年子女利益的原则，探望不利于子女身心健康的，《婚姻法》第38条也做出了有关探望权中止的规定。一方存在家庭暴力而请求探望的情形如何处理，目前法律及司法解释并未对此进行明确规定，法院在审理案件中应优先考虑未成年子女的利益保护，综合案件情况做出处理。

在特殊情形下，法院可以驳回施暴人的探望请求，包括：其一，婚姻关系中家庭暴力情节严重，如确实存在手段凶残或持续多发等情形；其二，未成年子女，目睹或知晓此类家庭暴力，且已产生严重的恐惧或心理创伤；其三，未成年子女即为受害人，如允许施暴一方探视子女，会对未成年子女的身心健康造成不利影响。驳回之后，施暴方确有悔改表现并再次请求探望，未成年子女也同意的，法院可以准许。

另外，对于是否适宜探望有争议或难以判断的，可以借助委托社会机构，或引入家事调查官，对未成年子女的心理、行为进行评估，作为是否判决准许施暴一方行使探视权的参考。

第四章　适用瓶颈："以暴制暴"案中的女性司法救济

　　家庭暴力一直以来影响着家庭关系的稳定与和谐，并且对于社会关系的稳定也产生了一定的负面影响。虽然我国在 2016 年出台了《反家庭暴力法》，但是家庭暴力行为并没有因此而有所消减，反而在某种程度上，随着自媒体的发展，家庭暴力行为的报道也在逐渐增多。面临着种种暴力的危险，家庭中的女性往往处于一种弱势地位，而没有太好的救济手段，即便是法律已经在规范层面创设了相关的救济，如人身安全保护令制度等，但是实际中这些制度并没有得到广泛的应用。反而基于家庭的维持，以及其他种种的社会原因，在家庭暴力之后，多数女性往往会选择妥协与容忍，而这一行为更加加强了男性的暴力行径，并可能在下一次的暴力行为中表现得更加恶劣。因此，在这样的背景之下，深知自己在家庭暴力中无还手之力的女性，唯有在暴力行为结束之后寻找时机来捍卫自己的生命健康，而这一类案件就是本章所指的家庭暴力行为下的"以暴制暴"案件。本章通过对"以暴制暴"行为的分析,以"以暴制暴"案件中女性的司法保护为核心展开论述,试图构建一套对受害女性提供保护的社会机制。

第一节 "以暴制暴"行为的定性及其理论争议

在讨论"以暴制暴"行为的性质之前,我们首先来比较以下国内外对这一行为的不同司法态度,从国内外的案例比较中我们便可发现"以暴制暴"行为的定性争议为何。

最早出现"受虐妇女综合症"作为专家证人证据使用的司法实践是在加拿大,随后这一做法得到了其他国家的学习和借鉴。我国引用这一理论的司法案例是发生在 2003 年的河北刘栓霞故意杀人案中。

该案的主要案情如下:

经媒人撮合在一起的刘栓霞和其丈夫张军水婚后生活还算平静,但是当张军水生意失败后,其性情大变,经常对刘栓霞进行打骂。张军水不但对暴打妻子的行为毫无忏悔之意,还每天游手好闲,只知道喝酒、下棋、看闲书,父亲劝阻,他竟然连父亲也打。面临如此惨状,刘栓霞受虐期间,她想打电话报警,向警方寻求帮助,但结果证明这只能解决一时的问题,而且会招致张军水变本加厉的报复。家人都劝她跟张军水离婚,她又何尝不想,但只要她跟张军水提离婚的事,就会招致张军水的暴打,张军水还扬言,她如果胆敢离婚,就要杀她全家,这让刘栓霞极度恐惧。多年的折磨使刘栓霞对张军水完全失去信心,有的只是对张军水的恐惧及无可奈何。2003 年 1 月的一天，张军水在被债主讨债之后，将所有的怒气发到刘栓霞身上，甚至还用斧头乱砍刘栓霞，在邻居的劝阻之下，刘栓霞保住了自己的性命。面临如此绝境，走投无路的刘栓霞用自己买的毒鼠强将丈夫毒害，而见到中毒的丈夫痛苦的样子，刘栓霞还是求救了医院，但是已经来不及，张军水最后还是死亡了。

此案发生后，反响极大，社会各界纷纷对此发表评论，此时，家庭暴力现象得到广泛关注，社会各界均认为预防及有效遏制家庭暴力的发生已经迫在眉睫。全国法学界、医学界、心理学界等都建议我国应更加重视家庭暴力的问题，同时也涉及对"受虐妇女综合症"的讨论。案件侦查阶段，宁晋县公安机关到东马庄调查，村民纷纷对张军水进行谴责，并且都对刘栓霞的遭遇表示深深的同情。他们向办案人员求情，希望能对刘栓霞从轻处理。2003年7月10日，经上级检察院批准，宁晋县人民法院开庭审理此案，认为刘栓霞犯罪动机的形成是长期遭受被害人的暴力所致，其犯罪的主观恶性和社会危害性不大，遂最终以故意杀人罪判处刘栓霞有期徒刑12年。

在刘栓霞杀夫这一案例中，可以发现法院对于行为的定性是一种故意犯罪（即故意杀人罪），虽然其中对于受到家庭暴力等因素予以了考虑，但是在定罪层面并没有实质性的改变。这是2003年的司法实践，但是在近几年涉及因为家庭暴力而杀害丈夫的司法实践中，基本上所有的案例中对于受虐女性的行为都是以故意犯罪定性，而只是在量刑情节上对受虐情节、主观恶性等予以考虑，并没有实质性的突破。这不禁让人思考，受虐妇女的行为真的是简单、清楚的故意犯罪？她们长期的心理恐惧、压抑状态难道仅仅是在量刑情节上予以简单考虑而不是从定罪角度进行衡量?最为关键的是,她们在面对家庭暴力时的"以暴制暴"行为究竟该如何定性?是故意犯罪还是正当防卫?

从我国当前的司法实践来看,对于在家庭暴力案中受虐妇女的"以暴制暴"行为,均以故意犯罪认定,其受到的家庭暴力只是作为一种量刑情节考虑,这一做法真的合理吗?这不禁让人思考当前刑法的犯罪理论,尤其是对于正当防卫的思考。从保护受虐妇女这一角度出发,对于"以暴制暴"行为的定性是十分必要的,同时,中外司法实践的差异更值得我们去探究在家庭暴力案中如何保护"以暴制暴"的女性,怎样去做才能够更加彰显法律的正义与社会的公正。

虽然在我国司法实践上,对于"以暴制暴"行为,定性为故意犯罪,但在学界,却有着不同的看法。笔者通过阅读相关文献,将这些观点作了一个简单的归纳,主要有故意犯罪说、正当防卫说、紧急避险说以及期待可能性说。下面针对这些学说争议,做一个简单的介绍。

一、故意犯罪说

将"以暴制暴"行为定性为犯罪,这是我国司法实践的典型做法,同时也是传统刑法理论视野下的推理结果。这一主张主要是从犯罪的构成要件理论层面进行探究。所谓犯罪构成是指刑法所规定的某种危害社会的行为依法应受刑罚处罚的主、客观要件的总和。[1]在犯罪构成理论之中,传统的要件理论需要具备四大要件,即犯罪主体、主观方面、犯罪客体以及客观

---

〔1〕 参见曲新久:《刑法学》,中国政法大学出版社2016年版,第43~44页。

方面，以此标准来衡量"以暴制暴"案件中女性的行为，无论是主体要素、客体要素，还是主观方面、客观方面，都符合犯罪构成理论，因此，从罪刑法定原则[1]角度出发，"以暴制暴"的行为构成故意犯罪。

二、正当防卫说

持有这一观点的学者多数是从"受虐妇女综合症"这一理论出发，通过对正当防卫的构成条件进行考究，最终认为"以暴制暴"行为有其自身的特殊性，符合正当防卫的概念。其分析的路径基本是从正当防卫的构成条件出发，从起因条件、防卫意图、防卫对象以及防卫时间来讨论。与故意犯罪说的主要分歧在于对防卫时间的理解不同，持故意犯罪说的学者认为正当防卫必须具备现时的危险性，即危险发生时的紧迫性，而在家庭暴力案中，这种危险性并不是紧迫的，受害女性完全可以通过正当合法的途径去维护自己的权益，而不至于走上"以暴制暴"的犯罪路途，因此，"以暴制暴"的行为不具备正当防卫所要求的紧迫性条件。然而，在正当防卫持有者看来，这一论断并不成立。尤其是在女性主义者看来，刑法中传统意义上的"防卫"以男性在特定情形下合乎情理的反应经验作为衡量标准，而这一"合乎情理"的认定标准和适用是对女性经验的忽视和歧视，并不符合女性在合乎情理下所做的行为[2]，更何况是一个长期处于压迫性的

---

〔1〕 参见赵秉志、原佳丽："对女性'以暴制暴'行为的刑法学思考——基于家庭暴力视野下的思考"，载《人民检察》2015 年第 13 期。

〔2〕 参见陈红、李华："从女性主义的视角重新理解'正当防卫'"，载《浙江学刊》2005 年第 4 期。

暴力关系下的女性所作的行为,在这种时刻处于恐慌、担心环境下的女性行为,不能用男性的"合乎情理"标准予以认定,这种防卫理论的性别缺失必然需要新的理论予以矫正、改善。

三、紧急避险说

该主张是通过对正当防卫说的否定而建立,其认为正当防卫理论可能存在以下几点疑问:第一,从侵害的连续性角度来看,并不一定能够推出受虐妇女所遭受的侵害行为一直持续;第二,能否实现法益保护的有效性,并非决定不法侵害是否正在进行的唯一标准;第三,从我国当前的正当防卫理论来看,并没有考虑女性作为弱势群体所具有之特点的说法。[1]由于将其认定为正当防卫理论上可能存在以上疑问,因而将其转向紧急避险领域。该主张认为我国当前的紧急避险理论缺少对防御性紧急避险的规定[2],而只是考虑了攻击性的紧急避险,而受虐妇女在家庭暴力案件中的"以暴制暴"行为,完全符合防御性紧急避险的要求。

四、期待可能性理论

期待可能性理论是指在具体行为时能够期待行为人避免实施犯罪行为而实施合法行为的情形,在行为人没有期待可能性的时候,即便其对犯罪事实具有认识,也具有违法性意识的可

---

〔1〕 参见陈璇:"家庭暴力反抗案件中防御性紧急避险的适用——兼对正当防卫扩张论的否定",载《政治与法律》2015年第9期。

〔2〕 参见陈璇:"家庭暴力反抗案件中防御性紧急避险的适用——兼对正当防卫扩张论的否定",载《政治与法律》2015年第9期。

能性，但行为人也不承担故意责任或过失责任的学说。[1]该学说在我国刑法理论上的适用主要有四种情形：一是直接适用说；二是影响量刑说；三是法定说；四是内化说。将期待可能性理论运用到"以暴制暴"案件中，可以发现对于受虐女性的行为有着不同的理解，而从我国目前的司法实践来看，虽然一定程度上采用了期待可能性理论，但仅仅是在量刑层面予以考虑。

以上理论是目前学界对于这一问题的主要学说，通过对这些理论的简单回顾可以发现，由于"以暴制暴"行为有着其自身的特殊性，是在长期面临家庭暴力的压力之下所作出的行为，从违法性层面而言，这一行为是一种违法行为是毋庸置疑的。然而，违法并不代表犯罪，更不能说明这一行为一定要承担刑事责任。因此，"以暴制暴"行为具备很强的争议性，其争议点应在责任层面进行讨论，而在责任层面的思考，除了能够做到对"以暴制暴"行为定性有一个较为明确的理解之外，还能真正做到对女性在此类案件中特殊情形的保护。

第二节　"以暴制暴"行为的司法救济

在对"以暴制暴"行为有了比较清晰的界定之后，我们需要回到这一行为发生的背景之下。家庭暴力这一术语对于我们来说并不陌生，根据官方数据以及相应的媒体报道，家庭暴力这个词已经活跃在我们的视野之中。在 2015 年我国出台了首部

---

〔1〕　参见赵秉志、原佳丽："对女性'以暴制暴'行为的刑法学思考——基于家庭暴力视野下的思考"，载《人民检察》2015 年第 13 期。

针对家庭暴力的立法规范,在规范文件中针对家庭暴力行为进行了较为详尽的定义并提出了针对措施,尤其是人身安全保护令的制度设计得到了大家的好评。然而,家庭暴力行为并没有就此有明显的减少,女性在家庭中的保护仍然值得我们去探究,本节通过对国内外司法保护现状的介绍,为构建家庭暴力背景下对"以暴制暴"受虐女性的司法保护提供理论借鉴和制度设计。

一、美国的司法救济

美国对于家庭暴力的关注经历了一个重要的态度转变,受传统理念的影响[1],家庭暴力一直以来被视为是隐私的部分,无论是警察部门,还是法院、检察院等部门都不愿意参与到家庭暴力的案件之中。但是从 20 世纪 70 年代开始,随着妇女运动的兴起和人权理念的发展,美国妇女自发地组织起来反抗家庭暴力。首先在 1974 年,建立了首批为受虐妇女提供救助的庇护所,在明尼苏达建立了妇女宣传者组织;随后在 1976 年,波士顿开办了过渡之家来帮助受虐的女性;此后,1978 年全美女性的反对家庭暴力联盟正式成立,家庭暴力已经不再是家庭隐私的部分,女性权利的保护得到了更好地落实。目前,美国各州几乎都有反对家庭暴力和对受虐女性进行救济的组织,针对家庭暴力的立法也得到了全方位的贯彻。从美国关于反对家庭暴力的法律来看,主要的法案有:民事保护令(Civil Protection Orders)、家庭暴力逮捕法(Domestic Violence Arrest Statutes)、家

---

[1] 主要是沿袭了英国普通法的规则:拇指法则(The Rule of Thumb),即允许丈夫使用不超过拇指粗的棍或棒惩戒妻子。

庭暴力监护权（Domestic Violence Custody）、强制监护调解法
（Mandatory Custody Mediation）、被害人权利法（Victim Rights
Statutes）、受虐妇女经验之专家证言法则（Expert Testimony on
The Experience of Battered Women），等等。[1]

对于家庭暴力中受虐女性保护最为主要的机构是警察机构
和法院，美国警察建立了以社区为本的救济途径，同时对于收
到求救但没有及时援救的警察机关予以渎职等罪名的惩罚。对
于解决警察接到家庭暴力报警电话延误的问题，大多数警察局
要求在接到报警电话后的一分钟内做出反应，并对暴力行为进
行干预并拘捕施暴者[2]。所谓社区为本是指整合整个社区的政
府与非政府力量，充分挖掘社区内的资源，预防和控制社区内
的家庭暴力。其工作的重点包括：警察的配合，妇女权利的倡
导，司法单位的参与，社区服务的介入等。[3]

面对家庭暴力受害者的报警，警察首先要对案件事实进行
调查，在作出逮捕决定之前，必须拥有足够的证据来证明。美
国警察收集家庭暴力的证据一般包括：施暴者是否对受害者实施
了身体撕破、割破、衣裤破裂行为，是否通过电话、文字来威胁
或恐吓受害者，邻里或家庭成员是否目睹或听闻相关情况等。[4]

---

〔1〕 参见高凤仙：《家庭暴力防治法规专论》，五南图书出版公司 2000 年版，
第 14 页。

〔2〕 参见夏吟兰：《美国现代婚姻家庭制度》，中国政法大学出版社 1999 年版，
第 133 页。

〔3〕 参见赵颖："美国警察针对家庭暴力的逮捕政策及干预模式研究"，载《中
国人民公安大学学报》2005 年第 1 期。

〔4〕 参见罗杰：《防治家庭暴力立法与实践研究》，群众出版社 2013 年版，第
186 页。

因此,美国在《家庭暴力使用手册》之中就提醒可能受害的女性要提前做好相关的准备,比如转移可能使你重伤的武器;告诉一个你自己信任的邻居或者朋友,让他们在听到相关声音后报警;或者与你的孩子之间形成一套属于你们自己的沟通密码,当你需要警察帮助时,可以让他帮助等,以此来应对将要发生的家庭暴力。此外,即使警察没有逮捕施暴者,但仍应帮助受害者,将受害者的叙述整理成文件以作为其在此后报案的证据,填写"家庭事件报告"并将副本交至受害者等。[1]

二、英国的司法救济

在英国,家庭暴力普遍存在于社会各个阶层的家庭之中[2],对于家庭有着不可忽视的伤害。自20世纪70年代开始,英国议会不断加大对家庭暴力的干涉力度,陆续出台了一系列政策法令来保护家庭暴力的受害人。主要法令包括有:《1976年家庭暴力与婚姻诉讼法》《1989年儿童法》《1996年家庭法》《1997年保护免受骚扰法》《2003年性侵害法》《2004年家庭暴力与犯罪及受害人法》。[3] 有了立法上的支持,英国对于家庭暴力的受害人保护主要体现在警察机关与法庭。

英国的警察在面对家庭暴力时,其职权与美国警察一样,

---

〔1〕 See Rio, B. (2004). *Domestic Violence Handbook.* [Albany, N. Y.]: New York State Coalition Against Domestic Violence. (说明:这是一本出自纽约州的《家庭暴力使用手册》,作者是纽约州反家庭暴力联合预防中心)

〔2〕 参见 [美] 凯特·斯丹德利著,屈广清译:《家庭法》,中国政法大学出版社2004年版,第101页。

〔3〕 参见蒋月:"英国防治家庭暴力与保护受害人立法评述",载《政法论丛》2011年第2期。

可以施行逮捕，有权逮捕实施家庭暴力的人或者已对安宁构成现实威胁的人，有权逮捕违反法庭禁令的人，并且法律赋予其及时干预家庭暴力的权力。在防治家庭暴力中除了警察有着不可替代的作用，另外一个机构的存在对于家庭暴力的预防和治理也有着突出的贡献。法庭对于家庭暴力的处理使得家庭关系趋于稳定，英国法赋予法庭发布多种命令或禁令的权力，并可在禁令中附加逮捕权，例如其有权发布停止侵扰令、互不妨害令以及占有令等，这对于家庭暴力的防治具有很强的针对性。[1]除了警察与法院在防治家庭暴力中发挥着主要作用，英国认识到家庭暴力发生的复杂性与隐蔽性，还构建了一个多机构合作的反家庭暴力运行机制，主要是由警察局、法院、住房部门、社会服务部门、社区法律服务部门、医疗单位、检察机关、律师所、妇女援助机构、议员及自愿性团体等组成，强调所有相关机构必须团结协作，形成反家庭暴力的合力，遇到任何类型的家庭暴力事件都要在工作上配合一致。[2]

三、加拿大的司法救济

加拿大对于家庭暴力的关注，从历史维度来看，也是从 20 世纪 70 年代开始的。受传统意识观念的影响，家庭领域一直以来都被视为是私人领域，而家庭中丈夫对妻子的殴打也被视为是一种私人"管教"，公权力几乎不会介入。但是兴起的妇女运

---

〔1〕 参见蒋月："英国防治家庭暴力与保护受害人立法评述"，载《政法论丛》 2011 年第 2 期。

〔2〕 参见刘晓梅："英国反家庭暴力的立法、实践及其启示"，载《法学杂志》 2006 年第 3 期。

动打破了这一切，在加拿大，她们主张个人的就是政治的。在这一勇敢的主张基础上，形成了对那些尚不为人所知的家庭暴力受害人提供支持和服务的认知。在整个 70 年代，妇女在非正式和自愿组织中联手帮助受害妇女摆脱暴力关系。[1]随后，在80 年代，面对日益提升的公众意识和将暴力对待妻子重新定义为社会问题而非私事的趋势，加拿大政府做出了一系列行动来改变先前的境况，诸如在法律领域颁布的《家庭暴力保护法》《赔偿法》等，体现了联邦以及省政府从不干预立场转变为在项目资助和政策发展上积极干预的立场。

　　而在 90 年代后，加拿大的司法制度在面临家庭暴力案件时发生了重要的改变。如前所述，在 1990 年发生的"R 诉 Lavallee"案件中，最高法院将正当防卫解释为包括"受虐妇女综合症"。这一裁决在加拿大首次确立了一种法律上的认可，即在某些情形下，受虐妇女会出于"正当防卫"而杀死其丈夫。它的主要贡献在于延展了"即刻危险"概念，从而使法官和陪审员能够意识到，虽然在丈夫被杀死时，妻子并没有即刻的危险或丈夫施加的攻击，但整个受暴关系对于妻子而言确立了一种长期危险状态。[2]这一历史性的突破，不仅对加拿大的司法制度产生了重要的影响，而且使"受虐妇女综合症"理论在世界范围内得以不同程度的接受，并对刑法理论产生了新的修正。此外，为了有效处理家庭暴力这类特殊案件，加拿大法院专门成立了处理

---

〔1〕　参见［加］简·乌素尔著，朱晓青译："加拿大家庭暴力项目的发展"，载《环球法律评论》2003 年第 2 期。

〔2〕　参见［加］简·乌素尔著，朱晓青译："加拿大家庭暴力项目的发展"，载《环球法律评论》2003 年第 2 期。

家庭暴力的刑事法院。家庭暴力法院由以下方面组成：指定的专门处理家庭暴力事项的法庭、12 个专门公诉人和妇女倡导及儿童证人倡导项目。[1]这一做法不但切实提高了处理家庭暴力犯罪的效率、对这一特殊领域犯罪进行了准确地界定，而且有效地保护了家庭暴力案件中的受害女性。此外，在法院审理家庭暴力案件方面，家庭暴力的受害者（往往是女性）只作为证人参加，无需提供任何证据。这一制度设计，不仅能够有效保护受害女性，同时也能避免对其进行再次伤害。

在加拿大，除了法院在此类案件中切实地保护了受害女性，还有一个机构的作用也十分重要，那就是警察机关。与美国、英国一样，警察机关在此类案件中对受害女性的保护救济主要是通过行使逮捕权来实现。警察有权在不经过家庭暴力当事人的允许时，破门而入并对施暴者实施强行逮捕。这一权力的赋予，极大地提高了警察机关对家庭暴力案件的管理，同时使得受害者能够在第一时间得到救助，避免"事后"救济。同时，警方有合理的理由认为家庭暴力或家庭暴力的威胁已经被解除后，方才可能允许家庭暴力的施暴者回家[2]。

四、我国的司法救济

1. 我国香港、澳门以及台湾地区司法救济

基于特殊的历史原因，我国香港地区对于家庭暴力的关注

---

〔1〕　参见［加］简·乌素尔著，朱晓青译："加拿大家庭暴力项目的发展"，载《环球法律评论》2003 年第 2 期。

〔2〕　参见罗杰：《防治家庭暴力立法与实践研究》，群众出版社 2013 年版，第188 页。

总体上比内陆地区早。早在 1986 年，香港地区就制定了《家庭暴力条例》，并且在 1998 年将附注部分内容作了修改，主要包括法院发出强制令的权力、原讼法庭可行使区域法院的权力、逮捕违反命令的人、实务及程序的规则等内容。伴随家庭暴力案件数量的上升以及家庭观念和模式的复杂化，香港特区政府在 2008 年和 2009 年连续启动《家庭暴力条例》的修订工作。在司法上，我国香港地区有专门负责为家庭暴力受害者提供紧急服务的专业人士，家庭暴力受害者被提供紧急服务后，会根据个案情况被转介到相关社工处并且由社工继续跟进。[1]香港特区警察在调查处理家庭暴力案件时，会对家庭暴力的受害者进行实时评估，如果认为确有必要转介家庭暴力受害者的，则应当将其转介，或安排其入住到所在辖区的庇护中心。此外，香港特区警察还有权暂时拘禁涉嫌家庭暴力的施暴者，并安排其进行法庭聆讯。

　　在我国澳门特区，负责处理家庭暴力案件的司法部门主要是治安警察局、司法警察局和法务局。澳门的社工局与法务局就防治家庭暴力的立法进行草拟工作，同时社工局与治安警察局、司法警察局以及消防局等建立通报机制，提供 24 小时紧急支持服务，并制定紧急救助个案的指引。[2]而对待家庭暴力这一类案件，司法机关受理的前提是受害人必须告诉，即"告诉才处理"，否则不得主动启动刑事程序。因此，澳门特区对于家

─────────────

〔1〕　参见罗杰：《防治家庭暴力立法与实践研究》，群众出版社 2013 年版，第 188～189 页。

〔2〕　参见陈欣欣："试论澳门家庭暴力事件受害人的司法保护"，载《澳门检察》2006 年第 6 期。

庭暴力案件的处理方式是比较缓和的，比如建立的相关社会救助和指引，而公权力的介入并非首要选择。而我国台湾地区在处理家庭暴力案件时，主要的司法机构是警察和法院。在借鉴了英美法系国家对于家庭暴力防治法规制定的经验后，我国台湾地区对于家庭暴力防治的司法手段主要是法院作出为保护特定人免受侵扰、传唤等的保护令制度。[1] 然而，法院在核发保护令的速度和内容上并不乐观，以致警察在执行保护令时，也容易发生争议，存在执法难的困境。

2. 我国内地（大陆）的司法救济

我国内地（大陆）对于家庭暴力的关注度近些年来也在不断提高，从之前对于家庭暴力没有专门立法到现在有专门的家庭暴力立法，可以看出对于家庭暴力零容忍的规范态度，但是，在社会生活和家庭之中，家庭暴力案件仍然没有消减的势头，多数女性在家庭暴力之中仍然处于无助的地位，以至于发生了"以暴制暴"的特殊刑事案件。在 2016 年《反家庭暴力法》出台以前，我国对于家庭暴力的相关立法规定是比较散乱的，主要零散地体现在一些基本的法律规定、地方性立法文件以及最高人民法院针对家庭暴力案件审理所出台的《指南》之中。而这些散乱的规范性文件主要包括：《中华人民共和国婚姻法》、《中华人民共和国治安管理处罚法》、《中华人民共和国民法通则》、《中华人民共和国妇女权益保障法》、七部委联合下发的《关于预防和制止家庭暴力的若干意见》以及各种地方性的防治

---

[1] 参见罗杰：《防治家庭暴力立法与实践研究》，群众出版社 2013 年版，第 192 页。

立法，比如湖南的《湖南省人民代表大会常务委员会关于预防和制止家庭暴力的决议》等。

此外，当时对于家庭暴力案件审理最有指导意义的就是最高人民法院在 2008 年 3 月发布的《指南》。其目的就在于为家庭暴力案件的审理提供专业和权威的指导，提高此类案件的办案质量，更好地保障受害者的人身和财产权利。《指南》除了前言之外一共有八章内容，分别是："关于家庭暴力""基本原则和要求""人身安全保护措施""证据""财产分割""子女抚养和探视""调解""其他"。此后制定的《反家庭暴力法》中很多规定都借鉴了《指南》里的相关条文，同时《指南》还能为今后我们对于家暴的防治提供思路上的启示。

对于反家庭暴力工作者和倡导者来说，2016 年《反家庭暴力法》的出台是具有里程碑意义的。这不仅是我国拥有的第一部正式的反家庭暴力的立法，而且也是开启我国反家庭暴力新时代的起点。《反家庭暴力法》全文一共有 38 条，分为六章。第一章是总则部分，介绍关于家庭暴力的一些基本信息。第二章是家庭暴力的预防，主要从国家、社会、家庭等多方面进行宣传教育，并且提出政府部门、司法机关以及妇女联合会，应当将预防和制止家庭暴力纳入业务培训和统计工作。第三章是对家庭暴力的处置，主要是一些原则性的规定，以及公安机关、法院对受害者进行救济。而第四章则是对于家庭暴力救济的详细做法，即人身安全保护令制度的设计。当事人申请人身安全保护令需满足一定的条件：①有明确的被申请人;②有具体的请求;③有遭受家庭暴力或者面临家庭暴力现实危险的情形。此外，若当事人是无民事行为能力人、限制民事行为能力人，或者是因受到强制、威吓等原因无法申请人身安全保护令的，其近亲属、公安机关、妇女联合会、居民委员会、村民委员会、救助管理机构可以代为申请。[1]第五章对相关法律责任进行规定，第六章是附则内容。虽然《反家庭暴力法》一共只有38条，但是为我们提供了一个对于家庭暴力的明确态度和做法，虽然不可否认中间有些规定比较笼统，但立法的推进是在实践中不断完善的，《反家庭暴力法》的出台代表着国家对这一暴力事件的零容忍态度。

对我国目前现存的立法状态进行简单的分析之后，可以看出，对于家庭暴力的预防和治理主要的司法机关是人民法院和公安机关。同时，如果家庭暴力的程度构成了犯罪，那么检察机关也是反家庭暴力的司法机关之一。而在家庭暴力爆发的第一阶段，对受害者能够进行保护的主要是公安机关。《反家庭暴力法》的第14条规定："学校、幼儿园、医疗机构、居民委员会、村民委员会、社会工作服务机构、救助管理机构、福利机构及其工作人员在工作中发现无民事行为能力人、限制民事行为能力人遭受或者疑似遭受家庭暴力的，应当及时向公安机关报案。公安机关应当对报案人的信息予以保密。"这一规定明确地指出了在面对家庭暴力时可以寻求的司法救济。此外，在第15条的规定中[2]，公安机关在接到受害者的求救后应该及时出

---

[1]　参见《反家庭暴力法》第13条的规定。

[2]　《反家庭暴力法》第15条："公安机关接到家庭暴力报案后应当及时出警，制止家庭暴力，按照有关规定调查取证，协助受害人就医、鉴定伤情。无民事行为能力人、限制民事行为能力人因家庭暴力身体受到严重伤害、面临人身安全威胁或者处于无人照料等危险状态的，公安机关应当通知并协助民政部门将其安置到临时庇护场所、救助管理机构或者福利机构。"

警予以救济,并且针对相关情况做好取证收集、安抚等诸多工作。同时,公安机关根据家庭暴力的情况会做出不同的处理,如果情节较轻,依法不给予治安管理处罚的,由公安机关对加害人给予批评教育或者出具告诫书,并且通知加害人所在的居委会或村委会,监督其告诫书的执行。[1]可见,公安机关的及时出警对于家庭暴力的救济至关重要。然而,在具体情况中,公安机关却面临着出警不及时甚至是不作为的问题,以至于对于家庭暴力没有发挥自身的司法保护作用。究其原因,主要有以下情况:一是传统观念的根深蒂固,虽然《反家庭暴力法》中有了明确的规定,但受到传统家庭观念的影响,一直将家庭定位在私人领域,这种思想虽然受到了强烈的批评,但依然没有从人们的头脑之中祛除,公安机关在面对社会治理治安的工作时,家庭暴力的处理一直以来都不是其工作的核心,因此在诸多观念因素的结合作用之下,出警不及时的问题就不难解释了。二是反家庭暴力的执法难度大,主要表现在执法要求高、执法保障难以及警察在面对家庭暴力案件的执法倦怠[2]。因此,在面对家庭暴力求救时,公安机关存在着习惯性的懈怠,可能由此导致对家庭暴力救济的不及时,使受害者受到重复且多次的伤害。

除了公安机关在家庭暴力案件中习惯性懈怠的难题之外,

---

〔1〕 《反家庭暴力法》第17条:"公安机关应当将告诫书送交加害人、受害人,并通知居民委员会、村民委员会。居民委员会、村民委员会、公安派出所应当对收到告诫书的加害人、受害人进行查访,监督加害人不再实施家庭暴力。"

〔2〕 参见刘昱辉:"论公安机关实施《反家庭暴力法》中的不作为问题及对策",载《中国人民公安大学学报(社会科学版)》2017年第3期。

作为家庭暴力认定与处置的关键机关——法院，同样也存在实践上的难题。从我国对于反家庭暴力的相关法律规定中可以看出，法院作为正义维护的最后一道屏障，是对家庭暴力受害者救济最为有效的司法机关。无论是在家庭暴力的认定上，还是对家庭暴力中人身安全保护令的裁定上，法院都拥有最终的权威。因此，法院作为处理家庭暴力案件的核心机关，其作用的发挥对于反家庭暴力工作来说至关重要。然而，面对繁多且复杂的各类案件，法院在自身巨大的工作负荷之下，对于家庭暴力的处理也不可能做到尽善尽美。《反家庭暴力法》中对于人身安全保护令制度的设计，体现了人民法院在处理家庭暴力案件中的关键作用，并且在《反家庭暴力法》实施一周年以来，我们也看到了这一制度设计所带来的成果，例如最高人民法院所发布的《反家庭暴力法实施一周年十大典型案例》之中，有九个案例是人身安全保护令的例子。[1]

当家庭暴力的程度达到犯罪级别时，抑或是受到家庭暴力伤害的女性在面临家庭暴力时作出了"以暴制暴"的行为时，人民检察院、法院和公安机关的司法作用就显得更加明显。从最高人民法院、最高检察院、公安部和司法部印发的《意见》通知来看，体现了对于家庭暴力被害人的刑事司法保护精神，其中对于家庭暴力中受害女性的保护原则规定主要有以下几项：①依法及时、有效干预。针对家庭暴力持续反复发生、不断恶化升级的特点，人民法院、人民检察院、公安机关、司法行政机

---

〔1〕 参见《最高人民法院发布反家庭暴力法实施一周年十大典型案例》，案例来源于北大法宝。

关对已发现的家庭暴力，应当依法采取及时、有效的措施，进行妥善处理，不能以家庭暴力发生在家庭成员之间，或者属于家务事为由而置之不理，互相推诿。②保护被害人安全和隐私。在办理家庭暴力犯罪案件时，应当首先保护被害人的安全，通过对被害人进行紧急救治、临时安置，以及对施暴人采取刑事强制措施、判处刑罚、宣告禁止令等措施，制止家庭暴力并防止再次发生，消除家庭暴力的现实侵害和潜在危险。③尊重被害人意愿，在处理此类案件时还要考虑到当事人的意愿。在立案、采取刑事强制措施、提起公诉、判处刑罚、减刑、假释时，应当充分听取被害人意见，在法律规定的范围内作出合情、合理的处理。④对未成年人、老年人、残疾人、孕妇、哺乳期妇女、重病患者特殊保护。在办理此类案件时要特别注意特殊群体的权益保护，应当根据法律规定和案件情况，通过代为告诉、法律援助等措施，切实保障他们的合法权益。[1]

《意见》中除了在第一部分对原则做出规定，其余部分分别从案件受理、定罪处罚以及其他措施等方面对家庭暴力犯罪案件的处理进行了规定。从《意见》中可以看出，对于家庭暴力犯罪案件我们只考虑了它的传统形式，即施暴方的家庭暴力行为构成犯罪，而对于受害者作出的"以暴制暴"行为并没有纳入其考虑范畴。在《意见》的第 19 条、第 20 条中对于家庭暴力行为下的正当防卫进行了简单的讨论，其中第 19 条的规定："为了使本人或者他人的人身权利免受不法侵害，对正在进行的家庭暴力采取制止行为，只要符合刑法规定的条件，就应当依

---

〔1〕　参见《意见》。

法认定为正当防卫，不负刑事责任。防卫行为造成施暴人重伤、死亡，且明显超过必要限度，属于防卫过当，应当负刑事责任，但是应当减轻或者免除处罚。"这一规定的内容符合我国传统刑法中对于正当防卫以及防卫过当的规定，同时对于这里的"必要限度"，《意见》中也做出了解释，认定防卫行为是否"明显超过必要限度"，应当以足以制止并使防卫人免受家庭暴力不法侵害的需要为标准，根据施暴人正在实施家庭暴力的严重程度、手段的残忍程度、防卫人所处的环境、面临的危险程度、采取的制止暴力的手段、造成施暴人重大损害的程度，以及既往家庭暴力的严重程度等进行综合判断。而该《意见》的第 20 条[1]虽然考虑了家庭暴力情境中"以暴制暴"的行为，但并没有对这一行为进行区分式的讨论，而是从传统犯罪理论出发，将其认定为故意犯罪，只是在量刑上予以从宽处理。

综上，通过对国外对于反对家庭暴力的司法保护以及我国香港、台湾和澳门地区的司法保护现状的了解，再从我国目前的司法保护现状来看，虽然我国对于家庭暴力有了制度上预防及处理设计，但是在家庭暴力案中，对于本是受害方的女性

---

〔1〕《意见》第 20 条："充分考虑案件中的防卫因素和过错责任。对于长期遭受家庭暴力后，在激愤、恐惧状态下为了防止再次遭受家庭暴力，或者为了摆脱家庭暴力而故意杀害、伤害施暴人，被告人的行为具有防卫因素，施暴人在案件起因上具有明显过错或者直接责任的，可以酌情从宽处罚。对于因遭受严重家庭暴力，身体、精神受到重大损害而故意杀害施暴人；或者因不堪忍受长期家庭暴力而故意杀害施暴人，犯罪情节不是特别恶劣，手段不是特别残忍的，可以认定为刑法第 232 条规定的故意杀人'情节较轻'。在服刑期间确有悔改表现的，可以根据其家庭情况，依法放宽减刑的幅度，缩短减刑的起始时间与间隔时间；符合假释条件的，应当假释。被杀害施暴人的近亲属表示谅解的，在量刑、减刑、假释时应当予以充分考虑。"

"以暴制暴"行为的定性与处罚仍然是值得讨论的。因此接下来，本章内容将对"以暴制暴"案中女性的司法保护展开论述。

第三节 "以暴制暴"案中女性司法 救济的制度完善

通过之前论述可以对国内外目前对于家庭暴力的司法保护现状有一个比较清晰的认识，同时，随着我国对于家庭暴力的关注力度不断提高，传统家庭暴力形式下对于受害女性的保护制度建设可以说较为完备。然而，面对长期遭受家庭暴力压迫、进而采取"以暴制暴"行为的特殊案件，如何做到对受害女性的保护是目前制度设计上存在的漏洞。因此，本节的主要内容就是通过对国外目前对于这一类行为的司法做法的借鉴，然后结合我国国情，为我国在此类案件中的处理提供制度上设计的构想和启示。

一、前期预防制度

家庭暴力不仅破坏家庭的和谐与社会的稳定，更为重要的是这一暴力行为所带来的创伤可能是永久无法抹去的。最为理想的做法就是在家庭暴力发生的开始就将其制止，因此，为了防止家庭暴力形式的进一步恶化，以及在此后衍生出"以暴制暴"的悲剧，前期的预防机制设置十分重要。国外对于家庭暴力行为的立法、司法规定，在之前的章节已有部分论及，其中我们可以发现警察的角色十分重要，因此，本节试图通过对国外警察干预家庭暴力的机制的考究，进而为我国在预防"以暴制暴"行为的发生提供制度方面的借鉴与启示。

1. 国外警方干预家庭暴力的行为

将家庭暴力从私人领域的定位过渡到与国家公共生活的视域之中,这一历史性的转变离不开夜以继日的妇女运动。警察在人们视野中一直是维持社会长治久安的角色,很少有人将警察定位于家庭之中,除非家庭里涉及了刑事犯罪等。因此,对于这一观念的突破,不得不承认国外走得更早和更远一些。通过之前的叙述,可以发现国外在警察干预家庭暴力行为方面最为有效的做法就是赋予其逮捕的权利。不同国家可能对于警察执行家庭暴力行为逮捕权的条件规定有所差异,但是大体上是给予了警察有效干预家庭暴力的权力。接下来,我们以英国和美国为例,来看看这两个国家中警察在家庭暴力行为下是如何执行逮捕权的。

(1)英国警察的逮捕权

在论述英国警察的逮捕权之前,首先要明白英国警察的逮捕权主要是当家庭暴力行为上升为一种刑事责任时,警察才可以行使的权利。因此,家庭暴力行为在比较轻微时,涉及的是一种民事责任,而此时的救济主要是所谓的"占领令"(occupation orders)和"禁止骚扰令"(non-molestation orders)的法庭禁令。占领令与禁止骚扰令是英国法庭根据申请人的申请,为了保护申请人免受被告人(也就是命令的指向人)的侵害而发布的。其中禁止骚扰令也可以在庭审过程中,由法官在没有人提出正式申请的情况下,直接根据被害人或者儿童的利益发布。[1]占领令的发布可以保护被害人免于和施害人同住一个房间,也可以禁止施害人进入一个房屋的特定部分,还可以在施害人离开房屋之后,禁止施害人重新进入该房屋。这样一来,占领令可以保护受害人受到再次的伤害。此外,占领令根据情况的不同,分为不同的种类。因此,占领令的内容可能涉及以下方面:允许申请人占领该住房或者其中一部分;禁止被告人占领该住房或者其中的特定部分;要求被告人(在特定的时间或者日期之前)离开该住房;要求被告人不得返回位于指定地址上的住房等内容。同时,占领令可以与刑事指令(penal notices)一起发布,也可以把逮捕令作为违反后果一起发布。但是法庭不得使用逮捕令来保障对房屋的照顾,也不能用逮捕令来保障对房屋支付贷款或者租金,或者保障对家具与动产的使用。[2]禁止骚扰令是对受害人进行保护的另一项有效的禁令,当事人在申请禁止骚扰令时,必须说清楚自己与相关人的关系,而禁止骚扰令可以指向的对象有:①在与申请人的关系上,包括:(前)配偶、(前)同居者、(前)民事伴侣;②在与申请人的等级关系上,包括:(继)父母、(继)子女、祖父母、孙子女、(同父或者同母)兄弟姐妹、(父母的)兄弟姐妹、(父母的兄弟姐妹的)子女、第一代堂(表)兄妹;③在②中所有人的(前)配偶、(前)同居者、(前)民事伴侣;④居住在同一个住房中的人;⑤已经订婚或者约定成为民事伴侣的人;婚

---

〔1〕 参见王世洲:"现代英国反对家庭暴力的主要法律制度研究",载《法学杂志》2016年第1期。

〔2〕 参见王世洲:"现代英国反对家庭暴力的主要法律制度研究",载《法学杂志》2016年第1期。

约与约定终止的，不得超过 3 年；⑥申请人是孩子的父母或者具有承担父母责任的人，其他具有父母责任的父母或者个人；⑦在孩子已经被收养或者可以自由被收养时，与此有关的自然父母或者这种自然父母的父母，可以申请命令对抗以下人：收养令中的孩子或者其父母，或者申请收养令的人，或者孩子随时会被其收养的人；⑧其他处于任何家庭程序中的人。[1]同时，在申请禁止令的时候，申请人提起的申请可以有两种：出庭申请（on-notice application）与不出庭申请（without notice application），出庭申请要求所有当事人根据法庭发出的通知出席法庭审理；不出庭申请是在不通知被告人的情况下，也就是在被告人缺席的情况下进行的法庭审理。

在对英国关于家庭暴力行为的民事责任方面可能用到的禁止令有了简单的了解之后，我们再回到英国警察是如何通过逮捕令程序干预家庭暴力的。一般来说，英国法庭在发布占领令与禁止骚扰令时，只要认为有暴力或者暴力威胁存在的可能性，就可以附带地发布逮捕令，从而使警察在合理怀疑被告人违反有关命令的内容时，可以在没有逮捕证的情况下逮捕被告人。但是，在 2007 年英国在《严重的有组织犯罪与警察法》《家庭暴力、犯罪与被害人法》等法律中对犯罪进行了补充，因而在禁止骚扰令中附带逮捕令的做法已经没有必要。所以，英国警察的逮捕权并不是随意的，而是遵循着一定的条件，此外，英国警察在逮捕了相关的施害人后，应该在 24 小时内交由法庭处理。

---

〔1〕 参见王世洲："现代英国反对家庭暴力的主要法律制度研究"，载《法学杂志》2016 年第 1 期。

(2) 美国警察的逮捕权

美国从一开始对于家庭暴力采取"不逮捕政策",到后来确立了"强制逮捕政策"(Mandatory Arrest Policy)或"推定逮捕政策"(Presumptive Arrest Policy),体现了其对于家庭暴力的零容忍态度,而促使美国警察发生这一历史性改变的事件是"Thurman V. City of Torrington"案。[1]Tracy Thurman多年来一直遭受丈夫殴打,在获得法院的保护令后,在几个月的时间里,她常在受虐后向康乃狄克州多林顿市的警察求救,但得不到警察的回应。1983年1月间,Thurman受到丈夫的暴力攻击和严重殴打,脖子被打断并造成永久性伤害,当时警察就在她家外面,坐在巡逻车里。事后,她依据宪法第14条修正案有关平等保护条款,将多林顿市及29位警员告上法庭要求赔偿损害。陪审员认为,警察未能保护其免受丈夫侵害,实有过失。法院做出了里程碑式的裁决,裁决Thurman及其子共可获得美金230万元的赔偿(后来被减为190万美元)。[2]此后,美国警察局对于家庭暴力的重视达到了前所未有的高度,并且针对家庭暴力是否采取强制性的逮捕措施进行了讨论,而且在明尼苏达州专门进行了试验研究,最终的实验研究调查表明,采取强制性的逮捕措施对家庭暴力的防治更为有效。

强制性逮捕政策的制定意味着当警察到达犯罪现场后,即使受害者没有提出告诉,办案警察也能依照法律逮捕施虐者,因为

---

〔1〕 See Cheryl Hanna. (1996). No Right to Choose:Mandated Victim Participation in Domestic Violence Prosecutions. *Harv. L. Rev*, 109.

〔2〕 参见赵颖:"美国警察针对家庭暴力的逮捕政策及干预模式研究",载《中国人民公安大学学报》2005年第1期。

警察有权以州政府的名义，提出强制性起诉。这种强制逮捕条款使起诉变成由政府强制性地提出，施虐者是否被起诉和受害者是否出庭，都不再由受害者来决定。[1]这一政策体现了警察在对待家庭暴力时的零容忍态度，可以最大程度保障当事人的权益，但这一强制性的做法，可能在某种程度上忽视了受害人的意愿。

2. 我国的预防机制构想

通过对美国以及英国警察制度对于家庭暴力干预的了解，可以看出无论是附有条件的英国警察逮捕令制度还是美国的强制逮捕政策，都体现了警察机关在面对家庭暴力时的积极作为，而不是一种只专注于公共生活领域的形象。在我国《反家庭暴力法》第 15 条第 1 款和第 16 条第 1 款中，对于公安机关的职责是这样规定的："公安机关接到家庭暴力报案后应当及时出警，制止家庭暴力，按照有关规定调查取证，协助受害人就医、鉴定伤情。""家庭暴力情节较轻，依法不给予治安管理处罚的，由公安机关对加害人给予批评教育或者出具告诫书。"在家庭暴力行为较轻的情况下，施害人只需要受到批评或告诫，而何种情况之下才能算家庭暴力行为较轻呢？难道仅仅以伤情等物理伤害作为判断标准吗？在此前所提及的《意见》中，关于家庭暴力案件犯罪的处理，更多也是从传统的犯罪形式加以考虑，并没有将受害女性的"以暴制暴"行为考虑在内，虽然提及了与正当防卫的关系，但也仅仅是指在家庭暴力行为正在进行的同时所作出的反抗。因此，鉴于家庭暴力行为的复杂性，以及家庭暴力行为的高度隐蔽性，使得

---

〔1〕 参见赵颖："美国警察针对家庭暴力的逮捕政策及干预模式研究"，载《中国人民公安大学学报（社会科学版）》2005 年第 1 期。

前期的预防制度的构建显得十分重要。一个良好的前期预防机制的构建，可以避免家庭暴力行为的进一步恶化，同时也能避免"以暴制暴"行为的出现，避免更大的悲剧。

通过对英国、美国对家庭暴力行为的干预防治政策了解后，从警察职权这一视角出发来构建我国的前期预防机制。

（1）权责一体

我国有的公安机关在处理家庭暴力案件时，往往第一时间的反应就是这是家庭两口子的事，因而在处理上就会比较懈怠。这一行为可被称为公安行政的不作为，即公安机关在行政执法过程中，由于不履行法定职责，给公民、法人或者其他组织造成一定损害的行政行为。在卢梭的主权在民理论中，"每个人都是把自己奉献给全体而不是奉献给任何一个个人，由于每个人都能从其他结合那里得到与他转让的权利相同的权利，所以每个人都得到了他失去的东西的等价物，并获得了更多的保护其所有物的力量。"〔1〕因此，国家的权力来自于公民权利的让渡，公安机关的行为就应该保障公民的权利。在家庭暴力环境下，女性的权利面临着严重的损害或者损害危险，其危险性不亚于社会公共生活中的危险行为，因此，公安机关在接到家庭暴力求救电话或信息时，应该及时出警（这也是《反家庭暴力法》的要求），但问题的关键不在于应不应该出警，而在于出警的及时性和介入家庭暴力的紧急性。所以，公安机关如果在出警的及时性上出现了问题，那么就要承担相应的法律责任，从权责一体上，提高警察干预家庭暴力的意识。

---

〔1〕　［法］卢梭著，李平沤译：《社会契约论》，商务印书馆2011年版，第19页。

（2）分工细化，建立专业性职业队伍

明确了出警的必要性和意识提高的前提下，公安机关一定要解决职业队伍的专业化。目前，我国警察职业队伍中没有专门针对家庭暴力的人员配置，因此，在我国目前的人员队伍配置建设的基础上，各地公安机关可以根据自身的实际情况，优化职业队伍的内部分工，尝试针对家庭暴力建立专门的警察队伍，而这些人员需经过专业的知识训练和培养，具备处理家庭暴力的专业知识和能力，这样一来在面临受害者求救时，专业人员就能妥善处理，不至于使其遭受再次伤害。

（3）多机制联合干预

家庭暴力的发生往往具有隐蔽性，受害者几乎不可能在第一时间拨出电话或信息进行求救，而警察干预制度的设计就会显得十分滞后，哪怕拥有专业的职业队伍人员，也只能是事后救济，不能做到第一时间防治。在美国，针对家庭暴力专门出台了手册指南，指引家庭暴力中的受害者怎么做到预防和自救。在手册指南中，就有提及在家庭暴力发生之前或者有可能发生家庭暴力的预兆前，当事人可以告知自己的邻居（值得信赖的邻居）或者是自己十分信赖的朋友，同时也可以与自己的孩子形成属于自己的求救信号，一旦家庭暴力可能发生或者已经发生，受害者可以使用与孩子之间特殊的沟通方式，让孩子替自己进行求救，此外，还可以提前将一些致命性或者带有重杀伤力的武器等进行藏匿等。[1]面对家庭暴力发生的隐蔽性，

---

〔1〕 Rio, B. (2004). *Domestic Violence Handbook*. 〔Albany, N. Y. 〕: New York State Coalition Against Domestic Violence.

我国可以仿照美国的相关做法，发动家庭周边的资源，诸如邻居、朋友甚至是家人、孩子等，能够在第一时间得知家庭暴力行为的发生并进行防治。因此，我国的公安机关与居民委员会、村民委员会以及其他社会组织之间应加强沟通联系，及时、定时了解周边的家庭情况，各个机制共同联手，一起抵制家庭暴力行为。

（4）加强宣传教育，完善社会救助体系

这一点在我国涉及家庭暴力的法律规范文件中已经比较常见，类似于美国的《家庭暴力使用手册》一样，我国相关部门也可以出台针对家庭暴力的防治与救治指南，并且针对家庭暴力进行以社区、村为本的宣传活动，做到人人懂反家庭暴力，人人敢反家庭暴力，明确家庭暴力的危害，共同抵制。同时，贯彻《反家庭暴力法》以及其他相关法律文件的精神，完善政府主导的公、检、法、司、教育、卫生、民政、传媒等多机构合作防控家庭暴力的机制，完善社会救助体系。英国的零忍耐运动在提高公众对反家庭暴力意识、开展广泛宣传教育、深入进行社会调查等方面的经验是值得我们借鉴的。目前，我国的社会服务系统尚不够健全，为建立防控家庭暴力犯罪的社会支持系统，我们应当在以下几方面做出实质性的努力：一是公安、民政、妇联等部门通力协作，建立一套有利于制止家庭暴力的社会求助系统。二是国家和地方政府应投资建设妇女、儿童、老人避难所，收留因家庭暴力而无处可去的妇女、儿童和老人，以避免他们遭受更多的人身伤害和精神痛苦。三是重视社会调解在化解家庭矛盾和防范家庭暴力违法犯罪中的功能作用，各级政府应当通过培育和发展非政府组织，推进社会力量参与反家庭暴力工作。[1]

二、发生后的证据制度构建

前期的预防制度是理想化的防治家庭暴力措施，试图将家庭暴力扼杀在萌芽阶段，以避免受害女性"以暴制暴"行为的出现。然而，现实生活中，家庭暴力并不可能因为预防机制有多完美就会被扼杀，哪怕是警察出警十分及时，也不能排除家庭暴力发生的多次性与严重性。因此，当受害女性面临家庭暴力行为作出"以暴制暴"行为时，该如何对其进行司法保护，怎样的制度设计才能维护受害女性的权利。本部分将从证据制度出发，通过指出现有证据制度可能存在的不足以及借鉴国外对于这一行为的证据制度设计，从而对受害女性的权利进行司法保护。

（一）证明责任及其相关问题

在证据制度中，证明责任的概念是十分重要的，甚至有时是决定一个案件胜负的关键所在。对于这一概念，大陆法系和英美法系的理解有所不同。在大陆法系的语境下对于证明责任的理解主要是从当事人的举证行为与事实真伪不明时败诉风险的承担这一双重角度来理解，而英美法系的学者则是从"说服责任"和"提出证据的责任"这两个角度来理解举证责任的。所谓的"说服责任"即提出任何事实主张的人，如果该事实为对方所争执，他就要承担如果在所有的证据都提出后，其主张

---

[1] 参见刘晓梅："英国反家庭暴力的立法、实践及其启示"，载《法学杂志》2006 年第 3 期。

仍不能得到证明的败诉风险；而"提出证据的责任"是指在诉讼开始时，或是在审理或辩论过程中的任何阶段，首先对争议事实提出证据的责任。[1]我国对于证明责任的理解可以透过《最高人民法院关于民事诉讼证据的若干规定》（2008 年）（以下简称《民事诉讼证据的若干规定》）的规定来看，《民事诉讼证据的若干规定》的第 2 条规定："当事人对自己提出的诉讼请求所依据的事实或者反驳对方诉讼请求所依据的事实有责任提供证据加以证明。没有证据或者证据不足以证明当事人的事实主张的，由负有举证责任的当事人承担不利后果。"由此看见，我国主要从行为责任与结果责任的角度来理解证明责任，同时，在证明责任的本质属性上，我们认为结果责任最能体现其本质。[2][3]

明白了证明责任的本质后，再来看一下我国关于证明责任的分配原则，在我国《民事诉讼法》第 64 条第 1 款中规定："当事人对自己提出的主张，有责任提供证据。"这一规定，也就是我们所熟悉的"谁主张，谁举证"原则。然而，这只是对于证明责任分配的一般理解，此外根据《民事诉讼证据的若干规定》以及其他相关法律规定可以发现，对于主张法律关系变更、消灭或者权利受到妨害的当事人，应当对该法律关系变更、消灭或者权利受到妨害的基本事实承担举证证明责任。这是对

---

[1] See Cross, R., Gobbo, J. and Byrne, D. (1970). *Evidence*, Sydney: Butterworths, p. 27.

[2] 参见宋朝武：《民事诉讼法学（第四版）》，中国政法大学出版社 2015 年版，第 203 ~ 204 页。

[3] See Lee, S. J. (1998). The Search for the Truth: Admitting Evidence of Prior Abuse in Cases of Domestic Violence. *U. Haw. L. Rev.*, 20, p. 221.

于证明责任分配的一般原则的理解，同时，原则之外存在着例外，即证明责任的倒置。根据《民事诉讼证据的若干规定》，我国目前在民事诉讼中所涉及的证明责任倒置的规定主要有 8 种情况，即：①因新产品制造方法发明专利引起的专利侵权诉讼，由制造同样产品的单位或者个人对其产品制造方法不同于专利方法承担举证责任；②高度危险作业致人损害的侵权诉讼，由加害人就受害人故意造成损害的事实承担举证责任；③因环境污染引起的损害赔偿诉讼，由加害人就法律规定的免责事由及其行为与损害结果之间不存在因果关系承担举证责任；④建筑物或者其他设施以及建筑物上的搁置物、悬挂物发生倒塌、脱落、坠落致人损害的侵权诉讼，由所有人或者管理人对其无过错承担举证责任；⑤饲养动物致人损害的侵权诉讼，由动物饲养人或者管理人就受害人有过错或者第三人有过错承担举证责任；⑥因缺陷产品致人损害的侵权诉讼，由产品的生产者就法律规定的免责事由承担举证责任；⑦因共同危险行为致人损害的侵权诉讼，由实施危险行为的人就其行为与损害结果之间不存在因果关系承担举证责任；⑧因医疗行为引起的侵权诉讼，由医疗机构就医疗行为与损害结果之间不存在因果关系及不存在医疗过错承担举证责任。而这 8 大类证明责任倒置的规定中没有关于婚姻家庭的证明责任规定，也就是说对于家庭暴力的举证证明责任采取的是一般的"谁主张、谁举证"原则。

事实上，对于在家庭暴力案件中将证明责任分配给原告这一做法是存在问题的。因为家庭暴力的发生具有隐蔽性，即使是有验伤报告或是其他证明，或者有目击证人，但在实际审理过程中，如果加害人完全否认，很难对其家庭暴力的事实予以认定，究其原因就是目前在家庭暴力这类案件中，所采取的证明责任分配不合理以及证明标准的差异。在这种情况下，受害人已穷尽其举证能力，而人民法院仍按照普通民事证据规则的一般原则分配举证责任，不将举证责任转移给被告人，而由原告承担举证不能的后果，显然有违公平正义原则，不仅影响人民法院分配司法正义的质量，而且大大削弱了人民法院在全社会预防和制止家庭暴力链条中的重要作用。[1]

（二）证明标准：高度盖然性＋法官内心确信

在我国民事诉讼中，所谓的证明标准是指承担证明责任的当事人提出证据证明案件事实应当达到的程度。目前，我国民事诉讼法对于证明标准没有明确的规定，在《民诉解释》第108条有相关规定："对负有举证证明责任的当事人提供的证据，人民法院经审查并结合相关事实，确信待证事实的存在具有高度可能性的，应当认定该事实存在。对一方当事人为反驳负有举证证明责任的当事人所主张事实而提供的证据，人民法院经审查并结合相关事实，认为待证事实真伪不明的，应当认定该事实不存在。"由此可见，在民事诉讼中，我国所采取的证明标准是一般来说是一种高度盖然性的标准。当然，在《民诉解释》第109条就有例外的规定："当事人对欺诈、胁迫、恶意串通事实的证明，以及对口头遗嘱或者赠与事实的证明，人民法院确信该待证事实存在的可能性能够排除合理怀疑的，应当认定该事实存在。"在这里所采取的是最为严格的证明标准，即排除合理怀疑。因此，在对家庭暴力案件的认定上，应采取

---

〔1〕　参见陈敏："关于家庭暴力认定难的思考"，载《法律适用》2009年第2期。

高度盖然性的证明标准。法官在案件裁判过程中采用高度盖然性的证明标准，适度减轻原告方的举证压力，有利于保护家庭中的弱者。

此外，实践中除了在证明标准中可采取高度盖然性之外，法官在此类案件中的自由裁量也显得十分重要。《民诉解释》第 108 条不仅确立了一种高度盖然性的标准，同时也强调了法官内心确信的重要。而与这一证明标准相类似的便是德国著名的"表见证明理论"。对于表见证明，学界没有一个统一的概念，从其本质来看，究竟为何，按照汉斯教授的说法，"表见证明从其本质上看是证明评价的一部分。它既不改变证明责任，也不改变证明尺度。它更不是实体法上的制度。"而这里的证明评价指的就是法官在个案中依据当事人提供的证据资料，以自由心证的方式评价当事人主张的案件事实是否已经被证明的一种活动。[1]从这层意义而言，表见证明理论实质上就是法官在个案中，以当事人提供的客观证据资料所形成的基础事实为支撑，依据具有高度证明力的经验法则判定待证事实，对当事人所主张的案件事实是否得到证明进行评价并形成心证的证明方法。[2]因此，在表见证明理论中包含两大核心要素：一是基础事实；二是经验法则。

在我国，虽然不存在所谓的"表见证明理论"，但是从《民事诉讼法》以及相关司法解释，结合当前的司法实践来看，以

---

〔1〕 参见石春雷："德国表见证明理论在家庭暴力民事诉讼中的适用"，载《大连理工大学学报（社会科学版）》2008 年第 6 期。

〔2〕 参见石春雷："德国表见证明理论在家庭暴力民事诉讼中的适用"，载《大连理工大学学报（社会科学版）》2008 年第 6 期。

客观性的高度盖然性标准与主观性的法官内心确信，与"基础事实＋经验法则"的模式，具有异曲同工之妙。因此，从证明标准而言，构建一种"高度盖然性＋法官内心确信"的证明标准，对于解决家庭暴力中受害女性的证明责任分配具有重要意义。

（三）证据种类的限制及拓宽

对于证据的分类主要有学理分类和法定分类两种标准，在学理上，证据可以分为言词证据与实物证据，本证与反证，直接证据与间接证据以及原始证据与传来证据。民事诉讼中，法定的证据主要有以下几类：①当事人的陈述，即当事人在诉讼中就与案件有关的事实，向法院所作的陈述；②书证，是指以文字、符号、图形等表达的思想内容对案件事实起证明作用的证据；③物证，是以其外形、质量、数量、特征等客观存在来证明案件事实的实体物或痕迹；④视听资料，是指利用录音、录像等技术手段记录的内容来证明案件真实情况的一种证据；⑤电子数据，即通过电子邮件、电子数据交换、网上聊天记录、博客、微博客、手机短信、电子签名、域名等形成或者存储在电子介质中的信息；⑥证人证言，即证人就其所感知的情况在民事诉讼过程中向审判人员所作的陈述；⑦鉴定意见，是指鉴定人运用专门知识，根据案件材料，对案件所涉及的专门性问题进行分析鉴别后提出的事实认定意见；⑧勘验笔录，即人民法院的审判人员在诉讼过程中对与案件有关的物品或现场进行查验、测量、拍照后制作的笔录。传统的证据形式对于家庭暴力案件的认定可能是不充分的，如前所述，证人证言的收集可能就比较困难，现实中多数人基于各种原因可能都不会出庭作证，因而对于受害女性的权益保障是缺乏的。

在家庭暴力案件的证据制度中，我们或许可以借鉴国外一些国家的做法，完善我国的证据制度。首先是专家证言的采用。在英美法系对于家庭暴力案件的审理中，法官十分重视心理学、女性学、社会学、医学等众多领域中专家提供的证言。例如，在美国、加拿大以及澳大利亚等国家就十分赞同"受虐妇女综合症"这一理论，根据这一理论，只要当事人的陈述符合"暴力的周期性"特点，那么法官就可以初步断定家庭暴力的存在。[1]其次是关于品性证据，英美证据法上的品性证据排除规则是指一个人的品格或者过去的行为不得用以证明案件事实，其背后的理由在于防止发生错判。然而这一理由并不适用于民事保护令程序中，该程序的最终目的是根据未来家庭暴力的可能性，决定应否为申请人提供任何必要的救济。[2]同时，"家庭暴力并非一个孤立的事件，相反，其是一种某一行为与其他行为相结合的行为方式。"[3]因此，在一些英美国家或地区司法实践中，允许在家庭暴力案件中使用施暴者的品性或者一贯行为的证据证明家庭暴力的存在。最后是关于证据的法理分类中的传闻证据使用。一般而言，在英美的证据法中，传闻证据是要被排除在外的，但是在美国一些州的司法实践中，家庭暴力的受害人及其亲属、邻居、朋友不仅可以提出其感知的直接证据，

---

〔1〕 参见冯俊伟："论促进家庭暴力认定的证据机制——以诉讼行为的激励作用为视角"，载《法学杂志》2015 年第 5 期。

〔2〕 参见冯俊伟："论促进家庭暴力认定的证据机制——以诉讼行为的激励作用为视角"，载《法学杂志》2015 年第 5 期。

〔3〕 Lee, S. J. (1998). The Search for Truth: Admitting Evidence of Prior Abuse in Cases of Domestic Violence. *U. Haw. L. Rev.* 20, p. 241.

例如自己看到了什么或者亲耳听到了什么，同时也允许其提供相关的传闻证据。甚至在涉及家庭暴力刑事案件中，一些州法院还发展了关于家庭暴力的传闻证据排除的例外。[1]

（四）证据收集的途径优化

我国《民事诉讼法》第 64 条第 1、2 款规定："当事人对自己提出的主张，有责任提供证据。当事人及其诉讼代理人因客观原因不能自行收集的证据，或者人民法院认为审理案件需要的证据，人民法院应当调查收集。"因此，原则上对于证据的提供是由当事人自己提供。然而，家庭暴力民事案件不仅仅涉及一般的私权争议，而且还涉及公共利益问题[2]，因而，法院在审理家庭暴力案件时，应该充分发挥自身的主动性，以维护家庭暴力案件中受害女性的权益。这样一来，在家庭暴力案件中，受害人因客观原因或其他原因无法收集并提供证据的，法院主动调查相关证据，促进了对家庭暴力行为的有效认定。强化法官的职权调查，减轻了家庭暴力案件原告方的行为意义上的证明责任，也实质地减少了案件事实真伪不明情形的出现，从而减轻了家庭暴力案件原告方承担的结果意义上的证明责任。[3]

三、"以暴制暴"案件的审理制度

家庭暴力发生使得受害女性面临身体与心理的长期伤害，

---

〔1〕　参见冯俊伟："论促进家庭暴力认定的证据机制——以诉讼行为的激励作用为视角"，载《法学杂志》2015 年第 5 期。

〔2〕　参见夏吟兰主编：《家庭暴力防治法制度性建构研究》，中国社会科学出版社 2011 年版，第 329 页。

〔3〕　参见冯俊伟："论促进家庭暴力认定的证据机制——以诉讼行为的激励作用为视角"，载《法学杂志》2015 年第 5 期。

而在其感受到孤立无援、无助与绝望时，选择"以暴制暴"的方式予以还击。在第一节中，对于"以暴制暴"行为的性质我们已经有了一个简单的讨论，通过各种学说的介绍我们也能感受到"以暴制暴"行为所带来的极大争议。以女性主义的视角来看，"以暴制暴"行为有着其自身的正当性，同时，对于该行为发生的具体情形的判断，法官在处理"以暴制暴"行为时可以有不同的选择。无论是前期的预防制度还是在发生之后对于证据制度的设计，都会最终来到法院审判这一阶段。而法官的审判是对"以暴制暴"中受害女性行为的最终认定，如果采取传统的审判模式与犯罪认定理论，势必是对受害女性的不正义。因此，我们需要通过对法院审判环节的制度改造、设计，通过对国外审判经验的借鉴，维护"以暴制暴"中受害女性的正当权益。

（一）专家证人制度的认可

在之前的证据制度中已经提到，对于证据种类的拓宽，其中之一就是增加专家证人证言。专家证人证言制度的设计并不是凭空而来的，而是经过了诸多司法实践的证明，而这一制度背后的理论支撑就是"受虐妇女综合症"理论。受虐妇女综合症是描述性词语，指遭受男性伙伴身体和精神暴力的妇女表现出的反应和认知的方式[1]，最早是由 L. 沃尔克女士（Lenore Walker）在她的书籍《受虐妇女》中所提到的概念，并在其1984 年的《受虐妇女综合症》一书中对该概念做了进一步的发

---

〔1〕 See Schuller R. A. and Vidmar N. (1992). Battered Woman Syndrome Evidence in the Courtroom. *Law and Human Behavior*, 16 (3), pp. 273～291.

展，其假设了两个基本理论用来阐释受虐妇女综合症这一概念：习得无助论和暴力循环论。习得无助论来源于心理学家塞利格曼（Martin Seligman）对实验室动物的试验，其通过试验发现接受实验的狗在遭受它们无法控制的重复疼痛后，表现出习得无助，而且即使有逃跑的机会也不会采取行动。沃尔克女士将这一理论应用于受虐妇女，她提出，妇女试图控制她们的施暴者的努力随着时间的推移而减弱，最终产生习得无助，同时也削弱了妇女做出反应的动力，因此其假设妇女在经历了自己认为所不能控制的长期暴力之后，会变得被动，觉得不能对即将发生于自己身上的事情施加任何影响。[1]因此，一旦妇女处于习得无助状态下，她们的认知遂成为现实，她们便会变得被动、服从和无助。而暴力循环论是对家庭暴力发展的阶段以及表现形式的论述，沃尔克女士发现，受虐妇女一般会经历三个暴力循环阶段：①紧张关系扩大阶段；②激烈殴打阶段；③示爱——悔改阶段。[2]在第一阶段往往表现出双方关系的紧张，而女性便试图缓和这样的紧张关系。伴随着紧张关系的升级，施暴者便会接二连三地对女性进行家庭暴力，并伴随着方式和强度的升级；而在殴打阶段过后，施暴者往往会表现出忏悔与自责，希望女性能够谅解，双方继续维持家庭关系。在此阶段过后，暴力进行再次循环，而女性在周而复始的暴力之下，已经放弃试图脱离的力量。

---

〔1〕　参见［美］波拉－F. 曼格姆著，黄列译："受虐妇女综合症证据的重新概念化：检控机关对有关暴力的专家证词的利用"，载《环球法律评论》2003年第2期。

〔2〕　See Walker L. E. （1984），*The Battered Woman Syndrome*，Springer publishing company，supra note 42，p. 95.

在加拿大，首次将"受虐妇女综合症"理论的专家证词作为证据使用，并且成功将其认定为正当防卫的要素，使得受虐女性免于刑事定罪。此后，在美国、澳大利亚等地，先后确立了"受虐妇女综合症"的专家证词的证据制度。然而，"受虐妇女综合症"理论会面临对于其建立基础假设理论的批判，即对习得无助论和暴力循环论的批评。对习得无助理论的批判主要是从司法实践层面出发，相关研究表明，受虐妇女非但没有被动地留在暴力关系中，反而是以多种方式应对暴力，包括向警察报警、告诉家庭成员或朋友、寻求庇护所帮助、要求民事保护令、分居和离婚、满足施暴者的要求以及躲避施暴者等[1]，因此，不应假定留在暴力关系中的受虐妇女是在证明她的习得无助。此外，对于受虐女性的描述，也面临着不同的批评。[2]

虽然"受虐妇女综合症"理论可能面临诸多批评，但是我们应该看到其理论背后所反映的社会现实，即受虐女性在家庭暴力关系中所处的劣势地位，以及其受到的无法想象的伤害。目前我国没有正式确立采用"受虐妇女综合症"作为专家证词，但是在地方的规范性文件中已经有所涉及。如 2017 年 7 月份江西九江浔阳区出台家庭暴力案件证据固定制度实施意见，全称为《关于涉及"家庭暴力"案件证据固定制度的实施意见（试行）》（以下简称《江西省意见》）。该《江西省意见》中提到"人民法院可依据当事人申请或者依职权聘请相关专家出庭，解

---

〔1〕 参见［美］波拉 – F. 曼格姆著，黄列译："受虐妇女综合症证据的重新概念化：检控机关对有关暴力的专家证词的利用"，载《环球法律评论》2003 年第 2 期。

〔2〕 参见 Walker, L. E., (1984). *The Battered Woman Syndrome*, Springer publishing company, supra note 42, pp. 124 ~ 25.

释包括受虐配偶综合征在内的家庭暴力的特点和规律。专家辅助人必要时接受审判人员、双方当事人的询问和质疑。专家辅助人的意见，可作为裁判的重要参考。专家辅助人可以是社会认可的家庭暴力问题研究专家、临床心理学家、精神病学家、社会学家或社会工作者、一线警察、庇护所一线工作人员。"[1]可以看出，建立专家证人制度是维护受害女性权益有效的司法保护手段，同时也能降低人民法院在处理此类案件中的难度，做到司法公平与司法正义。

（二）职业队伍与机构设置

家庭暴力案件的审理与其他案件不同，尤其面对长期遭受家庭暴力伤害的女性，对她们来说，案件的审理无异于在伤口上撒盐，可能对她们产生再次的伤害。因此，对于家庭暴力案件的审理我们可以借鉴国外的做法，成立专门的家庭暴力审理法庭。首先，设立了专门的家庭暴力审理法庭之后，可以分担人民法院在案件审理方面的压力。家庭暴力案件的复杂性和隐蔽性等特征，使得此类案件的认定以及处理都比其他案件更需要专业知识。而设立了专门的家庭暴力审理法庭，可以集中精力处理家庭暴力案件，同时培养、训练一批专业人士参与到家庭暴力案件的审理当中，可以更为准确地处理家庭暴力案件，做到对受害女性权益的最大保护。其次，在明确了机构设置之后，我们还应培养专业的人才队伍来处理家庭暴力案件。家庭暴力案件可能涉及法学、心理学、社会学、教育学等诸多学科，

---

[1] 刘旭、闻珍："江西九江浔阳区出台家暴案件证据固定制度实施意见解决家暴受害人举证难问题"，载《中国妇女报》2017年7月15日，第A2版。

其复杂性使得现今法院的法官在认定层面仅能从法律层面作规范化处理，而忽视了其中所涉及的其他问题，这样一来，虽然对家庭暴力案件进行了审理，但之后的结果可能是带来更令人胆寒的暴力循环。因此，家庭暴力案件的审理中，不仅需要专门的法律人才，同时也需要其他社会领域的专业人士为案件的审理提供参考性意见，诸如妇联专家、心理学家等，可以将其吸纳入家庭暴力审理法庭之中。最后便是家庭暴力审理法庭与其他司法机构的联动，家庭暴力审理法庭不是一个孤立的机构，而是需要与公安机关、检察院等司法部门联动的机构设置。在"以暴制暴"案件中，原本是案件受害者的女性，会面临刑事犯罪的指控，而在家庭暴力审理法庭的设立可以更好地了解案件的始末，虽然法院是作中立的裁判，但是在前期的审查环节，人民法院并不是一直消极被动的，尤其是在"以暴制暴"案件之中，受害女性的角色转换背后可能隐藏的是更大的伤害，而家庭暴力审理法庭通过与公安机关、检察院等一起处理此类案件，并且通过专业人士为他们在办理案件中提供专业性的意见，不仅可以减轻公安机关、检察院等处理案件的压力，而且更最大程度地保障受害女性的权益，使其能够受到法律公正地裁判。

（三）证明标准、证明责任的灵活变动

在证据制度构想那一部分，已经指出对于家庭暴力案件来说，其适用的证明标准与证明责任是不合理的。在家庭暴力案件的审理中，当前人民法院所采取的基本上还是"谁主张、谁举证"的证明责任分配原则，受害女性必须提供相关证据来证明家庭暴力事实和自己遭受家庭暴力的伤害，而以刑事证明标准即排除合理怀疑来审理家庭暴力案件，对受害女性来说无疑是严苛的,同时也极易造成家庭暴力认定的困境,使受害女性的权益不能得到法律救济。因此,证明标准的设定对于原被告的权益保障有重要影响。如前所述,在证明标准的争议上,是盖然性占优还是排除合理怀疑?在此,本书认为人民法院在审理家庭暴力案件的认定标准上可以采用盖然性占优的证明标准,即只要家庭暴力可能出现、发生的概率更大,那么就可以认定家庭暴力存在的事实,这一证明标准也可以用表见证明原则来表述。所谓表见证明,是指因一定的事实经过,依高度盖然性的经验法则,必然产生一定的结果,因而推定行为人的行为有过失,或行为与该结果的发生具有因果关系的要件事实存在,从而减轻该事实主张的一方当事人的举证责任。相对人如果想推翻此表见证明,必须就该事件通常经过的相反事由,即就事件的经过有其他的可能性,使法官就案件事实认知发生疑念提出反证。[1]因此,采取这种盖然性占优的审理标准来认定家庭暴力事实,即使是在处理"以暴制暴"案件时,这一证明标准的采用可以更容易接触到案件事实,对受害女性的权益能够做到真正地维护。

当然,这并不意味着对家庭暴力案件就采取单一的证明标准,尤其是在"以暴制暴"案件中,面对复杂的案件事实,人民法院应灵活运用证明标准,在家庭暴力事实认定方面采取盖然性占优标准,而在犯罪认定上,则应采取刑诉中的排除合理怀疑的严格标准。此外,人民法院在审理涉及家庭暴力的民事

---

〔1〕 参见徐卉:"反家暴立法中的证据规则与公益诉讼机制",载《妇女研究论丛》2014 年第 5 期。

案件中，也应针对不同的案件情形适用不同的证明标准和证明责任，主要情形有：一是作为离婚理由的"家庭暴力"；二是作为损害赔偿理由的"家庭暴力"；三是作为人身保护令申请基础的"家庭暴力"。[1]第一种情形与第三种情形中，对于家庭暴力的认定事实可以采取盖然性占优的证明标准，而第二种情形中，则采取一般的民事诉讼标准与证明责任分配。[2]

（四）受害女性作为证人的特殊保护

1990 年加拿大最高法院在审理"R 诉 Kahn"案的判决中，提出允许采用法庭外证人的陈述作为证据，即使证人不能到庭。这一历史性的规定对司法制度的影响十分重大，这在不情愿的证人和未成年人证人的案件里尤为相关，因为这些证人不能出庭作证。这一判决有赖于警察做出录音，或更好的是做出受害人、证人陈述的录像，这些可在审判时予以采用，即使证人不到庭。这一规定对于家庭暴力案件的认定十分重要，同时也能对证人起到一定的保护作用，充分尊重证人意愿。此外，在1993 年加拿大最高法院在"R 诉 B（K.G.）"案中裁定庭外证人陈述可作为证据予以采用，即使证人在审判时做出不相一致的陈述。这一判决的作出，充分考虑到了受害女性作为证人情况下的心理状态。同在 1993 年，加拿大政府在刑法典中引入了"刑事骚扰（跟踪）罪"（第 264 条）。对于那些会在当前或过

---

〔1〕 参见冯俊伟："论促进家庭暴力认定的证据机制——以诉讼行为的激励作用为视角"，载《法学杂志》2015 年第 5 期。

〔2〕 对于第一种情形有学者有不同的主张，即作为离婚理由的"家庭暴力"的认定应当适用宽松的证明标准，参见刘淑芬、李琼宇："二元家庭暴力证明标准初探"，载《中华女子学院学报》2012 年第 3 期。

去跟踪他们的同伴,旨在恐吓或控制她们的行为的人,这一修订规定了严厉刑罚。而在这一修订之前,在警察来不及干预并做出搜捕之前,受到跟踪的受害人很可能已受到攻击或威胁。认可跟踪行为本身即为犯罪行为,遂使得警察得以在施暴行为的早期阶段施行逮捕。文件记录已多次证明,跟踪常常是严重攻击或凶杀的先兆。[1]因此,在受害女性作为证人参与法庭审理环节时,除了对其进行证人的一般保护和适用证人的一般原则之外,还可以借鉴加拿大的司法经验,对受害女性作为证人采取特殊的保护和原则,放宽对其要求,同时针对具体情况,鉴别受害女性的心理状态,对其前后不一的证言或陈述采取灵活的判定标准,而不是单一的评判。

家庭暴力的存在不仅摧毁了家庭的和谐幸福,而且也是社会稳定发展的"定时炸弹";不仅体现了对人权的侵害,更是对女性权益的漠视与伤害。基于传统观念意识的束缚,而对于女性权益的关注是我们忽视的地方。近年来,随着女性权益意识的高涨,世界妇女运动浪潮的席卷,我国对女性权益的关注度也在不断提高。一系列立法性活动足以彰显国家的重视,从零落的女性权益保障法律规定,到专门的《反家庭暴力法》出台,一系列制度性规定,诸如人身保护令的制度设计,保障了女性的合法正当权利。但在目前的司法实践中,针对"以暴制暴"案件,受害女性的权利维护仍任重道远。虽然此类案件往往给我们展现的是手段残暴的杀人画面,但是我们不能唯结果论,

---

〔1〕 参见［加］简‐乌素尔著,朱晓青译:"加拿大家庭暴力项目的发展",载《环球法律评论》2003 年第 2 期。

不能只看到女性实施了"以暴制暴"的行为，而更应关注这一行为背后的问题折射，更应看到受害女性背后不为人所知的一面。生命的价值是平等的，传统的刑法犯罪理论对家庭暴力案件中的"以暴制暴"行为的认定是不够的，我们应充分借鉴学习国外对这一行为认定的司法经验，丰富、发展我国的刑法理论，从而做到无论是在立法还是司法，抑或是在具体的司法实践中，更加彰显法律的公平正义，切实维护受害女性的权益。

第五章 域外借鉴：司法救济的
理论发展与制度空间

第一节 受虐妇女综合症及其应用

在一类谋杀案件中，被害人与被告人为存在长期家庭暴力关系的夫妻或者情侣，且被害人为施虐者，而作为受虐者的被告人因无法忍受此种虐待而对被害人施以杀手。对于这类被告人，将其与一般谋杀罪同等对待似乎有违常理。但是现行立法并没有建立专门对于此种被告人的特别制度。本书考查了美国法律背景下，此类案件的被告人所使用的抗辩理由，即通过"受虐妇女综合症"来论证其行为属于刑法上的自卫。[1]

---

〔1〕 See Savage，J. (2006). Battered Woman Syndrome. *Geo. J. Gender & L.*，7，p. 761.

"受虐妇女综合症"（Battered Woman Syndrome）是一种用以解释长期受到配偶暴力行为虐待的妇女的行为的心理学理论，该理论首次经由自卫（self-defense）被引入刑事司法领域。质言之，其解释了遭受虐待的妇女为何最终选择杀死作为施暴者的配偶而非简单地离开其配偶。如今，各州的司法机关都接受专家证人对于受虐妇女综合症的举证从而支持该类刑事案件中被告人自卫的成立。该种专家证人证言需要符合《联邦证据规则》（Federal Rule of Evidence）第401、403和702条。

尽管此类案件中受虐妇女综合症已被广为接受，但是仍然招致了一些批评。部分人认为该种制度为女性贴上了"无助"和"顺从"的标签，并且忽视了存在家庭暴力的婚姻关系中情感的复杂性。

一、受虐妇女综合症的定义

如前所述，受虐妇女综合症是用以解释受家庭暴力的妇女为何选择杀死而非离开施暴配偶的心理学理论[1]。在此之前，社会对于长期遭受家庭暴力的女性存在着一个持久的疑问，即为何这些女性不选择逃离、回击或是向他人求助，而是默默忍受此种虐待。其通常被认为具有受虐倾向，或者在家庭生活中存在过错例如存在滥交的历史而理应遭受这种虐待。[2] Lenore

---

〔1〕 See Cornia, R. D. (1997). Current Use of Battered Woman Syndrome: Institutionalization of Negative Stereotypes about Women. *UCLA Women's LJ*, 8, p. 99.

〔2〕 See Hofeller, K. H. (1983). *Battered Women, Shattered Lives*. Palo Alto, CA: R & E Research Associates.

Walker 将家庭暴力关系解构为一种循环，由三个阶段循环往复，第一阶段为双方紧张关系的构建，在此阶段中女性承受了少量的肢体以及言语暴力。在这一阶段中女性会试图"小事化了"并安抚配偶情绪，但是在失败之后会表现出沉默和畏惧，以避免进一步更严重的虐待；第二阶段为暴力实施阶段，家庭暴力的行为越来越粗暴并脱离控制，这一阶段开始的导火索有很大一部分是因为妻子无法忍受第一阶段的暴力，但却招致了更为激烈的暴力行为；第三阶段为"蜜月期"，施暴者会表现得非常诚恳，以请求妻子的原谅。在这一阶段中，施暴者会承诺善待妻子并付诸一定的实践，例如戒酒。但最终丈夫仍然会失去自控，又回到第一阶段。[1]第三阶段中，妻子会因为丈夫的行为产生其洗心革面的希望，从而被重新束缚在这段关系中。

部分女性尤其是在暴力环境下成长的女性，会认为此种循环是正常的，或者干脆回避现实，无法或者不愿意认清自己的处境；而其他女性，则因为自己无法预见和控制施暴者的暴力行为而变得消沉，逐渐丧失了改变这种现状或者阻止施暴者的信心。

家庭暴力的承受者在此种循环往复之下会产生"习得性无助"（learned helplessness）。对于这一概念，Lenore Walker 引用了心理学家 Martin Seligman 的研究加以说明。该理论包含了如下要素：可能发生事件的信息；对于可能事件的认识性反应（得知、相信、期望、感觉）；对业已发生事件的行为。当丧失了对于可能发生的负面事件的可靠认知和预测性时，人们自

---

〔1〕　See Walker, L. (1979). *The Battered Woman*. New York：Harper & Row，p. 54.

然会丧失以自己的能力对该负面事件加以影响的确信。长此以往，就会倾向于选择消极应对，因为这是最具有可预测性的方式。就算之后在客观上有反抗的可能，但是主观上已经丧失了此种意图。[1]这解释了为什么这些人不选择离开施暴人。因为其认为自己完全失去了对于家庭暴力的控制，从主观上认为没有丝毫逃离的可能，尽管从客观上而言这是可能的。这种面对家庭暴力的无助感以及无法逃离的绝望，使得家庭暴力的承受者逐渐变得消极，并丧失了逃离这段关系的勇气。[2]Lenore Walker 总结了这些女性的共同特点：缺乏自尊，对于家庭以及女性角色地位的认识比较传统（认为女性的社会责任在于维系家庭稳定，而其家庭的状况让其认为自己对此也有责任），对于婚姻关系破裂怀有强烈的羞耻心。同时，经济上的不独立，以及对于逃离后可能招致施暴者的报复的恐惧，也促成了这一点。

后来 Lenore Walker 的部分理论得到了越来越多的研究证实，但同时其所提出的暴力循环模型被认为略显僵化，以及在概念上存在缺陷。许多受虐妇女综合症专家证人的支持者对于 Lenore Walker 过于简单和概括的理论提出批评，认为此种理论固化了对于受虐女性的负面成见，并将应对虐待的正常心理

---

〔1〕 See Seligman, M. E. P. （1992）. *Helplessness：On Depression，Development，and Death.* New York：Freeman. 有一个实验对此加以说明：实验人对一群关在笼中的狗多次施加电击，尽管刚开始所有狗都试图抵抗，但最终这些狗逐渐变得消极并放弃了抵抗，屈从于电击所带来的负面感受。在之后，就算实验人试图教这些狗通过到笼子的另外一边以躲避电击，狗仍然选择了消极的状态，并不会听从实验人的指示以躲避电击。

〔2〕 See Cornia, R. D. （1997）. Current Use of Battered Woman Syndrome：Institutionalization of Negative Stereotypes about Women. *UCLA Women's LJ*, 8, p. 99.

反应视为一种病态。因而批评者们主张抛弃将受虐人的行为固化在"习得性无助"的框架内。简而言之，这些批评者认为不应将此种"受虐妇女综合症"视为一种心理疾病。[1]

二、受虐妇女综合症在刑事司法领域的应用

（一）自卫制度（perfect self-defense）

受虐妇女综合症首次被引入刑事司法领域是在自卫案件中，一些长期受到家庭暴力的女性受指控谋杀其丈夫或者男友，她们以此为自己的行为提供心理学基础。这类案件以是否存在直接冲突为标准可以分为两类。不存在直接冲突的案件中，被告人往往是在未发生家庭暴力的情况下实施了杀人行为，例如在其丈夫睡觉时；存在直接冲突的案件中，女性则以此回击其丈夫的肢体殴打。一般而言，这些案件中涉及对于症状描述、之前虐待行为的介绍、被告人主观的恐惧，以及从客观上看，一个正常的理性人在此种情况下是否会产生对于严重身体创伤乃至死亡的恐惧的专家证言会被接受。提出这些证言的目的在于使

---

〔1〕 See Downs, D. A. (1996). *More than Victims: Battered Women, the Syndrome Society, and the Law.* Chicago: University of Chicago Press.; Gondolf, E. W. and Fisher, E. R. (1988). *Battered Women as Survivors: An Alternative to Treating Learned Helplessness.* Lexington Books.; Dutton, M. A. (1993). Understanding Women's Responses to Domestic Violence: A Redefinition of Battered Woman Syndrome. *Hofstra Law Review*, 21, p. 2.; Mahoney, M. R. (1991). Legal Images of Battered Women: Redefining the Issue of Separation. *Michigan Law Review*, 90, pp. 1~94.; Mangum, supra note 32; Posch, P. (1998). The Negative Effects of Expert Testimony on the Battered Women's Syndrome. *Am. UJ Gender & L.*, 6, p. 485.

陪审团对于受到家庭暴力侵害的女性的心理情况有所了解。[1]

1. 典型案例

（1） State v. Kelly[2]

本案中受虐妇女综合症首次被引入刑事审判中。Gladys Kelly 与其丈夫 Ernest 结婚 7 年，在此期间其经常遭受丈夫肢体殴打和言语辱骂。案发当天，双方又发生了争执，Ernest 在公共场合抓起并扼住 Gladys 的咽喉，正当 Gladys 自己感觉要失去意识时，两名男子见状立即分开了他们。之后 Gladys 去寻找自己的女儿，在找到之后发现其丈夫正举着双手从其后面跑来。Gladys 无法确定 Ernest 在自己寻找女儿的时间里是否找到了武器，并认为他想要来杀死自己，便掏出了一把剪刀想赶走 Ernest，但最后却刺向了他。Ernest 在医院因医治无效而身亡。

两人的婚姻生活自始就不和谐。在婚礼后的第二天，Ernest 就在醉酒后打昏了 Gladys。之后也有过一段平静时光，但是好景不长，接下来的 7 年里充斥着暴力和殴打。时常出现的情况是，Ernest 在醉酒殴打 Gladys 后威胁她如果她想逃跑或者和自己离婚，就打断她的手脚。在清醒之后，Ernest 会离开家门，回家时又向 Gladys 保证自己会戒酒而且不会再殴打她。

在案件初审中，被告人委托专家证人根据受虐妇女综合症为其自卫抗辩提供支持，但是初审法官认为该证言是为了证成和解释被告人行为的正当性，因而不采信该证言，从而判决被

---

〔1〕 See Masson, E. M. (1998). Admissibility of Expert or Opinion Evidence of Battered-woman Syndrome on Issue of Self-defense. *ALR 5th*, 58, p. 749.

〔2〕 See *State v. Kelly*, 478 A. 2d 364, 97 N. J. 178 (1984).

告人犯有无预谋杀人罪（reckless manslaughter）。被告人之后上诉，上诉理由之一即为初审法院错误地理解了受虐妇女综合症专家证言的目的，其真实意图在于论证被告人行为的合理性。上级法院维持了一审判决，而最高法院通过调卷令审理了此案。

Wilentz 大法官指出，本案的关键在于"受虐妇女综合症"是否能在案件中支持被告人的行为成立自卫。其先简要介绍了受虐妇女综合症的研究历史和背景，指出家庭暴力的承受者（通常是妻子和儿童）不再仅仅只是家庭中的一员，而是受到各种形式的暴力之后在心理上存在巨大创伤的相对于家庭的他者。当时人们很难理解这些妻子明明有途径脱离苦海，却为何还选择待在这种受到虐待的婚姻关系中，因而社会上有一种观点认为，遭受家庭暴力的妻子们实际上是在"享受"这种暴力，她们在一定程度上促成了其丈夫的施暴行为。但与此相矛盾的是，受虐待女性杀死施暴丈夫或男友的案件在全美杀人案件中占了很高的比例，对于这一现象的心理学研究逐渐开展。之后 Wilentz 大法官引用了 Lenore Walker 的循环理论，指出受虐女性不与施暴者断绝关系的心理动因，即对于施暴者直接的恐惧，对于自己的羞耻，以及同时也提到了经济因素，例如这些女性没有断绝关系的物质基础和社会资源。

之后，Wilentz 大法官简要概括了本案专家证人的证言，指出了被告人作为受虐妇女综合症患者是如何看待案发当时自己所处的环境的，并阐释了其为何没有离开其丈夫的原因。大法官指出该专家证言的可采信性取决于其是否与被告人自卫抗辩有联系，以及是否符合州相关证据规则。后者经审查可以给出肯定的答案，因此本案的核心在于第一个问题。

自卫被规定在刑法法典的合法性审查部分。"当行为人合理地相信是为保护自己免受现时的不法侵害所必须采取暴力行为方能被视为自卫。同时，除非为了应对可能造成死亡或者严重残疾的不法侵害，该种防卫行为方能采取有致死的危险的行为。"对于这一规定，大法官作了如下解读：首先对于行为的必要性，不需要从客观上判断采取防卫行为的必要性，而应考察行为人在主观上是否真诚地确信（honestly believe）此种必要性；与此同时，此种确信必须是理性的。当然，这些判定都应由陪审团进行而非仅仅根据被告人的供述确定之。

在本案中，被告人表示其用剪刀刺向丈夫的行为是出于对于丈夫可能将她杀死的恐惧而进行的自卫行为。专家证人证言通过对于类似家庭暴力环境下女性心理状态的调查，认为处于对之前家庭暴力的恐惧的心理状态下出现对于现实状态的恐惧是正常的，因而确证了被告人在该种心理状态下的确会产生自己处于极度危险之中的诚挚确信。同时，专家证言也可以帮助判定一个理性人处在本案环境下是否会做出自身存在紧迫的危险的判断，因为如果确证了被告人关于自己经常遭受被害人虐待甚至受到生命威胁，还有关于案发当天两人冲突的陈述，那么根据专家证言可足以证明此种确信的合理性。

之后 Wilentz 大法官提出了本案所涉及的关键问题，即当时社会上对于受虐妇女为何不选择离开施虐者的普遍疑问。专家证言指出正是虐待的高频率和高强度使得受虐人无法从其中逃离，以及受虐人所存在的习得性无助、离开后没有归宿，对于离开后可能招致施虐人更强烈反应的恐惧，还有对施虐人可能改过自新的些许希望都促成了这一结果。

最后大法官对于专家证人证言是否符合举证规则进行了论

证。根据 State v. Cavallo[1]一案所确立的专家证人举证规则：
"在事实审理或证据认定中涉及科学、技术或者特定专业领域知识，
可由专家证人证明。"该规则蕴含了三个要求：第一，需要作证的
问题或事实涉及一半陪审员所不具有的知识领域；第二，专家证人
证言应足够可靠；第三，专家证人自身必有足够的专业能力和资格
作出证言。很显然，家庭暴力虐待的关系涉及心理学和社会学知识，
而且事实上，大多数人都不能正确理解受虐妇女的心理状态而对其
行为有所误解，因此本案专家证言满足第一个要求；第二点实际
上是要求专家证言必须使用科学的方法或者模型，以达成一致和
可验证的结果。在本案中，受虐妇女综合症及其相关研究成果尚
属较新的科学领域，对于此种情况，有三种途径认定其可靠性：
其一，该研究的基本前提或假设在本领域内获得普遍认可；其二，
权威科学或法律论文表示其基本前提或假设获得了科学共同体的
认可；其三，有判决意见显示其获得了普遍认可。而本案中专家
证人的证言可以满足前两种途径。之后，大法官通过对专家证人
学术和研究经历的介绍确认了其证言满足第三点要求。

（2）State of North Carolina v. Judy Ann Laws Norman[2]

同为受虐女性杀死施暴丈夫的案件，本案与 Kelly 案有所不
同的是，被告人是在其丈夫完全不可能对其造成现时侵害的条
件下杀死了其丈夫。此种行为完全无法满足刑法所明文规定的
构成自卫的条件。上诉法院通过受虐妇女综合症认定被告人的
行为属于自卫，但是北卡罗来纳州最高法院多数意见则秉持自

---

〔1〕 See *State v. Cavallo*，443 A. 2d 1020，88 N. J. 508（1982）.

〔2〕 See *State v. Norman*，378 S. E. 2d 8，324 N. C. 253（1989）.

卫基本构成要件立场，驳回了上诉法院的判决。

1985 年 6 月 12 日，受害人被发现死于其家中，头部有三处枪伤，其中两处造成了致命的大脑损害。受害人血液中酒精浓度为 120mg/ml，报案人是受害人妻子，即为本案被告人。妻子表示在此之前，其丈夫因酒后涉嫌危险驾驶而被捕。在被告人拜托母亲将其保释之后，被害人将怒火发泄在了自己身上。每当自己靠近丈夫，就会被扇耳光；而若远离丈夫，他就会用手边的东西砸向他。邻居听见了其家中的吵闹声，便报了警。警察到来之后，被告人已经遍体鳞伤，向警察哭诉自己被丈夫殴打了整日。警察建议其申请人身保护令，但是妻子将其孩子带至其母亲家中，并从其母家中拿了一把手枪以后又折回自己家中。其见丈夫熟睡，就举起手枪向其脑后开枪。第一次射击时手枪卡住了，在修好手枪之后其又向丈夫脑后开了一枪。在确认丈夫心脏仍有跳动之后，其开了第三枪。

之后的调查显示，被害人有诸多恶劣行径。其每日殴打被告人，甚至在夜间让被告人睡在地上；终日无所事事，却逼迫妻子卖淫求生并以此为乐，妻子拒绝卖淫，抑或是卖淫所得不得其意，都会使妻子招致毒打；他天天称妻子为"母狗"（dog），"婊子"（bitch），"贱人"（whore）；有时甚至强迫妻子从狗盆中吃狗粮并学狗叫；他不时切断妻子的食物来源，在二十多年的虐待生活中，他多次以杀掉她或者将她致残相威胁。被告人几次试图逃离丈夫但都被他找到，随之而来的便是更为残酷的殴打和虐待。据被告人所言，其丈夫的这些行为都出现在酗酒之后。尽管在不醉酒时表现正常，二人也通过各种途径试图改变这一点，但是丈夫始终未能戒酒。

被告人表示，其杀死丈夫的行为是出于对其醒来之后又会对自己施以虐待的恐惧，而且案发当天所发生的事情使其相信这种虐待将会比之前更加严重，自己再也无法忍受其丈夫的虐待行为了。

两位专家证人在对被告人进行调查之后确认了其符合受虐妇女综合症，因为被告人已经无法希望从其他人处获得任何帮助，并确信自己处于其丈夫的完全掌控之下，毫无逃跑的可能，另外还相信其丈夫无法受到法律的强制或制裁，因此除了选择杀死他，自己别无选择。

多数意见从对于自卫行为的严格解释立场出发，认为构成自卫必须要有现实的紧迫侵害。从主观立场出发，也就是要求行为人必须对于被害人可能对自己施以的导致死亡或者严重人身伤害的行为的切实的确信。而本案中被害人尚处于熟睡中，被告人所说的对于可能招致暴力虐待的恐惧只是对于未来的不确定预期，无法达到构成自卫所需的确信标准。如果采取上诉法院的观点，则会过分放宽自卫行为的条件。而对于专家证人提出的受虐妇女综合症，多数意见认为在当时的案例中存在意见分歧，而且对于本案中所出现的此种被害人处于完全不可能对被告人施加暴力的情况下的案件，均没有自卫成立的判决。

但是 Martin 法官发表了异议意见。其不认可多数意见所认为的支持被告人的抗辩可能会导致自卫条件的扩大。因为多数意见误解了被告人的意图，被告人并非想通过扩大自卫构成条件的方式寻求"受虐妇女杀死施虐人丈夫"这一行为的合法化。因此 Martin 法官又探讨了自卫的构成，其中包括对防卫行为必要性的确信、该种确信的合理性。根据专家证人的证言可以表明被告人有合理的动因产生对于事实自卫行为的确信，而此种出于受虐妇女综合症而产生的动因在这一人群中也是普遍的。质言之，将一般的理性人置于整个案件的背景下——即经历二十多年无休止的暴力虐待以及案发当天的具体情况，也会产生同样的想法。

2. 专家证人制度的运用

各州的专家证人证言都必须满足《联邦证据规则》，该规则对于专家证人证言是否具有可采证性提出了要求。在确定此类案件中关于受虐妇女综合症的专家证言是否可以加以采信时，需要对如下问题作出判断：

首先，根据《联邦证据规则》第 401 条，应确定专家证人证言与案件的关联性。当该种证言的存在能够在一定程度上支持确证或否定关乎被告人行为定性的事实时，即可认为具有此种关联性。

另外，根据《联邦证据规则》第 702 条，专家证人证言应当满足以下几条要求：

①专家证人应具有一定资质；

②证言应以足够的数据或事实作为支撑；

③专家证人应将其原则和方法准确地应用于案件事实。

在 1993 年的 Daubert v. Merrell Dow Pharmaceuticals. Inc[1]案中，最高法院解释了第 702 条的适用，即专家证人证言的可采证性取决于其是否与案件事实存在切实的科学联系，这可以从以下几个方面加以考察：首先，专家证人证言的手段或技术是否具有可验证性（可重复性）；其次，该理论或技术是否经过同行评审并公开；再次，适用该种理论时出现错误的可能性；

---

〔1〕 See *Daubert v. Merrell Dow Pharmaceuticals*, *Inc.*, 509 U. S. 579, 113 S. Ct. 2786, 125 L. Ed. 2d 469 (1993). 本案中，待判定的是有关一项基于新技术的医学因果关系的专家证言的可采证性，法院认为不能仅仅根据该证言所涉及的技术手段是否获得了科学共同体的普遍认同，而必须满足相关性和可靠性标准。

以及该种技术所采取的标准的延续性；最后是科学共同体对此的接纳程度。但是，关于此种解释的适用，有两种不同的意见。一种认为此种标准只限于案件中涉及自然科学知识（hard science）的事实认定，另一种则认为不限于此，而在案件所涉及的其他领域知识（soft science/nonscientific）的专家证人证言中也可以适用。[1] 而在 Kumho Tire Co. v. Carmichael[2] 案中认定 Daubert 案中所确定的专家证人举证规则不仅仅在涉及自然科学知识的案件事实领域中适用，而应扩展到所有需要专家证人的情况。因而属于心理学或者行为学领域的有关受虐妇女综合症的专家证人证言也应当满足 Daubert 案中所确定的标准。

但是根据一些法院以及学者认为，Daubert 案在自然科学体系下所确立的规则，特别是对于可重复性以及失效概率的要求，可能在心理学和行为科学领域中难以适用。[3] 对于 Daubert

---

〔1〕　See Michelson, M. (2001). The Admissibility of Expert Testimony on Battering and Its Effects After Kumho Tire. *Wash. ULQ*, 79, p. 367.

〔2〕　See *Kumho Tire Co. v. Carmichael*, 526 U. S. 137, 119 S. Ct. 1167, 143 L. Ed. 2d 238 (1999).

〔3〕　See *Jenson v. Eveleth Taconite Co.*, 824 F. Supp. 847 (D. Minn. 1993); Richardson, J. T., Ginsburg, G. P., Gatowski, S. and Dobbin, S. (1995). The Problems of Applying Daubert to Psychological Syndrome Evidence. *Judicature*, 79, p. 10.; Steele, D. L. (1999). Expert Testimony: Seeking an Appropriate Admissibility Standard for Behavioral Science in Child Sexual Abuse Prosecutions. *Duke law journal*, 48, pp. 933 ~ 973.; Jasanoff, S. (1991). What Judges Should Know about the Sociology of Science. *Jurimetrics J.*, 32, p. 345. Jasanoff 指出当法官们试图对专家证人证言的可采证性作出判断时，他们就不再处于被动的裁判者地位，而积极地参与到对于案件中专家证人证言所涉及的事实的调查中。由此，关于这些事实的认定就与法官的主观判断相牵连。因此，作者认为法官的此种权利应该尽可能少地被运用。

案的严格适用可能导致绝大多数心理学和社会学领域的专家证人被排除在诉讼之外。为了防止对 Daubert 案的机械性适用，Kumho 法院重申 Daubert 案的标准是辅助性而非决定性的，在一些领域专家证人证言的适用也取决于所涉争议的性质、专家的技术水平以及其证言的对象。

最后，根据《联邦证据规则》第 403 条，如果专家证人证言受到不公平的偏见影响，对于争议之处模糊不清，或者存在误导陪审团的可能，或者在程序上有所延误，则专家证人证言的证明力会有所贬损导致该证据被排除。

但在各州对涉及受虐妇女综合症的刑事案件作出判决时，Daubert 案并没有得到普遍的适用。一些州采取了"普遍认可"（general acceptance）的标准，许多州对于专家证言的态度也在不断的变动中。例如，在最高法院对 Daubert 案作出判决的三个月后，佛罗里达州最高法院在 State v. Hickson[1]一案中指出关于受虐妇女综合症的专家证言是可采证的。但有趣的是，佛罗里达州法院根据的是 Dyas v. United State[2]一案所确定的标准，而对于 Daubert 案的标准一字未提。[3]

另外，1991 年的 Arcoren v. United States[4]案是第一起涉及关于受虐妇女综合症专家证人证言可采证性的联邦上诉案

---

〔1〕　See *State v. Hickson*, 630 So. 2d 172 (Fla. 1993).

〔2〕　See *Dyas v. United States*, 376 A. 2d 827 (D. C. Cir. 1977).

〔3〕　See Michelson, M. (2001). The Admissibility of Expert Testimony on Battering and Its Effects after Kumho Tire. *Wash. ULQ*, 79, p. 367.

〔4〕　See *Arcoren v. US*, 929 F. 2d 1235 (8th Cir. 1991).

件。本案中，受虐妇女综合症专家证人证言被用于在对于施虐人的指控中解释受虐人变更证言的行为。联邦上诉法院认为满足科学界"普遍认可"的受虐妇女综合症专家证言可以被采信，认为这一理论已经脱离了试验阶段并因此获得了有效的证据能力。在这一案件的影响下，越来越多的法院并没有完全依照Daubert案的标准对专家证人证言进行审查，而是关注该证言的用途以及证言的相关性。

3. 受虐妇女综合症与自卫抗辩

美国法律中的自卫制度有如下构成要素：在实施自卫行为时行为人必须确信自己面临可能造成死亡或重大身体损害的不法侵害的现实紧迫危险；其所使用的手段必须与侵害本身相当；行为人不能挑拨造成侵害行为；除了实施自卫行为之外，行为人没有逃离的可能（大多数州认为在自卫行为开始后如果有机会逃离，行为人并没有必须逃离的义务）。[1] 而通过案例可知，大多数受虐者都是在施虐者没有进行暴力行为时实施了犯罪，因而在表面上很难满足上述要求以构成自卫。因而必须通过受虐妇女综合症对此加以论证。

对于"确信"，司法界开始由传统的客观标准向主观标准转向，1962 年美国法学会通过的《模范刑法典》（Model Penal Code）就采取了主观标准。客观标准是指将一个正常的理性人置于案件环境之下，其是否会产生这样的确信；而主观标准是

---

〔1〕 See LaFave, W. R. and Scott, A. W. (1972). *Handbook on Criminal law.* St. Paul: West Publishing Company.

判断案件当事人是否产生了确信。[1]在主观标准下，受虐妇女综合症通过理论和例证可以解释受虐人在长期遭受虐待的背景下，对于施虐人威胁其生命的言语、行为会产生确信。有时，法院可能采取客观标准，但是建议陪审团考虑行为人的特殊情况[2]，相当于一般理性人将自己置于行为人的境地，根据行为人的认识来对其所面临的情况作出判断。这其实反映了上述两种结合的二元标准，也可以使用受虐妇女综合症加以论证。[3]类似的，对于此种"确信"是否符合理性，法院也采取了两种路径进行判断。其一是判断过往受虐的历史，以及虐待行为本身的性质，从客观上判断产生此种确信是否具有理性的基础；其二是以"理性的受虐妇女"来替换一般判断中的"一般理性人"，即半主观的标准。而这些标准其实均需要透过受虐妇女综合症方能解释被告人确信的合理性。[4]

  对于防卫的手段，从对防卫的一般理解来说，受虐妇女采取杀死施虐人的行为应该不能认为是与侵害手段相当。但是，防卫这一制度构建的基本假设是"男性"为了保护其自身或家庭生命财产不受其他"男性"侵犯。但是当女性面临可能

---

[1] See LaFave, W. R. and Scott, A. W. (1972). *Handbook on Criminal Law*. St. Paul：West Publishing Company.

[2] See *State v. Wanrow*, 559 P. 2d 548, 88 Wash. 2d 221, 88 Wash. 221 (1977).

[3] See Saitow, S. J. (1993). Battered Woman Syndrome：Does the Reasonable Battered Woman Exist. *New Eng. J. On Crim. & Civ. Confinement*, 19, p. 329.

[4] See Faigman, D. L. and Wright, A. J. (1997). The Battered Woman Syndrome in the Age of Science. *Ariz. L. Rev.*, 39, p. 67.

需要实施自卫的场合，考虑到两性身体的差异，这种标准显得不太合理。以家庭暴力案件为例，男性只用拳头就可以对女性造成伤害，而如果要求手段的相当性，则女性几乎不可能有效的自卫。因此，对于"手段"应该做扩大性理解，将行为人的身体条件涵盖在内，适当放宽在此类案件中构成自卫的标准。[1]

对于侵害的"即时性"，也需要通过受虐妇女综合症进行解释。在长期遭受家庭暴力的背景下，受虐人会对于施虐人的生命威胁产生确信，并且认为下一次虐待会成为最后一次，因为这将成为自己生命的终结。[2]

最后，对于是否存在除了实施防卫行为之外的其他可能，如前所述，受虐妇女综合症通过"习得性无助"解释了受虐妇女在过往的一般家庭暴力经验中为何不选择逃离或者寻求帮助。因而在所面临案件的特殊条件下，亦可以此解释其除了实施防卫行为之外并无其他选择。

防卫制度的理论基础在于为了保护自己的正当利益不受侵犯，在法律无法保护的情况下，采取暴力手段进行防卫是合乎道德的，因而法律将这种行为正当化。而受虐妇女综合症下的受虐人的行为也符合这一理论。而受虐妇女综合症贴合了这一

---

〔1〕 参见 Saitow, S. J. (1993). Battered Woman Syndrome: Does the Reasonable Battered Woman Exist. *New Eng. J. On Crim. & Civ. Confinement*, 19, p. 329. 案例可参见 *State v. Griffiths*, 610 P. 2d 522, 101 Idaho 163 (1980). *State v. Branchal*, 684 P. 2d 1163, 101 N. M. 498 (Ct. App. 1984).

〔2〕 参见 Eber, L. P. (1981). The Battered Wife's Dilemma: To Kill or to Be Killed. *Hastings LJ*, 32, p. 895. 案例也可参见 *Fennell v. Goolsby*, 630 F. Supp. 451 (E. D. Pa. 1985).

理论。因此，受虐妇女综合症应当是一种违法性而非有责性的抗辩。质言之，受虐妇女综合症并非用以论证行为人有精神问题从而不具备刑事责任能力。在 Hawthorne v. State[1] 案中，初审法院就错误地理解了被告人的受虐妇女综合症的抗辩，认为其目的在于证明其精神状态异常；而上诉法院纠正了这一认识，认为被告人的这一抗辩目的在于证明其合理地相信自己面临严重的人身危险，从而受虐妇女综合症的证言目的在于使陪审团对该种情况下产生自卫意图的合理性进行判断。[2]

总而言之，受虐妇女综合症在刑事案件中主要作用在于：①通过类似家庭暴力情况下受虐女性的普遍反映使陪审团能够对被告人的行为作出基于其过往受虐史的判断；②证明被告人在此种情况下能够形成对于其所面临的严重人身危险的确信；③为此种确信提供理性支持。[3]

（二）受虐妇女综合症应用于其他抗辩

1. 不完整自卫（Imperfect Self-defense）

如若法院在此类案件中坚持传统的自卫解释，那么被告人仍然可以通过受虐妇女综合症作出抗辩，主张自己构成了不完整的自卫，即未满足自卫全部条件的行为。因而使自己被认定为过失杀人而非故意杀人。例如，争执由被告人引起，最终发展为被告

---

〔1〕 See *Hawthorne v. State*, 408 So. 2d 801 (Fla. Dist. Ct. App. 1982).

〔2〕 See Thyfault, R. K. (1984). Self-defense：Battered Woman Syndrome on Trial. *Cal. WL Rev.*, 20, p. 485.

〔3〕 See Savage, J. (2006). Battered Woman Syndrome. *Geo. J. Gender & L.*, 7, p. 761.

人杀死了施虐者的案件中，例如 People v. Williams[1]；或者被告人对于其可能受到侵害的确信不具有合理性。[2]

在涉及不完整自卫的案件中，有两个问题。其一是当关于受虐妇女综合症的专家证言被采信，陪审团对于该证言可能存在误解。例如将仅用于证明被告人存在对于侵害确信的证据，出于同情误用为证明该确信的合理性，最终可能导致直接成立自卫。一些法院在面对这一问题时明确了专家证人证言的用途，明确了部分专家证言与确信的合理性无关，例如在 People v. Wickersham[3]案中，将对被告人的虐待史作为陪审团判断被告人行为是否基于其对于侵害的诚挚确信的基础。另外一个问题是，被告人对于不完整自卫的理解存在模糊的情况。理论上，行为的合法性（justification）与有责性（excuse）是两个问题。前者所指示的对象是行为，即行为是否满足刑法的犯罪构成；后者所指向的是行为人，即行为人是否存在减免刑罚的特征。在不完整自卫案件中，受虐妇女综合症中的习得性无助以及暴力循环等概念的目的在于证明后者。[4]

---

〔1〕　See *People v. Williams*, 547 P. 2d 1000, 16 Cal. 3d 663, 128 Cal. Rptr. 888 (1976).

〔2〕　See Saitow, S. J. (1993). Battered Woman Syndrome: Does the Reasonable Battered Woman Exist. *New Eng. J. On Crim. & Civ. Confinement*, 19, p. 329.

〔3〕　See *People v. Wickersham*, 650 P. 2d 311, 32 Cal. 3d 307, 185 Cal. Rptr. 436 (1982).

〔4〕　See Saitow, S. J. (1993). Battered Woman Syndrome: Does the Reasonable Battered Woman Exist. *New Eng. J. On Crim. & Civ. Confinement*, 19, p. 329.

2. 暂时精神疾病（Temporary Insanity）

根据《模范刑法典》，如果能证明被告人在实施犯罪行为时具有精神疾病或者缺陷，并因此无法认识到自己行为的后果和性质，则其不需要承担刑事责任。这里对于所谓精神疾病或缺陷的理解并非病理学的，而是由法官决定行为人的精神状态是否会对其行为模式造成影响。因此，只需要根据受虐妇女综合症，建立其长期遭受虐待与行为时精神状态异常的联系即可成立此种抗辩。[1]但是，研究表明，受虐人在实施此种行为时，对于自己行为的性质和后果有着明确的认识。[2]因此，该种抗辩无法适用于此类案件。

三、对受虐妇女综合症应用于刑事领域的批评

尽管受虐妇女综合症这一概念及专家证人的研究使得诸多女性在涉嫌刑事案件时得以公正对待，但也有观点认为越来越多的关于受虐妇女综合症的专家证人证言在一定程度上固化了对于女性的有害偏见。另外，也有批评意见指出受虐妇女综合症忽视了男性和同性家庭中受家庭暴力的情况。

有一种观点认为，受虐妇女综合症塑造了长期遭受暴力虐待女性的一维片面印象——唯有"习得性无助"、对于所遭受的暴力虐待抱有被动消极心态的女性可以从中得到保护。而那些在心理上而非肢体上对家庭暴力有所反抗则因为无法满足受虐

---

〔1〕 See *People v. Wickersham*, 650 P. 2d 311, 32 Cal. 3d 307, 185 Cal. Rptr. 436 (1982).

〔2〕 See Walker, L. E. (2016). *The Battered Woman Syndrome*. Springer publishing company.

妇女综合症的要件而不能将其最终的反抗行为视为自卫。另外，在受虐妇女综合症的教条下，该类女性被认为对家庭暴力无所反抗，因而女性丧失了在日常生活中通过肢体的反抗来保护自己的能力。[1]

另外，基于受虐妇女综合症所构建的家庭暴力背景的案件中的受虐人自卫制度，其预设了如下前提：一般人应对侵害的手段或者是回击，或者是逃离。而受虐妇女综合症患者的行为不符合此种一般常态，故对其行为是否属于自卫的主观判断中，就不能简单地只把理性人带入案发场景，而应考虑其长期受到虐待的历史因素。但是这种预设所反映的是典型的男性思维。研究表明，此种应激反应并非"常态"或是一般情况，研究者通过对男女两性的对比试验，发现在面对压力所采取的回应模式中，女性显得相对"温柔和友好"。也即，女性可能通过求助于互助小组或者在抚养子女上投入更多的心血以回避压力。[2]

第二节　创伤后应激障碍与刑事抗辩

目前，美国在实践中对妇女"以暴易暴"行为的刑事抗辩，大多仍旧直接运用受虐妇女综合症（Battered Woman Syndrome，下文简称 BWS）以说明该种行为成立自卫，这一做法

---

〔1〕　See Baker, K. K. (2005). Gender and Emotion in Criminal Law. *Harvard Journal of Law & Gender*, 28, p. 447.

〔2〕　See Walker, L. (1979). *The Battered Woman*. New York：Harper & Row, p 54.

借由 BWS 对自卫的构成要件在受家庭暴力妇女这一特殊主体上进行了扩大或者说类推解释，实质是否定了该种受家庭暴力妇女"以暴易暴"行为的违法性。这样一种做法目前在理论上似乎难以为大陆法系的刑法理论所接受。如上文分析可知，通过 BWS 将妇女"以暴易暴"行为与自卫相等同，实际上前者的一些显著行为特点（诸如并非在受家庭暴力的当时进行反击，而是在施暴人处于无警戒、平静的状态下施以杀手）根本无法为自卫制度的条文文字的可及范围所涵盖，换句话说，法院的此种理解实际上属于超越法规的法律续造，在大陆法系中此种理解已经超越了法官对于法条的解释与诠释的职责，只在英美法系判例法体系下有其程序上的合理性。而通过立法的方式将这种理解成文化也有一定的难度，此种特例的存在势必导致相关制度（对应美国自卫制度的正当防卫制度）在理论体系上的混乱，影响该制度在一般案件中的适用。因此对于我国而言，在短时间内可能不宜将 BWS 作为正当防卫成立的依据。

因而，无论是在理论中还是在实践中，更加契合我国目前的刑法体系的做法是从行为的责任层面考虑。通过说明行为人即受家庭暴力妇女在做出"以暴易暴"行为时属于不能辨认、控制自己行为的限制刑事责任能力人，从而减免对其的处罚，此种做法更具有可行性。而如何建立受家庭暴力妇女与限制刑事责任能力的联系，在美国也有一些类似的案例可资参考。虽然这些案例中被告并非是受家庭暴力的妇女，但是其所运用的抗辩理由——创伤后应激障碍（Post-Traumatic Stress Disorder，下文简称 PTSD），许多受家庭暴力妇女都有着类似的生理与心理症状，或者直接可以被判定为患有 PTSD；同时受家庭暴力妇女的"以暴易暴"行为也与这些案例中被告人的行为在许多层面上具有相似性，因而可以作为借鉴和参考。

一、创伤后应激障碍的概念及特征

《国际疾病分类（第十版）》（ICD－10）"精神与行为障碍分类"中将 PTSD 归类于"严重应激反应和适应障碍"条目下，《中国精神障碍分类与诊断标准（第三版）》（CCMD－3）据此将 PTSD 归类于"应激相关障碍"。PTSD 是一种延迟性应激障碍，由异乎寻常的威胁性或灾难性心理创伤，导致延迟出现和长期持续的精神障碍。其主要表现为：①反复发生闯入性的创伤性体验重现（病理性重现）；②持续的警觉性增高；③持续的回避；④对创伤性经历的选择性遗忘；⑤对未来失去信心。[1]在我国刑事司法理论与实践中，PTSD 也会作为刑事责任能力的考量因素。有学者提出，对于 PTSD 患者所从事的犯罪行为，行为与创伤性体验密切相关，如辨认或者控制能力明显削弱，评定为限制刑事责任能力；如出于现实动机或者报复者，评定为完全责任能力。[2]

根据美国精神医学学会编著的《精神障碍诊断与统计手册（第五版）》（*Diagnostic and Statistical Manual of Mental Disorders*，*Fifth Edition*，以下简称 DSM－5，非第五版简称为 DSM），PTSD 是在接触一个或多个创伤性事件之后所发

---

〔1〕　参见纪术茂等主编：《中国精神障碍者刑事责任能力评定案例集》，法律出版社 2011 年版，第 766～767 页。

〔2〕　参见纪术茂、张小宁："《精神障碍刑事责任能力评定大纲》研究简介"，载《证据科学》2008 年第 4 期，第 498～502 页。

展出的特征性症状。创伤性事件可以亲身经历或者目睹经历，包括但不限于：作为战士或平民接触战争、被威胁或实际受到躯体攻击和性暴力、被绑架，等等；在创伤性事件发生后，存在一个或多个与创伤性事件有关的侵入性症状，主要包括：创伤性事件反复的、非自愿的和侵入性的痛苦记忆、与创伤性事件有关的梦、分离性反应（例如闪回、接触象征或类似创伤性事件某方面的内在或外在线索时产生强烈或持久的心理痛苦或者显著的生理反应）；患者会在经历创伤性事件之后开始持续地回避与创伤性事件有关的刺激，并且产生与创伤性事件有关的认知和心境方面的负性改变，诸如：无法记住创伤性事件的某个重要方面，对自己、他人或世界持续性放大的负性信念和预期，持续性的负性情绪状态（例如害怕、恐惧、愤怒、内疚、羞愧），显著地减少对重要活动的兴趣或参与，与他人脱离或疏远的感受；与创伤性事件有关的警觉或反应性有显著的改变。[1]在具体临床诊断上，DSM－5列举了更加详细的标准。

二、PTSD 在刑事犯罪中的抗辩应用

PTSD 在美国刑事司法中的运用最早开始于越南战争之后。许多参与越战的士兵在经历战争的残酷之后，出现了种种不同的心理疾病和问题，并且在此种负面心理的影响下进行了许多犯罪活动，包括较轻的非法持有枪械、携带毒品以及较为严重的各种暴力犯罪。由于联邦和各州的刑法普遍对于非暴力与暴

---

〔1〕　参见美国精神医学学会编著，［美］张道龙等译：《精神障碍诊断与统计手册（第5版）》，北京大学出版社、北京医科大学出版社 2015 年版，第 262～272 页。

力的刑事犯罪在减免处罚的规定中有所不同，因此 PTSD 在此两类犯罪抗辩中有着不同的进路和程序，不过，由于二者的本质和最终目的均指向论证行为人的刑事责任能力，在论证的方式和内容上并非决然区分，具有一定相互借鉴的意义。虽然下述案例与受家庭暴力妇女"以暴易暴"的刑事犯罪并没有直接的联系，但是根据这些案例所构建的关于 PTSD 运用于刑事抗辩的实体和程序性的要求，完全能够将符合 PTSD 诊断标准的受家庭暴力妇女纳入这一抗辩的范围之内。

（一）非暴力刑事犯罪中的抗辩

对于一些以非暴力行为进行的刑事犯罪，以 PTSD 为基础减免处罚主要基于《美国法典注释》（*United States Code Annotated*，以下简称 U. S. C. A）中"行为能力贬损"（Diminished Capacity）一条。[1]该条规定，当行为人处于显著的心智（Mental Capacity）降低时，且该种心智降低对于行为人作出犯罪行为产生了实质性的影响，可以对其作出减轻处罚的判决（Downward Departure）。但是在以下四种例外情形下，不能作出减轻处罚的判决。该四种例外情况分别是：①行为能力降低是因为行为人服用毒品或饮酒导致的；②行为人的行为包含实际的暴力行为或是有暴力的紧迫危险，该种行为所面临的情势下有保护公众的必要；③根据行为人的既往犯罪史，对于其犯罪行为有保护公众的必要；④行为人曾因违反18 U. S. C. A. § 117[2]

---

〔1〕 USSG, § 5K2. 13, 18 U. S. C. A.
〔2〕 该条内容为家庭关系中的长期暴力行为，包括对于配偶、亲密关系者或子女的攻击、性虐待以及严重暴力行为，基本上等同于家庭暴力。

而被定罪处罚。

1. U. S. v. Cantu[1]

本案中，被告人因非法持有枪械而被起诉。庭审中，被告人向法院提供一份心理学鉴定报告，其中陈述了其在越南战争中的两年时间里，多次参与各种作战任务，历经战火，目睹了众多妇女儿童的伤亡和战友的倒下。在战争结束后，被告人饱受由其战争中所经历事件所产生的记忆和噩梦折磨，因此患有严重的焦虑症、失眠症和妄想症。这些症状自其从越南回国后一直延续，直至其犯罪行为发生后 6 个月的庭审时。

法官对于 PTSD 是否属于上述条文中的"心智降低"展开了论证，其指出"心智降低"这一概念通常指缺乏完整的智力能力，即智力损伤或是不能及时对常见概念进行理解并反馈。并且，根据 United States v. Doering （909 F. 2d at 394）案的判决，应该将情绪状态（Emotional Condition）也纳入这一概念的涵摄范围之内，例如在其他一些案件的判决中的情感分裂性精神障碍[2]（Schizoaffective Disorder）、抑郁狂躁型忧郁症[3]（Bipolar Disorder）、精神分裂样精神障碍[4]（Schizophreniform Disorder），精神机能和情绪状态之间的界限日益模糊。将该种情绪状态与精神异常等同对待的解释对于上述法条实际上是一种目的性扩张，该法条的目的在于宽恕无法作出理

---

〔1〕 See *U. S. v. Cantu*, 557 F. 2d 1173 (5th Cir. 1977).

〔2〕 See *U. S. v. Ruklick*, 919 F. 2d 95 (8th Cir. 1990).

〔3〕 See *U. S. v. McMurray*, 34 F. 3d 1405 (8th Cir. 1994).

〔4〕 See *U. S. v. Speight*, 726 F. Supp. 861 (D. C. 1989).

性决定的犯罪人，因为情绪状态的确会扭曲理性决定的形成。另外，法官援引了前述美国精神医学学会所编著的 DSM 一书中的内容，以佐证其对于情绪状态和精神异常不能决然分离的观点。因此，无论是因为生理机能受损导致的行为能力贬损，抑或是因心理问题导致的情绪状态异常，均会对理性判断的能力造成损害，因此均可以认定为上述法条中的"心智降低"。回到法条本身，法官认为法条中对于行为人作出行为时实际处于"心智降低"状态下的规定，意味着是否减轻处罚关键在于该种"心智降低"对于行为人的实际影响，而非导致这种状态的疾症本身的特征或是严重性。被告人所患有的 PTSD 导致了其焦虑、消沉、偏执的心理状态，且充满怒火，随时可能爆发，因而其持有武器的行为是在这种情绪支配之下所作出的为获取自身安全感的不理性举动，因而能够认定其行为在法条规定的范围之内。

之后，法官对法条展开了进一步的论证。其中较为重要的一点在于，如何解释被告人的"心智降低"对于其犯罪行为的实质影响。通过援引其他巡回法院相关案例，法官指出，所谓的"实质影响"并不是指"心智降低"是犯罪的唯一或者充分条件，而只需要其对于犯罪行为有促成作用即可。即判定被告人是否具有依照此条文被减轻处罚的资格并不需要其"心智降低"与犯罪行为之间的高度因果关系，该种因果关系仅仅影响减轻处罚的程度。对于本案中的被告人，如其所提供的心理鉴定报告所言，PTSD 所带来的焦虑屡见不鲜，其持有武器的行为正是这种焦虑影响下的对自身安全的保护行为，因此两者之间具有因果关系。

2. U. S. v. Eric Shawn Perry[1]

本案中，被告人作为直升机驾驶员参加了海湾战争，同样因经历了战争中各种残酷的事件，在战争结束回国后出现了失眠、焦虑等各种症状，并且无法找到正常的工作。由于认为没有人能够理解自己的处境和状态，被告人一直没有接受心理咨询和治疗。之后经朋友介绍接触到了可卡因，从此便开始以吸毒缓解自己的 PTSD，最后因携带毒品而被起诉。本案的实体争议仍然是 PTSD 与前述条文的关系问题。与 Cantu 案类似，被告方同样给出了心理学医生的专家证言以证明其所患有的 PTSD 的各种症状对于其思考和辨别能力都造成了严重的扰乱。另外，根据退伍士兵事务所的证言，被告人的此种无法作出合理决策的现象在该类 PTSD 患者中极为常见。然后对于心理状态和犯罪行为之间的因果关系，法官指出，PTSD 与失眠、噩梦之间有因果关系，而被告人又试图通过各种途径减缓失眠、噩梦对自己的困扰，在这一过程中，其心智和判断能力受损，最后则通过过量用药以及服用可卡因使自己陷入极度疲劳的状态获得安眠，因而为负担可卡因的费用而去运输毒品，由此可以建立 PTSD 与犯罪行为之间的粗略的因果关系。在这里，法官同样采纳了 Cantu 案中的观点，即不强调直接和唯一的因果关系，只要心智受损对犯罪行为有促成作用即可。

（二）在暴力刑事犯罪中的应用

对于涉及抢劫、杀人等行为的暴力刑事犯罪中患有 PTSD

---

[1] *U. S. v. Perry*, A. 2d. Neb：District Court (1995).

的被告人，其可能的抗辩举措一般基于 U. S. C. A 中的"精神异常条款"（Insanity Defense）[1]展开。即针对检方指控，辩方如果能够证明被告人在作出犯罪行为时受到严重精神疾病或缺陷的影响以致不能认识到其行为的性质或危害性，即可以此进行积极抗辩。而对于患有 PTSD 被告人的此种抗辩究竟能否成立以及其在证据和程序上的要求，美国各法院在类似案件的判决中表达了不同的观点，随着时间的推进最终确立了 PTSD 符合上述条文中的"精神异常"的论断。

1. U. S. v. Whitehead[2]

与 Cantu 案类似，本案中的被告人也是经历越南战争并在回国后出现了失眠、焦虑等典型的 PTSD 症状，一名心理医生提供了关键证言，证明这些症状导致被告人开始滥用药品、情绪不稳定、难以处理人际关系、对于人生感到迷茫甚至有过自杀的举动。被问及如何确定在犯罪行为发生当日被告人受 PTSD 影响时，证人回答 PTSD "可能使被告人变得冲动、难以做出合理判断以及对被告人集中精神的能力造成了影响"。本案中上诉法院讨论的主要是证据以及程序问题，即辩方在庭审中提出的关于被告人在犯罪时是否处于"精神异常"状态的证据是否足够充分以及法院是否应将该证据所涉事项交由陪审团探讨。法院指出，根据第八巡回法院对 U. S. v. Owens[3]一案的判决，

---

〔1〕　18U. S. C. A § 17.

〔2〕　See *U. S. v. Whitehead*, 200 F. 3d 634 (9th Cir. 2000).

〔3〕　See *U. S. v. Owens*, 484 U. S. 554, 108 S. Ct. 838, 98 L. Ed. 2d 951 (1988).

前述条文相较于之前的精神状态条款有了较大的改变，一是将证明责任转移至辩方；二是要求证明力达到"清楚且令人确信"（Clear and Convincing）的程度。在本案中，辩方证人在接受反询问时两次声称其结论"完全是推测性的"，因而不能满足前述证据要求。另外，法院在判决中通过脚注的方式发表了其对于 PTSD 与前述法条中"精神异常"的关系的看法：与一般所用的"精神疾病"（Mental Disease）或"精神缺陷"（Mental Defect）不同，在学理上，一般用"精神障碍"（Mental Disorder）加以指称。这一学理概念能够概括各种情形，从口吃到精神不健全到紧张性精神分裂综合征。但是，前述法条所规定的精神状态异常仅指那些极为严重的精神障碍，经由考察立法文献可以发现，这种对于"严重性"的要求强调将非精神病性障碍或官能疾病排除在法条所规定的精神状态异常之外，因此 PTSD 难以成立此条文规定的积极抗辩。

2. U. S. v. West[1]

本案法院否定了 Whitehead 案判决中仅根据辩方提供的证据不足或者不利于被告人而不将被告人精神状态相关事项交由陪审团讨论的结论。本案同样是一起抢劫案件，被告人主张其在抢劫时处于"精神异常"的状态，法院为其所指派的心理医生通过书面意见指出被告人的确患有情感分裂性精神障碍，但是这种障碍尽管十分严重，却并不会导致被告人失去判断其行为性质的能力，因而初审法院没有将被告人精神状态作为陪审

---

〔1〕 *U. S. v. West*, 219 F. 3d 1171（10th Cir. 2000）.

团需要进行讨论的事实。在 Whitehead 案中，作为证人的心理医生承认了其论断是完全基于推测，因而使其证言无法满足证明力要求，本案中作为证人的心理医生直接否定了被告人行为成立法条中"精神异常"的可能性，二者相似之处在于证言本身均对辩方"精神异常"抗辩产生了不利影响。但本案上诉法院认为，首先根据《联邦证据规则》第 704 条，专家证人只能阐明事实证据而不能对该事实证据做"最终争议点"（Ultimate Issues，本案中即为当事人对其犯罪行为性质的认识能力）[1]，因此在本案中，不能排除专家证人的意见进而否决将被告人所提出的精神状态相关事项提交陪审团审议的动议。在此基础上，法院更进一步表示，法官有听取本案中作为专家证人的心理医生的意见的权利，但这并不意味着法官可以仅仅因为专家证言在"最终争议点"上的不可接受性而恣意排除专家证言。《联邦证据规则》第 704 条在理论上的效果是使陪审团在没有专家证人可以作证的情况下依然可以以精神状态异常判定被告人无罪，反过来说，也让陪审团能够在所有专家证言都认为被告人处于"精神异常"的状态时，仍旧以被告人有认识能力为由作出有罪判断。总的来说，该规则的目的在于使陪审团不受专家证人是否得出最终结论的影响而给出自己的结论。诚然在本案中心理医生的证言仅仅能够证明被告人患有某种心理障碍，而不能证明其在从事犯罪行为时因受该种障碍支配进而导致其丧失认识

---

[1]　《联邦证据规则》第 704 条是关于最终争议点的意见的规定：在一个刑事案件里，一位专家证人一定不能表达关于被告是否具有能够构成被诉的犯罪或攻击的一个要件的精神状态或条件的意见。这类最终争议点是单独属于事实审判者的事务。

和判断能力。但是，过往的案例表明，证据本身的不充分性不能成为排除证据的决定性因素，或者说，该种充分性的判断应由陪审团进行。

因此，West 案推翻了 Whitehead 案中对于被告人精神状态异常证据的证明力的要求。在一定程度上，只要能够提出关于精神状态异常影响其认识能力的粗略证据，就可以开启陪审团对该事项的审议。

3. U. S. v. Meader[1]

本案事实与 West 案十分相似，法院对 West 案判决中所援引的《联邦证据规则》第 704 条作出了不同的解释。法院指出，该条款的目的在于让陪审员免于通过猜测的方式来确定被告人能否认识自己行为的性质，而是通过专家证人对精神疾病或缺陷的介绍，以对被告人在该方面严重程度的分析等专业性意见为判断基础，陪审团能够以其集体智慧解决被告人能否认识自己行为性质这一最终问题。简而言之，该法条是为了避免专家证人越俎代庖，对本应属于陪审团决定的"最终争议点"作出判断，只对于被告人行为与其可能存在的精神状态异常之间的因果关系进行作证。在这一目的的引导下，尽管专家证人不能对"最终争议点"发表意见，但是并未禁止被告人自己对于犯罪时自己能否认识其行为的性质进行作证。陪审团听取这一证言后，可以向专家证人提问其行为能否以心理状态异常来解释。如果专家证人对于这一问题的回答是否定的，那么对法官而言，就应该排除"精神异常"的抗辩，理由是对于该种抗辩没有医

---

〔1〕 *U. S. v. Meader*, 118 F. 3d 876 (1st Cir. 1997).

学上的根据。这种情况下，专家证人并没有对"最终争议点"发表意见，因此其行为并没有违反《联邦证据规则》第704条，故而不存在 West 案法官所提出的矛盾。

总而言之，法院认为，在此类案件中，提出"精神异常"抗辩应以被告人自己作证为前提，否则如果仅仅禁止专家证人对"最终争议点"发表意见，陪审团所得出的结论将会流于猜测。因此推翻了 West 案仅凭专家证人较为粗略的证言就足以将精神状态是否异常这一议题纳入陪审团讨论的范围之内的论断。

4. U. S. v. Rezaq[1]

本案的判决为上述案件的争议暂时画上了句号。本案中，被告人涉嫌一起劫持航空器犯罪，其提供了三位专家证人证明其在犯罪时因受到 PTSD 影响而不具有真实的犯罪意图，因而符合18 U. S. C. A. §17（a）中精神状态异常的条件。但检方申请法院排除被告人以及专家证人的证言，理由是 PTSD 未达到"精神异常"抗辩条款中的"严重性"标准；另外，即使能够满足这一标准，证言也应当以其有强烈混淆争议点或误导陪审团的理由而排除。法院指出，"精神异常"抗辩条款中所要求的"严重性"实际上是要求由法院综合全案证据和诊断报告来对被告人所患有的精神障碍和疾病的程度作出判断，进而得出这些证据的可接受性，而非仅仅根据诊断报告中是否出现"严重性"来断定被告人是否符合该抗辩条款的要件。之后，法院摘取了三份专家证言的报告中的一些重要观点，如对于被告

---

〔1〕 *U. S. v. Rezaq*，918 F. Supp. 463（D. C. 1996）.

人所展现出的各种症状只能以 PTSD 解释，这种综合征"严重损害"了其判断自己行为是非的能力；在劫机行为发生时，"被告人的人格在一定程度上分裂（Fragmenting），其感觉、说理、判断、对于是非的思索、对于结果的评估能力不能完全运作"；"PTSD 导致被告人无法评估其行为的错误程度"，在劫机时被告人的情绪陷入不稳定且极易受伤的状态。通过对于三份报告的总体分析，法院认为被告人所患有的 PTSD 能够满足"精神异常"抗辩条款的条件。检方排除证言的第二个理由在法院看来也不够充分，因为其只是援引了国会在发布这一"精神异常"抗辩条款时对一些特定案件中造成不必要混淆可能性的担忧，但却并未论证在此案中可能存在混淆或误导的理由。

另外，在本案中，被告人接受了至少三次由检方选择的心理医生的检查，并出具了三份详尽的专家证人报告，因此与 Meader 案不同，本案中法院对于被告人"精神异常"抗辩的判断有了充足的证据，因而被告人无需再自行作证，在一定程度上否定了 Meader 案判决。总的来说，本案在实体上肯定了患有 PTSD 的被告人进行精神状态异常抗辩的可能性，在程序上一改 Meader 案中被告人必须自己出庭作证而由专家证人在一旁提供心理精神学科介绍的模式，认定专家证人证据充足即可将该争议点交由陪审团讨论。因而暂时结束了围绕 PTSD 等心理障碍患者的精神状态异常抗辩这一问题在法院间的争论。

三、受家庭暴力妇女"以暴易暴"行为减免处罚的 PTSD 进路

在学理上，美国学者在论及受家庭暴力妇女的 PTSD 时必

谈受虐妇女综合征，认为后者是前者的一种特殊类别。[1]因此关于这一问题的探讨基本上基于 BWS 展开，对于刑事抗辩的研究也更重视 BWS 在防卫成立中的机能[2]，对于该类特定案件中 PTSD 抗辩的讨论较少。而美国司法实践中，也未能找到具有代表性的以 PTSD 进行"精神异常"抗辩的家庭妇女"以暴易暴"案例。但是，如果从心理学或精神科学上能够认定受虐妇女综合征属于 PTSD 的一种，就可以根据上述案例进行类比推理。

尽管上述相关案例的判决都明确了"行为能力贬损"条款只能用于非暴力犯罪，因而无法直接在受家庭暴力妇女"以暴易暴"案件中加以援引，但是在这些案件中法院对于被告人是否患有 PTSD，以及 PTSD 是否造成了心智失常进行了论证，

---

〔1〕 See Dutton, M. A. (1993). Understanding Women's Responses to Domestic Violence: A Redefinition of Battered Woman Syndrome. *Hofstra Law Review*, 21, p. 1191.; Hafemeister, T. L. and Stockey, N. A. (2010). Last Stand-The Criminal Responsibility of War Veterans Returning from Iraq and Afghanistan with Posttraumatic Stress Disorder. *Ind. LJ*, 85, p. 87.: ("[R] es-earchers are becoming increasingly aware of the development of PTSD in [bat-tered] women." 研究者们开始逐渐重视受家庭暴力妇女的创伤后应激障碍情况); Meszaros, J. (2011). Achieving Peace of Mind: The Benefits of Neurobiological Evidence for Battered Women Defendants. *Yale JL & Feminism*, 23, p. 117.: (列举了将 BWS 作为 PTSD 一种类型的各州的说法); Sparr, L. F. and Pitman, R. K. (2007). PTSD and the Law. *Handbook of PTSD: Science and practice*, pp. 449 ~ 468. (解释了 BWS 是 PTSD 应用于刑事抗辩而产生的新兴说法); Duncan, K. L. (1996). Lies, Damned Lies, and Statistics—Psychological Syn-drome Evidence in the Courtroom after Daubert. *Ind. LJ*, 71, p. 753.

〔2〕 See Slovenko, R. (2004). The Watering Down of PTSD in Criminal Law. *The Journal of Psychiatry and Law*, 32, pp. 411 ~ 438.

这一论证模式可以被套用于受虐妇女上，既可以通过 PTSD 架起 BWS 与心智失常、认识能力受损之间的间接关系，也可以直接判定 BWS 妇女有 PTSD 症状。

在 Cantu 案中，法官的探讨主要围绕两点展开，一是异常情绪状态对于心智和认识能力的影响；二是这种影响与犯罪行为之间的关系。从对 BWS 的分析可知，对于异常情绪状态，Walker 的"习得性无助"理论可以较为全面地加以匹配。这一理论主要包含以下要素：可能发生事件的信息；对于可能事件的认识性反应（得知、相信、期望、感觉）；对业已发生事件的行为。因此，受虐人因"习得性无助"会导致认识性反应受损，无论是对外界动态的反应抑或是其本身的行为。但是，这种"习得性无助"只能解释受虐人对于事实的认识能力受到损害，但是"心智贬损"条款的实质在于认定行为人对于其行为性质的认识，也即对于价值的认识，在这一问题上可能有待学理进一步的论证。对于心智降低与犯罪行为之间的实质联系，类比以 BWS 成立自卫的案件，在这些案件中，受虐妇女综合征可以解释受虐妇女认为自己的反击行为是紧迫条件下的不得已手段，这也就意味着异常情绪支配了受虐人的行为，使其认为反击是解救自己的必须行为，因而能够满足 Cantu 案中"促成作用"的标准。

在 Perry 案中，法院通过援引 DSM 中 PTSD 相关条文，确定了 PTSD 的司法判断标准，可以归纳为以下条款：①曾经受过创伤事由，例如见证死亡，使得其陷入恐惧、无助的状态。②创伤事由被重复经历，例如在噩梦中。③尝试避免与创伤事由有联系的刺激并试图不将此种状态暴露于公众之下，例如感到疏远或隔离。④经历持久的症状，例如难以集中注意力。⑤各种症状的持续时间超过 1 个月。⑥各种困扰造成了临床的抑郁症状。

通过将 BWS 典型症状与上述标准加以比对可以发现，长期受虐可以作为创伤事由，而受虐人的反应也正是其所描述的"恐惧、无助"；受虐事实存在着更为严重的"重复经历"；BWS 对于受虐妇女为何不选择逃离其婚姻关系的论证，即为了免于遭到更为严重的报复以及出于难以向他人求助的羞耻心，与第三项不谋而合；后三项内容则可以通过心理学者的临床意见作出认定。因此，直接判定 BWS 妇女在司法上满足 PTSD 症状是可行的。

如果能够认定受虐妇女具有心智失常的表现，或者判定受虐妇女满足 PTSD 症状，那么在她们所涉及的暴力犯罪即杀死施虐者的案件中，自然就可以援引上述相关案例。或者如 Meader 案，通过被告人自行作证，专家证人在一旁辅助解答陪审团关于其"精神异常"症状与犯罪行为之间是否存在联系的方式；或者如 Rezaq 案，提交详尽的专家证人意见以及经过权威认证的心理学诊断，均可以成立精神状态异常的抗辩。

第三节　斯德哥尔摩综合症与无受害人起诉

家庭暴力（Domestic Violence）作为一种社会危害被投诉或进入司法程序的数量远远少于其实际发生的数量，背后的原因不仅有社会文化等客观原因，也与受害者自己的主观心理活动有关。本节希望为家庭暴力案件所面临的低司法关注率和低审判率在受虐妇女综合症中找到一种合理的解释，也进一步通过对该症状的深入论述，寻找在中国建立一种类似于无受害人起诉的制度的方法。

一、家庭暴力案件中被害人的消极对待现状

在中国，家庭暴力通常以精神暴力、身体暴力、性暴力和经济控制的形式出现，同时，不同形式的家庭暴力不是孤立发生的，而是经常呈现出一种伴生的状态，共同形成了对妇女人身和精神的威胁。但是值得思考的是，面对这些威胁，受虐妇女的选择通常是消极的。根据全国妇联的统计数据，在整个婚姻生活中曾遭受过配偶侮辱谩骂、殴打、限制人身自由、经济控制、强迫性生活等不同形式家庭暴力的女性占 24.7%，其中，明确表示遭受过配偶殴打的已婚女性为 5.5%，农村和城镇分别为 7.8% 和 3.1%。[1]但是受虐妇女往往对家庭暴力采取消极态度。使得受虐妇女选择消极态度的原因有许多，比如受到丈夫威胁和控制不敢求助或者为了子女而忍气吞声，但是起到决定性作用的还是受虐妇女的个人原因，受虐妇女身处长时间的家庭暴力循环中，其在家庭暴力中受到的痛苦经历，不断在来自施暴者的反悔中被淹没，从而逐渐形成了习得性的后天无助感，同时受到传统思想的影响，很多受害者认为"家丑不能外扬"，

---

[1] 参见全国妇联、国家统计局：《第三期中国妇女社会地位调查全国主要数据报告》，载 http://www.wsic.ac.cn/staticdata/84760.htm，最后访问时间：2019 年 8 月 28 日。

因此更多地选择独自面对而不是寻求社会及司法救助。

　　在 2009 年震惊全国的董珊珊案中，引起全国轰动的是司法机关对于家庭暴力案件的忽视，但是没有引起公众重视的是施暴者王光宇对被害人董珊珊的伤害次数其实远多于董珊珊寻求法律援助的次数。其中，有很多次施暴之后，王光宇的忏悔和泪水最终使得董珊珊放弃寻求援助，在一次次纵容之后，造成了最终的悲剧。虽然自我国 2016 年《反家庭暴力法》颁布实施以来，人身保护令制度的实施使得司法力量对妇女的保护较《反家庭暴力法》颁布之前有很大的提升。据统计，截至 2016 年 12 月底，全国法院共计颁发了 680 余份人身安全保护令。[1] 但是即使这样，绝大多数的家庭暴力仍然未进入司法程序。要解决此问题，还要从受虐妇女本身着手。

二、受虐妇女综合症与斯德哥尔摩综合症下的解释

（一）暴力周期第三阶段与后天无助感

　　为了更好地分析受虐妇女的个人原因，本书借助了受虐妇女综合症的暴力周期理论（Cycle of Violence）和后天无助感（Learned Helpless）的概念。在经历了暴力循环的第一个阶段"气氛日趋紧张"（Tension Building Phase）和第二个阶段"恶性暴力"（Acute Battering Incident）后，家庭暴力迎来了第三阶段"柔情与充满悔恨的爱"（Kindness and Contrite

---

〔1〕　参见中国法院网报道："截至去年底全国法院发出 680 余份人身安全保护令"，载 https://www. chinacourt. org/article/detail/2017/03/id/2574646. shtml，最后访问时间：2018 年 9 月 18 日。

Loving Behavior)，在该阶段中，施暴者的情绪变得较为平静，他会真心地忏悔自己的暴力行为，采用物质或者精神补偿的方式意图求得受虐妇女的原谅，而这也会重新得到受虐妇女的信任。但是，事实上，第三阶段很快又会被第一阶段所取代，最终导致新的一个暴力循环。

对于处于受虐妇女综合症中的受虐妇女而言，伴随这种充满巨大反差的暴力循环而生的后天无助感会使得其经常处于巨大的矛盾和犹豫之中。如果说受虐妇女综合症对暴力周期的第二阶段的经典表现是反抗，比如杀夫，伤夫或者起诉，那么在暴力周期的第三个阶段，也就是缓和和悔过期，受虐妇女则很容易在施虐丈夫的缓和表现和忏悔之中，重新燃起对丈夫的希望并原谅丈夫，从而对其在剧烈暴力之下所采取的投诉或者司法行为产生悔意，导致撤诉等不配合起诉的行为。

美国著名的健美模特 Loni Willison 就是这样一个例子。她在 2012 年认识了美国男星 Jeremy Jackson 后与其结婚，婚后发现她丈夫有酗酒和家庭暴力的毛病，从一开始砸家电慢慢发展到打她，Loni 认识到用暴力解决问题是丈夫的常态，但是在接下来的生活里，Loni 一直抱着丈夫会改正的幻想默默忍受直到忍无可忍后才咨询律师如何离开丈夫。在律师的指导下她将 Jeremy 的罪证录下来后交给警察起诉 Jeremy 家庭暴力。因为录音中有 Jeremy 表示想要谋杀妻子的内容，这起严重的家庭暴力案件升级为蓄意谋杀案。但就在证据确凿，Loni 终于可以逃出魔掌时她却不忍心看丈夫为自己坐牢，再加上长期受到暴力的"习得性无助"，最终选择了撤诉。

受虐妇女综合症的研究者 Lenore Walker 援引了 Seligman（1975）电击狗的后天无助理论[1]来解释受虐妇女的这种"心理瘫痪"感。Walker 认为，无论受虐妇女的行为如何，她都无法控制或者停止暴力，这使其陷入了和狗一样的后天无助状态。受虐妇女倾向于认为，她无法改变自己的处境，随着时间的推移和暴力升级，受虐妇女开始生活在一种持续恐惧的状态中，认为自己无法逃脱的这种恐惧通常是由施暴者的威胁以及行动（类似于电击）促成的。如果她试图离开或者寻求帮助，那么她将受到更严重的虐待。许多社会和经济因素，例如受虐妇女对施暴者的情感和经济依赖，强调婚姻重要性的传统社会规范，以及缺乏有效的社会和法律补救措施来终止家庭暴力，进一步使得受虐妇女深陷家庭暴力之中。

（二）斯德哥尔摩综合症

实际上在暴力周期的第三阶段，这些受虐妇女的原谅和反悔是一种斯德哥尔摩综合症的表现。

斯德哥尔摩综合症因为在斯德哥尔摩人质挟持事件中被发现而得名，在这次银行抢劫案中，4 名曾经遭受挟持的银行职员不仅不痛恨歹徒反而对歹徒对他们多加照顾的行为表示感激，甚至对警察采取敌对的态度。这种受害者与压迫者之间被错置的情感联结不仅存在于绑架案人质身上，也存在于不平等的权

---

〔1〕 在 Seligman 60 年代所进行的一次试验中，他将几条狗放在一个铁笼子内，不定时电击笼子各个位置。一开始，狗选择在笼子中不断跳跃以减少电击，但是当其发现无论怎样逃避都不能躲避电击时，其选择在笼中趴下，采取一种减少痛苦的方式默默忍受。See Seligman, Martin E. P. (1992). *Helplessness：On Depression, Development, and Death*；*with a new introduction by the author.*

力关系中，在满足一定条件的情况下，处于弱势的一方都可能对主导者产生认同。[1]心理分析学认为斯德哥尔摩综合症来源于新生婴儿会与最靠近的有力成人形成一种情绪依附以最大化周边成人让他至少能生存（或成为理想父母）的可能。而演化心理学则认为"斯德哥尔摩综合症是人类祖先在采集狩猎时代，为了解决所面临的问题而产生心理现象"[2]，因为战争和绑架是史前人类的常见活动。[3]同样根据演化心理学的解释，虽然男女都有可能出现斯德哥尔摩综合症，但是女性的比例偏高。原因是从采集狩猎时代开始女性相比于男性就更经常面临绑架及生殖冲突，在该过程中产生的一种心理演变便是斯德哥尔摩综合症。这个说法得到了人类学和考古学的佐证，在人类历史上，很多人都被临近部落绑架和俘虏融入新的部落。在一些部落，甚至几乎每个人都是过去三代中俘虏的后裔，而其中高达十分之一的女性都是被绑架而来，这个过程时常伴随着强奸等生殖冲突，在这种长期的绑架和生殖冲突中，她们发展出顺从或认同施暴者的心理特征来适应环境以避免自己或者自己的孩子被杀。

受虐妇女在暴力周期的第三阶段有着斯德哥尔摩综合症的

---

〔1〕 参见高明华："斯德哥尔摩综合症：表现、成因和应对"，载《中国农业大学学报（社会科学版）》2009 年第 1 期。

〔2〕 John Tooby and Leda Cosmides. (2008). *The Evolutionary Psychology of the Emotions and Their Relationship to Internal Regulatory Variables.* 〔online〕 pp. 114~137. Available at：https://www. cep. ucsb. edu/papers/emotionIRVLewisCh8. pdf 〔Accessed 30 Nov. 2019〕.

〔3〕 See Gat, Azar. (2000). The Human Motivational Complex：Evolutionary Theory and the Causes of Hunter-gatherer Fighting. Part I. Primary Somatic and Reproductive Causes. *Anthropological Quarterly*，pp. 20~34.

几大经典特征：

第一，被害人正感到加害者威胁到自己的存活：受虐妇女在丈夫长期的家庭暴力过程中感受到了愈演愈烈的暴力行为，这种暴力行为强度逐渐增强，这种胁迫和恐吓将受虐妇女笼罩在不安的环境中，身心受到严重威胁。

第二，被害人能感受到加害者的略施小惠的举动：在暴力周期的第三阶段往往丈夫会深刻忏悔，会做出送礼物、道歉等乞求原谅的行为，而且因为处于亲密关系之中，受虐妇女会在与伴侣的长期相处中体会到对方所说的不得已，受虐妇女会因此产生同情并为其伴侣开脱。并且当她们内心预设的结果本来是暴力行为，最后却是施惠行为时，这种意外的"惊喜"会让她们更加感激，许多受虐妇女表示这种暴力平息过后的善意让她们更加地感动，她们认为这是丈夫依旧爱她们的表现。

第三，被害者通常得不到外界的讯息因此只能接收到加害者的单一看法：在家庭暴力中往往施暴方会尽可能地隔离受虐妇女与外界的沟通以限制受虐妇女对外告知其受家庭暴力的事实，在这种前提下施暴方往往会开始对受虐妇女进行洗脑，丈夫的这种占有和控制行为，以及女人的内疚和羞耻感，常常使她与家人和朋友隔绝。在这种隔绝下施暴方会不停地贬低和侮辱受虐妇女，而这种单方面的负面情绪形成了一种被强加的自我定义，甚至在其看来是唯一一种公正的评价，因为她接受不到其他的评价。受虐妇女久而久之便会开始认同这种评价，甚至将被家庭暴力的原因归于自己，认为自己做得不好所以才会被打，否定自己的自我价值和自信心，认为除了现在的伴侣没有其他人会爱自己。

　　第四，被害者意识到脱离这种情况是不可能的：出于对维持家庭完整的考虑和之前寻求社会和司法帮助无果，受虐妇女的"习得性无助"使她们默认离开这种环境是很难的。而且时间越长越难以割舍，因为其在这段亲密关系中倾注了许多时间和精力。在现实中，受虐妇女不仅在情感上难以割舍而且在经济上也没有底气，因为她们往往在这种消耗式的亲密关系中耽误了事业和学习。由此可以看出受虐妇女在这个阶段陷入了另外一个循环：恐惧—害怕—同情—帮助。

　　根据认知失调论[1]的解释，人们普遍追求三种自我感知（也可以说是态度）：一致性稳定性，自我能力的肯定和道德感，当人们的行为和这三种自我感知不协调时，比如人做了让自己意外的举止，愚蠢的选择和有罪恶感的事情时，人就会产生认知失调的感觉。而为了想办法淡化这种感受，人们要么改变行为要么改变态度，而有斯德哥尔摩综合症表现的受虐妇女往往选择改变自己的态度。因为之前她们在亲密关系中付出了许多，包括情感投入和实际上的行为投入，这些投入让她们无法漠视也无法放下。即使这种情感投入是恐惧和害怕，即使在这个过程中她们遍体鳞伤，这种被错置的情感联结也让她们无法割舍。

――――――――――

　　〔1〕　认识失调论由费斯延格在1957年提出，此理论认为当个体面对新情境，必需表示自身的态度时，个体在心理上将出现新认知（新的理解）与旧认知（旧的信念）相互冲突的状况，为了消除此种因为不一致而带来紧张的不适感，个体在心理上倾向于采用两种方式进行自我调适，其一为对于新认知予以否认；另一为寻求更多新认知的讯息，提升新认知的可信度，借以彻底取代旧认知，从而获得心理平衡。该理论在性质上为解释个体内在动机的主要理论，故而被广泛用以解释个体态度改变的重要依据，认知失调论是动力心理学的一种新的观点。See Festinger, L. (2009). *A Theory of Cognitive Dissonance.* Stanford, Calif.: Stanford University Press.

因为如果她们认定施暴者是彻头彻尾的坏人，那么放弃这段关系并且反抗这个坏人就意味着她们之前的付出都是无意义的甚至是错误的，在这个时候受虐妇女便会选择改变自己对施暴者的态度，通过认为他们是好人，而他们的暴力行为其实是爱自己的表现来平衡这种认知上的失调。

而且受虐妇女与其他斯德哥尔摩综合症的患者不同，她们其实更难放弃这种投入，因为她们与加害方本身还有一开始的情感联结即一开始她们被吸引然后自愿加入这段亲密关系的决定。换句话说，这段亲密关系是受虐妇女自愿或者说至少是默许的，而不是像绑架案中是被迫的，那么她们在进行认知平衡的时候，与其他斯德哥尔摩综合症的患者相比会多考虑一层：如果他真的是坏人，我为什么会在一开始选择他呢？所以受虐妇女所面临的认知失调是比其他斯德哥尔摩综合症的患者要更强的，这就导致了更强烈的在态度上的调整。受虐妇女会感恩地看待甚至更仔细地寻找施暴者对自己的"爱意的表现"，甚至更强烈地反抗外界试图拯救自己的行为，因为这种行为会残酷地揭示真相然后再次带来认知失调的感受。比如很多受虐妇女认定亲友是外人，甚至是干扰她的亲密关系的人，然后会规避与她们的联系，再比如她们会选择谎称伤口是自己碰到的这种保护自己"面子"的行为。

三、受虐妇女综合症与无受害人起诉

但是这种原谅和反悔很难换得施暴者的真心改变，实际上，暴力行为很快又将在下一个周期循环中重现而且往往强度更高。撤诉行为不但使得司法力量无法介入家庭暴力保护妇女，还会

导致司法成本增高，从而在一定程度上加大了家庭暴力的社会危害。面对这一问题，以美国为首的英美法系国家在最近 20 年开始尝试在家庭暴力案件中实行无受害人起诉的制度来规避受虐妇女的这种心理上的反复。

（一）无受害者起诉制度概述

无受害人起诉（Victimless Prosecution）又称为基于证据的起诉（Evidence-Based Prosecution），是指检察官在家庭暴力案件中采取的一系列诉讼手段，主要是在有限的或者根本没有受害人参加的情况下依靠各种证据证明施暴者有罪。

这种制度起源于美国检察官在家庭暴力案件中所面临的独特挑战。虽然家庭暴力在整个历史中都普遍存在，但是在美国家庭暴力仅仅在最近几十年才开始被积极起诉。[1]自 20 世纪 70 年代以来，公众意识的提高催生了更严厉的法律，司法系统在曾经被视为"家庭矛盾"的事件中的作用不断扩大。在 20 世纪 80 年代，只有 5% 的家庭暴力案件被起诉，但是到 2010 年，家庭暴力的起诉率已经达到了 80%。[2]负责这些案件的检察官不得不面临受害者不愿配合的问题。在积极推行家庭暴力相关法

---

〔1〕 See Fagan, J. and National Institute of Justice (U. S) (1996). *The Criminalization of Domestic Violence: Promises and Limits.* Washington, D. C. : U. S. Department Of Justice, Office Of Justice Programs, National Institute of Justice.

〔2〕 See Fagan, J. and National Institute of Justice (U. S) (1996). *The Criminalization of Domestic Violence: Promises and Limits.* Washington, D. C. : U. S. Department Of Justice, Office Of Justice Programs, National Institute of Justice.

令的部分美国地区，约有65%～70%的受害人不配合起诉。[1]
这种情况的表现形式有很多，包括撤回指控，向检察官或警方
撒谎，放弃有关暴力的描述，拒绝谈论虐待行为，在法庭上为
了保护施虐者而自欺欺人，或者干脆拒绝出庭。

在美国，检察官通过采用不太依赖起诉者的方法来应对这
些问题。一些州甚至采取了旨在没有所谓受害者参与的情况下
推动起诉家庭暴力的新措施，也即所谓的"无受害者起诉"。
这种诉讼模式下，检察官在没有受害人证词的情况下处理案
件，而这和他们进行谋杀案审判的方式极为相似。美国起诉家
庭暴力的决定性进展是从所谓的"以受害者为基础"的警务
转向可能被称为"以证据为基础"的警务和采用具体的证据
收集技术。圣地亚哥一直处于发展的最前沿，并为其他县的警
察部门提供了一个模型。圣地亚哥警察局拥有美国所有主要执
法机构中最大的专门家庭暴力调查单位。[2]该单位在1989年圣
地亚哥县家庭暴力问题工作队成立后，于1992年成立。工作队
从过去至现在一直致力于起诉家庭暴力案件，而不需要受害者
参与。1990年，所有圣地亚哥县执法机构都采用了新的"家庭
暴力执法议定书"来处理家庭暴力事件。该议定书规定了调查
和起诉家庭暴力案件的一致性。在通过"家庭暴力执法议定书"
之前，圣地亚哥市检察官 Casey Gwinn 报告了警方对家庭暴力

〔1〕 See Fisher, B. (2012). *Violence Against Women and Family Violence*：*Developments in Research, Practice, and Policy.* Washington, DC：National Institute of Justice.

〔2〕 See Lazar-Paley, R. (2000). The San Diego Police Department's Domestic Violence Unit. *J. Contemp. Legal Issues*, 11, p. 69.

事件的反应，这往往导致调查不充分且缺乏"可采性"的证据，比如：

> 1986 年初在圣地亚哥处理家庭暴力案件与大部分地区相似，都是要求警察撰写报告，但报告很少是强制的或者被鼓励的。如果受害者拒绝"提出指控"或"起诉"，检察官就会经常驳回案件。警察几乎在每种情况下都会向受害人询问同样的"你想要起诉吗？"这个熟悉的问题，而受害人的答案通常决定了警方将采取什么样的行动以及在处理案件时将花费多少精力……并且警方的标准报告通常只有 2 到 3 段，并且很少包括证人陈述或照片。[1]

通过"家庭暴力执法议定书"之后，全县旨在对家庭暴力案件做好有或者无受害人合作情况的两手准备，警察因此接受了如何准备无受害人起诉的培训。[2]"家庭暴力执法议定书"特别建议警方在调查家庭暴力犯罪时假设受害者将无法参加任何后续审判，从而认识到事件现场的初步调查在所有情况下都

---

〔1〕 See Evawintl. org. (2019). *Assessing Justice System Response to Violence Against Women: A Tool for Law Enforcement, Prosecution and the Courts to Use in Developing Effective Responses-EVAWI Resource Library.* 〔online〕Available at: https://www. evawintl. org/Library/Detail. aspx? ItemID = 1244〔Accessed 30 Nov. 2018〕.

〔2〕 See Evawintl. org. (2019). *Assessing Justice System Response to Violence Against Women: A Tool for Law Enforcement, Prosecution and the Courts to Use in Developing Effective Responses-EVAWI Resource Library.* 〔online〕Available at: https://www. evawintl. org/Library/Detail. aspx? ItemID = 1244〔Accessed 30 Nov. 2018〕.

是至关重要的，并且鼓励调查人员通过使用"第一黄金时间"来收集证据，使证据尽可能强大。这项战略的一部分是建议警察在抵达现场时在所有情况下都与所谓的受害者和嫌疑人进行单独面谈，并确定和采访任何可能的证人，包括儿童和邻居。在讯问逮捕后的家庭暴力嫌疑人时，"家庭暴力执法议定书"提供了关于最合适的提问技巧的具体建议，最重要的目标是获得供认或至少获取和记录可以证明伤害的证据，以供将来在刑事诉讼中使用。在现场，警察被指示拍摄受害者、嫌疑人、场所和任何常规武器的照片，并保留诸如血腥衣物和受损财产等证据，为此现在圣地亚哥警察局为每辆小型车配备了宝丽来相机。

　　为了帮助执法部门在现场收集证据，圣地亚哥警察局与其他县的警察部门一起，引入了一份"标准报告"或"补充证据收集"表格，警察需在被指控的家庭暴力案件中完成。表格的目的是确保收集和记录必要的证据，以便证实虐待的存在。该表格作为核对表，提醒官员他们需要收集和保护哪些具体类型的证据。例如，圣地亚哥警察局使用的"标准报告"表格促使官员描述所谓受害者的身体和情绪状况。该表格包含两个人体的图表，一个女性，一个男性，并且要求官员指出所有受伤害的位置。调查人员还被要求记录犯罪嫌疑人的身体状况，并在相关时间记录他的行为举止。如果已经或将要寻求医疗照顾，则应在表格上记录，包括相关医务人员的详细信息。有了这些信息，如果需要，可能会要求医务人员作证。在物证方面，官员必须记录是否拍摄了所称受害者和嫌疑人的照片以及所谓的袭击中使用的任何武器。此外，官员还要注意武器是否被扣押。

表格的另一部分要求填写当时在场的任何证人的详细信息，包括在场的任何儿童以及是否作出陈述。其他地区的"标准报告"表格大致类似于圣地亚哥模式，但有些表格包含逮捕后的信息，其中要求记录警官2到4天后是否对受害者进行了后续拍照，因为这有助于收集可能对起诉有帮助的其他证据。要求受害者签署填好的表格。

据调查，在家庭暴力案件中采用"以证据为基础"的警方调查，已成功起诉圣地亚哥越来越多的罪犯。Casey Gwinn 估计，近70%的案件涉及不合作或不在场的受害者，但在90%的案件中施暴者获得了定罪。[1]麦考密克报告了马里兰州7个县使用的补充证据收集表格的评估性研究结果，同样声称增加有罪判决数量的目标已广泛实现。[2]

纵观全美，无受害人起诉最早在20世纪80年代使用，到20世纪90年代开始普及。到2004年，一些检察官实际上开始更倾向于这种起诉模式。截至2010年，如果没有强制要求，通

---

〔1〕 See Evawintl. org. (2019). *Assessing Justice System Response to Violence Against Women: A Tool for Law Enforcement, Prosecution and the Courts to Use in Developing Effective Responses-EVAWI Resource Library.* 〔online〕 Available at: https://www. evawintl. org/Library/Detail. aspx? ItemID =1244 〔Accessed 30 Nov. 2018〕.

〔2〕 "在该计划开始之前的1994年的三个月期间，七个县的案件中约有16.2%被审判。其中，71%为无罪判决，29%判决有罪。然后使用补充表格的新方案于1995年1月1日实施。在1995年的同样三个月期间，16.8%的案件进入审判阶段，仅比1994年略有增加。然而，显然有65%案件判决有罪，令人震惊的改善。" See McCormick, T. (n. d.). Convicting Domestic Violence Abusers When the Victim Remains Silent. *Brigham Young University Journal of Public Law*, 〔online〕 Available at: http://digitalcommons. law. byu. edu/cgi/viewcontent. cgi? article =1250&context = jpl 〔Accessed 30 Nov. 2018〕.

过《停止暴力侵害妇女行为法》（Violence Against Women Act）获得联邦资助的机构都被建议使用无受害人起诉模式。但是需要指出的是，这种无受害人起诉并不是与无受害人犯罪相关的概念。无受害人起诉并不是试图将受害者或其利益从案件中剔除，而是在不依赖受害者参与的情况下分析犯罪事实及其影响。当然，所有起诉都是基于证据的，基于证据的起诉这个说法虽然在证据规则的层面表述更加精确，但是缺少一定的描述性。事实上，基于证据的起诉（无受害人起诉）最好不要被理解为没有大多数或所有主要证人的任何证词的起诉，而是理解成有效地利用所有形式或替代形式的证据的起诉。

在无受害人起诉中最常使用的证据形式通常包括：911 报警电话记录、儿童证人的陈述、邻居证人的陈述、医疗记录、护理人员日志表、警方报告、限制令、候审记录、嫌疑人来信、对受害人录制的采访以及被告的陈述，利用这些证据和其他证据的基本方式和谋杀案件中间接证据的使用大致相似。例如，如果受害者不在法庭上作证，或者拒绝谈论发生的事情，或者对家庭暴力遮遮掩掩，可以使用受害者的 911 电话录音来向法官或者陪审团传达发生的事情。同样，被告的陈述可以被用于证明有关家庭暴力的一致或者不一致的意见。证据往往通过使用家庭暴力专家（通常是经验丰富的受害者保护者、研究人员或者执法人员）的专家证人证词来补充。专家证人帮助向法官或陪审团解释受害人可能缺席或代表被指控的施虐者作证的原因，并使他们了解家庭暴力和受害人的状态。

对于检察官来说，无受害者起诉的好处是显而易见的，它不仅解决了受害者被操纵或者威胁而无法作证导致的家庭暴力低定罪率问题，同时也保护了受害者的安全，因为这个制度更加强调了受害者在案件中而不是起诉中的作用。在美国大量使用无受害人起诉模式之后，家庭暴力案件明显减少，这也证明无受害人起诉卓有成效地遏制了家庭暴力的发生。但是也有批评者认为，许多家庭暴力的受害者决定是否指控，并不是因为受到胁迫或者操纵，而是其基于自身的状态和安全作出的理性选择，司法机关不应该加以干涉，但是目前美国司法界认为这种概率是相当小的。不过最近几年开始这种制度的使用有收紧的趋势，下文会通过案例分析其中原因，这里不多赘述。

（二）案件实践中的无受害者起诉

1. 无受害人起诉制度的产生：Ohio v. Roberts

尽管无受害者起诉主要被运用在家庭暴力案件中，其雏形却是在完全不同的刑事案件中形成的。在 30 多年的形成过程中，无受害者起诉从萌芽到发展，经转折到今天，在司法实践中经历了丰富而不断变化的使用历程。

无受害者起诉本身是对庭审中举证质证的规则规定的一种例外情况，因此，要讨论无受害者起诉，首先要讨论的是《美国宪法第六修正案》的对质条款。《美国宪法第六修正案》是著名的《权利法案》（Bill of Rights）的一部分，主要保障诉讼中被告所应有的权利。其内容如下：

在一切刑事诉讼中，被告有权由犯罪行为发生地的州和地区的公正陪审团予以迅速和公开的审判，该地区应事先已由法律确定；得知控告的性质和理由；同原告证人对质；以强制程序取得对其有利的证人；并取得律师帮助为其辩护。[1]

　　其中"被告应享有同原告证人对质的权利"被称为对质条款。对质条款保证了在审判期间，被告可以以盘问形式向对被告提供证言证据的证人进行面对面的对质，从而防止被告因为不当的传闻而受到误判的情况。但是这一条款在1980年Ohio v. Roberts一案中发生了细微的变化。

　　1980年Herschel Roberts被指控伪造支票并藏有被盗银行卡。在预审听证会上，辩护律师打电话给受害者的女儿，并试图从她那里确认她向被告提供了支票和信用卡但却没有向被告告知其实其无权使用。律师没有从她那里得到这一确认，检察官也没有向证人进行盘问。

　　在随后的庭审过程中，受害者女儿被五次传唤，但均未出庭作证。在审判过程中，被告作证说，受害者女儿向他提供了她父母的支票簿和信用卡，但他理解为她自己可以使用。检方对此提出反驳，根据Ohio Rev. Code Ann. Section[2]向法庭提供了女儿的证词。辩方反对说，使用这一证言违反了《美国宪法第六修正案》的对质条款，初审法庭决定采纳这一证据。

---

　　[1]　"In all criminal prosecutions, the accused shall enjoy the right to a speedy and public trial, by an impartial jury of the State and district wherein the crime shall have been committed, which district shall have been previously ascertained by law, and to be informed of the nature and cause of the accusation; to be confronted with the witnesses against him; to have compulsory process for obtaining witnesses in his favor, and to have the assistance of Counsel for his defence." National Archives. (2018). *The Bill of Rights: A Transcription.* [online] Available at: https://www.archives.gov/founding-docs/bill-of-rights-transcript.

　　[2]　该法案允许在证人因任何理由不能出席庭审时使用预审听证会的证言。

随后州最高法院又以违反对质条款为由推翻了有罪的审判结果。

但最高法院认为受害者女儿的陈述并没有违反对质条款，即便证人无法在法庭上作证，那么证人的证词可以通过第三方来进行表述，只要这些声明具有"足够的可靠性标记"（Adequate Indicia of Reliability）[1]，则可以采纳为庭外陈述式的证据，根据这一规则，最高法院最终判决 Herschel Roberts 有罪。

另外，最高法院认为，在证据属于"根深蒂固的传闻证据的例外情况（Firmly Rooted Hearsay Exception）"，人们可以从中推断出可靠性，因此可以采纳为证据；或者在其他情况下，如果能够显示"具有可信赖的特殊保证（Particularized Guarantees of Trustworthiness）"，这种证据也可以被采纳。

Ohio v. Roberts 是美国第一起在关键证人未出庭作证的情况下，仍依据其证言作出有罪审判的案例。该案件虽然并未涉及家庭暴力，但是这一判例被快速应用于家庭暴力或者儿童性犯罪中，在受害者主观不愿或者被动不能出庭的案件审判中取得了很好的效果。

2. 无受害人起诉制度的转折：Crawford v. Washington

由 Ohio v. Roberts 确定的证据规则随后被证明非常适合在

───────────

〔1〕 "可靠性标记"的概念在 *California v. Green*，399 U. S. 149，90 S. Ct. 1930，26 L. Ed. 2d 489（1970）一案中被确定，其概念为：当传闻陈述不属于特定的传闻证据例外情况时法院使用的测试。如果声明和声明中的情况表明该声明是可靠和值得信赖的，法庭仍然可以接受传闻陈述作为证据。

当时审判定罪率极低的家庭暴力案件中使用，但是在顺利实施24 年后，在 2004 年的 Crawford v. Washington 一案中这一规则发生了变化，无受害者起诉也因此在美国受到了极大的考验。

Michael Crawford 和他的妻子 Sylvia Crawford 在 2004 年面对曾企图强奸 Sylvia Crawford 的 Kenneth Lee 的指控。Michael Crawford 刺伤了 Lee 的身体。Michael Crawford 声称，他之所以采取自卫行动是因为看到了 Lee 拿起了武器，所以才采取自卫行动，但 Lee 拒绝承认自己做了任何可能让 Michael Crawford 觉得他试图攻击的行为。当时 Sylvia Crawford 被单独审讯，起初她说她没有看到这次袭击事件，但是在进一步的审讯中她说她目击了袭击事件并且看到 Lee 未拿着武器。

在审判中，Sylvia Crawford 不能被强迫为检方作证，因为根据《华盛顿配偶特权法》（Washington's Spousal Privilege Law），配偶不能在没有被告同意的情况下在法庭上作证（除非作证的配偶是原告）。于是副检察官 Robert Lund 试图将 Sylvia Crawford 对警察的陈述在法庭上作为证据使用，以证明Michael Crawford 没有任何理由相信 Lee 对他构成威胁。一般而言，除被告之外的庭外陈述会被视为传闻证据而被排除。但是在这一案件中法庭却允许该陈述作为呈堂证供，主要是基于该陈述具有可信度并且与 Michael Crawford 的陈述具有一定的关联性。辩方律师以 Crawford 夫妇根据配偶特权不能在法庭上对质为由拒绝采用 Crawford 夫人的陈述。

最终该陈述还是被采用，并且检方的结案陈词很大一部分依赖于该陈述，Michael Crawford 在初审中被定罪。华盛顿上诉法庭认为 Sylvia Crawford 的陈述不可靠，因此虽然根据 Ohio v. Roberts 的原则该陈述是可以采用的，但法庭仍然判定不可使用并推翻原审判决。但随后华盛顿最高法院又裁定其陈述是可靠的并采纳为证据，恢复了有罪判决。

最终，美国最高法院认为，在警方审讯期间使用配偶的录音陈述侵犯了被告由《美国宪法第六修正案》所赋予的与证人对质的权利，配偶由于州法律中的配偶特权不能在被告面前作证。Scalia 大法官的意见明确指出，任何具有"证言（Testimonial）"性质的庭外陈述都是不可采纳的，除非主张这一"证言"的人无法在法庭上作证，并且被告之前有机会对他或她进行盘问。[1]但是，该意见并没有定义"证言（Testimonial）"，这就使得下级法院自行解释这一概念，这也为后来的争议埋下了伏笔。

总之，最高法院通过这一判决禁止了未在审判中作证并且之前未被被告盘问的证人的庭外"证言"陈述作为证据，也因此彻底推翻了 Ohio v. Roberts 的判决。从此，家暴案件中的无受害者起诉在美国遇到了前所未有的困难，因为无受害人起诉很大程度上依赖在传闻证据的例外情况下采纳陈述以复制受害人在法庭作证的证据效力。本书将在之后的家庭暴力案件的审判中举例说明在该案之后美国家庭暴力案件的无受害人起诉的审判现状。

---

〔1〕 *Crawford v. Washington*, 541 U. S. 36, 124 S. Ct. 1354, 158 L. Ed. 2d 177 (2004). Opinion of the Court, p. 18.

3. 无受害人起诉制度的后续发展

(1) Giles v. California

2008 年，被告 Dwayne Giles 被指控谋杀了他的女友，在审判期间，检察官拿出了其女友生前向警方所做的一次 Giles 与她的家庭暴力冲突的报告，认为这个报告能够证明 Giles 对其女友进行过家庭暴力，Giles 因此被定罪。加州最高法院认为，根据《加利福尼亚州证据法》第 1370 条，这种家庭暴力报告应该可以被采纳为证据，因为 Giles 可能涉嫌谋杀了其女友而使得她作为证人（同时也是受害人）而无法出庭作证。一般而言，女方向警方作出的陈述因是庭外传闻是不可以被采纳的，但是在本案基于当被告使得证人无法上庭作证时，证人的庭外陈述是可以传闻证据规则的例外情况选择采纳该证词。

此案被最高法院复审，根据大法官的多数意见，最高法院认为，被告只有在他意图导致没有证人时才会丧失其对质权。最高法院审查了普通法中丧失对质权的历史，发现自 1666 年以来的每一起案件都要求证明被告意图使得证人无法参与审判。最高法院指出，随后的历史仍然需要被告人有这样的意图，只有少数现代例外。所以最高法院撤销了加州最高法院的决定，此案被退回以进行进一步的诉讼。

但在这过程中大法官的意见并不统一，主要争议就在于这个报告到底属不属于"证言（Testimonial）"。Thomas 大法官认为这个报告不属于"证言"，所以不违背在 Crawford v. Washington 中确立的对质条款的要求，Alito 大法官也质疑这个报告本质上是否属于"证言"。另外 Souter 大法官同意了最高法院所作的历史分析，但是他认为最有说服力的是在类案中寻找丧失对质权是一个循环的过程，因为被告杀掉受害人这个过程本身既是犯罪过程，在证据规则中又体现为试图防止受害人作证，因此如果引入这种传闻证据的例外情况就会造成一个逻辑循环：A 杀 B 阻止了 B 作证 A 杀 B 这个事实，从而无法证明 A 杀了 B，进而无法证明 A 杀 B 是为了阻止 B 作证。Breyer 大法官也指出被告知道谋杀女友会使她无法作证这个情况应该足以满足多数意见中的"意图"这个要求。从中可以看出其实无受害人起诉之所以有争议就是因为"证言（Testimonial）"界定的困难，这个情况在之后的案子里也有体现。

（2）Hammon v. Indiana

在警察回应 Hershel Hammon 家的电话后，他被指控犯有家庭虐待罪。当警方到达时，发现妻子在门廊丈夫在屋内。Mrs. Hammon 随后被单独提问，她告诉警方丈夫殴打她并就虐待行为签署了警方声明。虽然 Mrs. Hammon 没有在 Mr. Hammon 的审判中作证，但警察证实了她当时所告诉他们的家暴情况。Mr. Hammon 的律师认为该证据没有经过交叉询问而提出反对，但印第安纳最高法院允许根据"激动的话语（Excited Utterance）"这一传闻证据的例外而采纳该证据。法院认为警察当时是为了评估这一事件而不是为了试图保存证据而做报告，因此 Mrs. Hammon 的陈述并不是最高法院在 Crawford v. Washington 中作出的决定所禁止的那种"证言（Testimonial）"。

在最高法院 Antonin Scalia 大法官撰写的 8 - 1 决定中，法院裁定第六修正案的对抗条款，如 Crawford v. Washington 所解释的那样，不适用于不打算作为审判证据保留的"非证言式的（Non-testimonial）"陈述。然而，在 Hammon 案件中，最高法院裁定 Mrs. Hammon 向警方所作的陈述"证言（Teati-monial）"因为在她被提问时，她的情况是安全的，"没有正在进行的紧急情况"和"对她人身安全的直接威胁"。相反，她与该官员之间的谈话相对安全，使这个报告"足够正式"而有资格作为意在成为过去犯罪的证据的"证言声明（Testimonial Statement）"。在这种情况下，法院通过强制性地阻止他的妻子作证使 Mr. Hammon 丧失了对质权而对他不利。

然而，法院也提出了一种 Mr. Hammon 会丧失他的对质权的可能性，那就是如果他试图强迫阻止他妻子作证。但我们可以看出在这种情况下问题的焦点就又回到了 Giles v. California 所讨论的被告是否有意图阻止作证的论证。除以上情况以外，法院裁定《美国宪法第六修正案》不允许 Mrs. Hammon 的证词在她没有出庭的情况下被用来对抗 Mr. Hammon。当然这个案件也有不同意见，比如 Thomas 大法官就写了一篇异议批评法院的测试是不可行的，在他看来，这个陈述并非证明，因为谈话不是"正式的对话"。但根据多数意见，最高法院最终裁定警方的报告确实具有证明性质，因此不可采纳。

（3）Davis v. Washington

与 Hammon 案一起被裁定的另一起类似案件却有着不同的结果。Michelle McCottry 打电话给 911 告诉接线员 Davis 殴打她后 Davis 被捕。在审判中，McCottry 没有作证，但是 911 的电话被提供作为 Davis 和 McCottry 受伤之间联系的证据。

Davis辩称正如最高法院在 Crawford v. Washington 所解释的那样，在没有给他机会盘问 McCottry 的情况下提出该录音作为证据，违反了《美国宪法第六修正案》赋予他的对质权。华盛顿最高法院不同意，认为这一录音不是"证言（Testimonial）"，因此不违背对质权。尽管 McCottry 向 911 指出了攻击她的人，但她提供的信息旨在帮助警方解决"正在发生的紧急情况"，而不是为过去发生的犯罪作证。法院认为，在这种情况下，McCottry 并不是证人，911 录音也并非"证言（Testimonial）"。

通过这两个案件的比较可以看出判断是否是"证言（Testimonial）"的标准大体有两个：一是危险发生的紧迫性，这其中的判断标准有些类似正当防卫的时机条件；二是被害人陈述的目的性，主要看是否是为了给过去的犯罪作证。如果既没有紧迫性又不是为了作证的话，那么唯一的剥夺被告对质权的条件就是被告意图阻止证人作证，但根据 Crawford v. Washington，论证是否有阻止的意图又是另一项大工程，这个过程很容易陷入论证的反复和循环。

总体而言，在 Crawford v. Washington 之后，美国刑事案件中证据规则的适用趋于保守，无受害人起诉的使用开始谨慎了起来。这主要是因为无受害人起诉对证据规则和宪法权利的冲击，在家庭暴力案件中受害人往往是重要证人，而根据对质条款本身给予被告的与原告证人作证的权利的这一大前提，无受害人起诉的产生本质上是对质条款和证据规则的一个例外，所以在适用这一例外的时候必须要保证有足够的理由并且满足各种限制条件。

4. 英国无受害人起诉制度的趋势

但是与美国的收紧趋势不同，近年来，在英国实行无受害人起诉以应对家庭暴力中低审判率和低定罪率问题的呼声不断高涨，适用条件相比于美国也更加宽松。在 2014 年 Lee Stewart Barnaby v. The Director of Public Prosecutions 一案中，受害人 Glenda Gibb 打了三次 999 紧急电话，在最后一次电话中才告知她男朋友的名字，并且在警察到达后她因为害怕报复而拒绝发表证明或者签名，检方描述她的状态是："整个过程她感到焦躁和不安，她担心我们会逮捕 Barnady……她同样害怕他被释放后会怎么做，因为他已经发现她打电话给警察。她的恐惧显然引起了困惑和激动，她真的十分担心她的安全……并且重申她不愿发表声明。"在这种情况下法院仍然认为报警电话和面对警方时的表现可以被采纳为证据，最终在没有受害人签字的声明的情况下判定被告有罪。甚至在 2018 年 1 月 18 日出现了英国第一起因控制和胁迫行为而被"无受害人起诉"的案件，在此案的审判中，医疗专业人员（即第三方）能够证明被告的行为已由受害人传达给了他们[1]，法院也采纳了该证据，Steven Saunders 因亲密或家庭关系中的强制和控制行为被判处 18 个月监禁。当然，这一审判方式也带来了许多英国民众和法学专家的担忧，他们认为，采用这种有失公允的审判方式会严重

---

[1] Surrey Police. (2018). Surrey Police Leads the Way with England's First Conviction for Coercive Behaviour Without a Victim Statement. [online] Available at：http://surrey. policeadmin. thisisembrace. com/news/surrey-police-leads-the-way-with-england-s-first-conviction-for-coercive-behaviour-without-a-victim-statement/ [Accessed 30 Nov. 2018].

破坏英国法律的公正性,是在开"倒车"。[1][2]

之所以在英美两国会出现这种差异其实主要是无受害人起诉和家庭暴力案件发展的阶段不同,美国更早地出现了家庭暴力案件和受害人不配合情况的井喷,为了应对这些问题而更早地发明和运用无受害人起诉,在家庭暴力案件得到一定程度的有效遏制后,也更早地开始思考这种制度所带来的问题并开始进行限制。而英国使用无受害人起诉较晚,为了更有效地处理日益严重的家庭暴力案件,自然会放宽对无受害人起诉的限制。这种发展趋势上的差别是法律内部的自我调整,也从侧面反映了无受害人起诉在处理家庭暴力案件上的有效性。

(三) 无受害人起诉制度在我国的展望

从我国目前的情况来看,家庭暴力的严重程度与治理力度相差悬殊,十分有必要采取严格有效的措施。首先,目前在中国,家庭暴力除非涉及犯罪,否则仍然为自诉案件。但是除了家庭暴力中身体暴力中的一部分之外,其他形式的家庭暴力都很难被界定为犯罪行为,也就意味着,家庭暴力的诉讼过程目前仍在很大程度上取决于受害人自诉。《意见》第 8 条明确规定:"尊重被害人的程序选择权。对于被害人有证据证明的轻微

---

〔1〕 Mail Online. (2019). *Man Becomes the First Person Convicted of Coercion Hearsay Evidence.* [online] Available at: https://www.dailymail.co.uk/news/article-5345825/Man-person-convicted-hearsay-evidence.html [Accessed 30 Nov. 2019].

〔2〕 Hagemann-White, C. (2019). Redress, Rights and Responsibilities: Comparing European Intervention Systems. *Journal of Gender-Based Violence*, 3 (2), pp. 151 ~ 165.

家庭暴力犯罪案件，在立案审查时，应当尊重被害人选择公诉或者自诉的权利。被害人要求公安机关处理的，公安机关应当依法立案、侦查。在侦查过程中，被害人不再要求公安机关处理或者要求转为自诉案件的，应当告知被害人向公安机关提交书面申请。经审查确系被害人自愿提出的，公安机关应当依法撤销案件。被害人就这类案件向人民法院提起自诉的，人民法院应当依法受理。"该条款避免了司法人员在不顾及真实情况下坚持起诉的情况，但是也不可避免地导致了司法效率的低下和对家庭暴力犯罪的低威慑力。

因为我国司法界对受虐妇女综合症和斯德哥尔摩综合症的了解尚不深入，当一名受虐妇女处在受虐妇女综合症的第二阶段中选择报警或者选择起诉她的丈夫，但是在进入第三阶段之后却选择原谅施暴者而撤诉时，对于这类由于当事人主观意愿撤诉的案件，《意见》表明，我国法律实践倾向于认为当事人之间达成了和解，从而忽略了其背后可能包含的更为严重的犯罪隐患。最终，当忍无可忍的受虐妇女在冲动中选择杀死自己的施虐丈夫时，司法力量最终会介入，不过此时已经为时太晚了。

到目前为止，我国进入司法程序的家庭暴力案件的罪名主要是虐待罪。根据我国《刑法》第 260 条的相关解释，虐待罪是指对共同生活的家庭成员，经常以打骂、冻饿、禁闭、有病不给治疗、强迫从事过度劳动等各种方法，从肉体上和精神上肆意进行摧残迫害，情节恶劣的行为。[1]此处在司法认定中最

---

[1]　参见周道鸾、张军主编：《刑法罪名精释》，人民法院出版社 2013 年版，第609 页。

为关键的是"情节恶劣",究竟家庭暴力的情节达到何种程度才能算得上是"情节恶劣"呢?因此,在司法实践中,虐待罪的使用受到了较为严重的限制。在裁判文书网检索以"虐待罪"被审判的家庭暴力案件,发现寥寥无几。相反,更多案件以故意伤害、故意杀人等判处。[1]这表明家庭暴力在实践中经常需要达到非常严重的地步才会进入司法程序,这无疑对于防止家庭暴力是十分不利的。另外,在我国的法律条文中增加这样一条极少适用的内容无疑是无效的,而这种无效性,一方面源于其界定上的困难,另外一方面则源于自诉本身所带来的问题。

针对现在的情况,中国司法界应该对受虐妇女综合症的表现和影响提高认识,从而理解家庭暴力案件相对于其他案件的特殊性。由于家庭暴力中涉案双方存在夫妻关系和长期暴力,因此不能简单地以理解一般诉讼的态度理解家庭暴力案件。同时,自诉还会带来收集证据的问题。由于广大虐待案自诉人对于证据收集的知识不足,很容易造成证据的灭失,从而使得诉讼失败,使得家庭暴力不能得到应有的惩处。立法机关或许可以尝试无受害人起诉制度以更好地打击家庭暴力,但如何在这个过程中平衡被告的相关权利就是一个需要仔细进行研究和商讨的法律问题。

---

[1] 参见赵秉志、郭雅婷:"中国内地家暴犯罪的罪与罚——以最高人民法院公布的四起家暴刑事典型案件为主要视角",载《法学杂志》2015 年第 4 期。